Was haben die Zehn Gebote noch mit dem Alltag von Jugendlichen zu tun? Wie passt das Gebot «Du sollst nicht töten» zum Amoklauf in Emsdetten? Und «Du sollst nicht stehlen» zum Entführungsfall von Natascha Kampusch? Oder was ist vom Gebot «Du sollst nicht begehren» zu halten – wenn man doch nur dazugehört, wenn man sich teure Markenartikel leisten kann? Und welche Bedeutung hat «Du sollst Vater und Mutter ehren» für die Überalterung unserer Gesellschaft?

Roland Rosenstock verdeutlicht anhand vieler aktueller und eingängiger Beispiele, wie wichtig die Zehn Gebote heute sind und wie sie auch in schwierigen Situationen Orientierung geben können.

Dieses Buch ist ein eindrückliches Plädoyer für eine neue Kultur des Respekts vor den Mitmenschen und ein Leben im Grundvertrauen in diese Welt.

Dr. Roland Rosenstock ist Juniorprofessor für Praktische Theologie an der Universität Greifswald. Der erfolgreiche Kinderbuchautor und Publizist lehrt Medienethik in Nürnberg und berät die evangelische Kirche in Fragen der Medienentwicklung und des Jugendmedienschutzes. In der gegenwärtigen Wertedebatte verdeutlicht er – unterhaltsam und präzise –, wie unverzichtbar die Zehn Gebote für die Zukunftsfragen unserer Kultur sind.

Roland Rosenstock

Die Zehn Gebote

und was sie heute bedeuten

Eine Gebrauchsanweisung

Rowohlt Taschenbuch Verlag

Für Ruben, Zoë, Raphael und Margareta

Originalausgabe
Veröffentlicht im Rowohlt Taschenbuch Verlag,
Reinbek bei Hamburg, Dezember 2007
Copyright © 2007 by Rowohlt Verlag GmbH,
Reinbek bei Hamburg
Umschlaggestaltung ZERO Werbeagentur, München
(Illustration: Susanne Kracht)
Innengestaltung Daniel Sauthoff
Satz Utopia PostScript (InDesign) bei
Pinkuin Satz und Datentechnik, Berlin
Druck und Bindung Druckerei C. H. Beck, Nördlingen
Printed in Germany
ISBN 978 3 499 62232 8

Inhalt

Der Ring des Gyges und die zwei Tafeln
Den Fahrraddieben meiner Stadt

Warum ich ein Buch über die Zehn Gebote schreibe? Dafür gibt es min-destens einen triftigen Grund: Mir ist mein Fahrrad gestohlen wor-den, das dritte in zwei Jahren – direkt vor meiner Haustür. Natürlich war es nicht angeschlossen. Warum auch? Ich glaube an das Gute im Menschen. Außerdem habe ich einen leichten Schlaf. Aber in dieser Nacht habe ich nichts gehört.

Jetzt weiß ich gar nicht, ob es sich überhaupt lohnt, wieder ein gutes Fahrrad zu kaufen. Sollte ich nicht lieber ein gebrauchtes neh-men? Eigentlich ist das Vertrauen in meine Mitmenschen ziemlich erschüttert. Nachts schrecke ich auf, wenn ich draußen Schritte höre. Ist da wieder ein Dieb?

In der wunderschönen kleinen Stadt an der Ostsee, in der ich wohne, werden viele Räder gestohlen, im letzten Jahr waren es über 3000 Stück. Der Fahrraddiebstahl gilt als Bagatelle. Aber nicht für mich, denn ich habe ganz schön an dem Rad gehangen, weil ich je-den Tag damit fuhr. Drei Stunden war ich nach dem Diebstahl unter-wegs. Am Bahnhof, auf dem Marktplatz und vor einer großen Disco habe ich nach meinem Fahrrad gesucht. Ich dachte, vielleicht hat der Dieb es ja irgendwo abgestellt, aber Pustekuchen, es ist nicht wieder aufgetaucht.

Der Verkäufer im Fahrradgeschäft, den ich bereits gut kenne, riet mir, ich solle doch eine Fahrradversicherung abschließen. Aber ich finde den Beitrag zu einer solchen Versicherung zu hoch. Außer-dem zahlt die Versicherung sowieso nicht, wenn das Rad nicht an-geschlossen war oder sich nicht in einem abgeschlossenen Raum befand. Da ich aber keinen Keller oder etwas Ähnliches besitze, wo ich mein Fahrrad durch Schloss und Riegel schützen kann, nützt mir auch eine Versicherung nichts. Und in meinen Flur mag ich es auch nicht stellen. Nach diesen Ausführungen bot mir der Fahrradverkäufer zwei dicke Bügelschlösser an.

Ich frage mich: In welcher Welt lebe ich eigentlich, dass ich alles abschließen muss, dass keiner mehr zwischen «mein» und «dein» unterscheiden kann? Ein solcher Diebstahl verändert den Menschen, mag er auch in manchen Augen eine Lappalie sein. Man wird misstrauisch und vorsichtig. Neulich Abend, es war schon dunkel, sehe ich vom Küchenfenster aus einen Mann, der zwei Fahrräder auf einen Lader legt. Sofort bin ich hingerannt und habe ihn zur Rede gestellt – nur um herauszufinden, dass es sich um meinen neuen Nachbarn handelte, der die Fahrradtour des kommenden Tages vorbereitete.

Ich möchte nicht in einer Welt leben, in der ich immer das Gefühl habe, dass ich alles, was ich besitze, sichern oder zumindest versichern muss! Mir ist zwar auch klar, dass es zwischen der Welt, die ich mir wünsche, und der Welt, in der ich lebe, einen großen Unterschied gibt. Aber ich möchte nun mal gerne mein Fahrrad am Abend unabgeschlossen vor meiner Tür stehen lassen und es am Morgen dort immer noch vorfinden. Ich möchte meinen Mitmenschen vertrauen können und nicht jede Nacht mit der Angst ins Bett gehen, dass jemand an mein Hab und Gut will. Und ich finde Versicherungen, die mit der Angst der Leute ihr Geld verdienen, höchst überflüssig. Aber – zugestanden – es gibt einen Widerspruch zwischen dem, was ist, und dem, was sein sollte.

Warum ist das so? Sind die Menschen schlechter geworden? Daran glaube ich nicht. Oder liegt es etwa an der Dunkelheit? Zunächst kam mir der Gedanke komisch vor. Dann stellte ich mir ernsthaft die Frage: Verhält sich der Mensch anders in der Nacht als am Tag? Oder besser gefragt: Klaut ein Mensch eher, wenn er sich unbeobachtet fühlt? Also: Handelt er nur dann moralisch, wenn ihn jemand sieht?

Bei meiner Cousine im Dorf schließt keiner sein Fahrrad ab. Da wird sogar nachts die Wohnungstür aufgelassen, und trotzdem klaut niemand etwas. Vielleicht liegt das daran, dass auf dem Land sowieso jeder weiß, was beim anderen geschieht. Da würde es sofort auffallen, wenn jemand, erst recht ein Fremder, etwas wegnehmen würde. Dort herrscht noch so etwas wie Aufmerksamkeit. Man hat ein Auge füreinander.

In den Städten ist das offensichtlich anders. Soll ich also eine Überwachungskamera installieren, die alles um mich herum aufzeichnet, damit ich nach einem Diebstahl den Täter zumindest auf dem Videoband zu fassen kriege? Mein Nachbar hat sich vorsorglich einen Bewegungsmelder an die Hauswand montiert. Nun wird es immer hell, wenn eine Katze ums Haus schleicht. Ob das einen Dieb abschreckt? Vielleicht. Aber kann es denn sein, dass es allein an der Sichtbarkeit liegt, ob jemand zum Dieb wird oder nicht? Bislang dachte ich immer, es gäbe so eine Art innere Stimme, die in jedem Menschen beheimatet ist und die ihm zuflüstert: Okay, das ist ein schönes Rad, aber es gehört nicht dir, also lass die Finger davon! Du möchtest doch auch nicht, dass dir einer dein Rad wegnimmt.

Bei manchen scheint es diese Stimme nicht zu geben. Brauchen wir also doch noch mehr Lampen, Kameras und härtere Gesetze, damit unser Eigentum besser geschützt wird? Seit langem machen sich die Menschen über diese Fragen Gedanken: Wie lebt man am besten zusammen – oder wie lebt man am besten nicht zusammen?

Ich lese bei dem alten Philosophen Platon nach, was er zu diesem Thema schreibt. Er stellt sich und dem Leser folgende Frage: Wenn ich einen Ring besäße, der mich unsichtbar macht, was würde ich dann tun? In diesem Zusammenhang erzählt Platon die Geschichte von Gyges. Gyges findet unter etwas mysteriösen Umständen ein Grab mit einer Leiche, deren goldenen Ring er an sich nimmt. Und dieser Ring hat es in sich: Wenn er ihn nach innen dreht, wird sein

Träger unsichtbar. Sobald er den Ring wieder zurückdreht, kann man ihn wieder sehen. Gyges lässt sich als Bote zum Königshof schicken und tut von nun an alles, wozu er Lust verspürt und was seine Macht vermehrt. Dafür ist er auch bereit, über Leichen zu gehen. Er verführt die Königin, ermordet zusammen mit ihr den Monarchen und reißt die Herrschaft an sich. So weit die Geschichte. Platon fragt sich weiter, ob nur ein «schlechter» Mensch wie Gyges sich so verhalten würde oder alle anderen Menschen auch, wenn sie nur die Möglichkeit dazu erhalten würden: «Wenn es nun zwei solcher Ringe gäbe und den einen der Gerechte anlegte, den anderen aber der Ungerechte: so würde doch wohl keiner, (…) so stahlhart sein, dass er bei der Gerechtigkeit bliebe und es über sich gewänne, sich fremden Gutes zu enthalten und es nicht anzurühren, obwohl es ihm freistände, teils vom Markt ohne alle Besorgnis zu nehmen, (…) und zu töten oder (…) zu befreien, wen er wollte und so auch alles andere zu tun, recht wie ein Gott unter den Menschen. Wenn er nun so handelte, so täte er nichts von dem anderen Verschiedenes, sondern beide gingen denselben Weg. Und dies müsse doch jedermann gestehen, sei ein starker Beweis dafür, dass niemand mit gutem Willen gerecht ist, sondern nur aus Not (…).»

Für den Philosophen scheint die Antwort eindeutig zu sein: Wenn man unsichtbar wäre, könnte man alles tun, was man möchte. Der Mensch wäre doch dumm, wenn er diesen Vorteil nicht ausnutzte!

Gelegenheit macht Diebe! Darf sich also jeder nehmen, was er will, wenn er sich unsichtbar machen kann? Stiehlt ein Mensch nur deshalb nicht, weil er der Kontrolle unterliegt? Weil er Angst vor Bestrafung hat? Wäre es das Normalste von der Welt, einen anderen Menschen zu töten, wenn man dafür nicht belangt wird; oder die schöne Frau eines anderen zu verführen, wenn man unbemerkt in ihr Zimmer käme? Handelt der Mensch nur dann gerecht, wenn er beobachtet und kontrolliert wird?

Auch in heutigen Geschichten spielt der Ring als Symbol für Verführung, Habgier und Machtstreben eine Rolle: J. R. R. Tolkien hat die Erzählung von Platon bewogen, in seiner Trilogie «Der Herr der Ringe» die Ringgeister zu beschreiben und Frodo und Sam auf die Reise zu schicken, um den Ring des Bösen zu vernichten. Dabei spürten sie zwar die Versuchung des Ringes, aber sie widerstanden. Tolkiens «Herr der Ringe» ist deshalb nicht nur eine spannende Fantasy-Geschichte, sondern auch eine große Erzählung über die Werte, die das Zusammenleben von Menschen und anderen Lebewesen gelingen lässt.

In der Bibel wird ebenfalls eine Geschichte über solche Werte erzählt: Die Geschichte von Gott, der die Menschen aus der Knechtschaft befreit hat, aus einer Kultur der Unterdrückung. Der mit einer kleinen Gruppe von Menschen eine tiefe Verbindung eingeht, für deren Beziehung die «Zehn Gebote» die Grundlage darstellen, und der diese Beziehung auf alle Menschen ausweitet, die an ihn glauben wollen. Dabei sind die Gebote selbst nicht neu, die meisten Regeln gibt es auch in anderen Religionen. Das wirklich Neue an ihnen ist die Erzählung, in die sie eingebettet wurden, neu ist, dass diese Regeln für das Zusammenleben unter ein Motto gestellt werden. Und dieses Motto lautet: Am Anfang unserer Beziehung steht die Befreiung. Und weil du die Erfahrung gemacht hast, dass du befreit worden bist, wirst du auch die Freiheit des Anderen respektieren.

Könnte es sein, dass das Leben leichter wird, wenn man nicht nur auf die eigenen Interessen schaut, sondern auch darauf, was dem Anderen nützt? Könnte es sein, dass nicht immer mehr Überwachung und Kontrolle, sondern eine gemeinsame Basis von Werten unsere Freiheit schützt? Könnte es sein, dass die zehn großen Freiheiten, die wir unter dem Namen «Zehn Gebote» kennen, die gemeinsame Basis von Grundüberzeugungen bilden, damit unser Leben gelingen kann?

Mose erhielt, so heißt es in der Bibel, zwei Tafeln. Auf jeder standen fünf Worte. Jedes davon steht für ein Gebot, das die Aufgabe hat, die Freiheit des anderen Menschen zu bewahren, sein Leben und seinen Besitz zu schützen. Auf der rechten Tafel stehen – bildlich gesehen – die fünf wichtigsten Gebote der Menschlichkeit. Sie bleiben nicht auf das Judentum, das Christentum oder den Islam beschränkt, auch wenn sie in diesen von besonderer Bedeutung sind, sondern sie finden sich in allen großen Religionen. Die fünf Worte lauten:

> **Du sollst nicht**
> **1. Morden**
> **2. Ehebrechen**
> **3. Rauben**
> **4. Lügen**
> **5. Begehren**

Auf der rechten Tafel geht es um die Frage von «mein» und «dein». Sie beginnt mit dem Kostbarsten, was ein Mensch besitzt: sein Leben. Dann geht es um den Schutz der Beziehungen, um den Raub von Menschen und Eigentum, um Verrat und um die Macht der Begierde. Diese Grundüberzeugungen berühren nicht nur den Diebstahl eines Fahrrades, sondern auch die alltägliche Gewalt auf der Straße und in den Schulen, sie berühren unser ganzes Miteinander. Bei der Diskussion über die Zehn Gebote ist es von größter Bedeutung, ob wir unser Selbstwertgefühl aus dem ziehen, was wir besitzen, oder aus dem, wer wir sind.

Auf der linken Tafel finden sich fünf Worte, die über die Erfahrung der Menschen mit Gott berichten. Sie deuten die erste Tafel in einer Weise, die vor allem Juden, Christen und Muslime miteinander verbindet. Da steht:

Ich bin GOTT.
Du sollst nicht
6. Vergöttern
7. Täuschen
8. Missbrauchen

sondern
9. Ausruhen
und Deine
10. Eltern ehren!

Die Zehn Gebote haben die Aufgabe, die Freiheit zu schützen, ihr eine Form zu geben. Sie bewahren die Gemeinschaft und den Einzelnen vor Machtmissbrauch, Misstrauen und Kontrolle, sie schützen auch das Leben der Schwachen und regeln, was mein ist und was dein. Sie bewahren die Beziehungen zwischen Menschen vor dem Zerfall, können wie Bojen Untiefen anzeigen, damit wir unser Schiff durch den Sturm navigieren können, ohne Schiffbruch zu erleiden. Es geht um ein Leben in Freiheit und Würde. Es geht um die Werte, die für unser Zusammenleben wichtig sind und die Gefahren, die das Zusammenleben in Freiheit gefährden.

Dieses Buch ist ein Plädoyer für eine Kultur der Ehrlichkeit, des Respekts und der Treue. Ich will die Bedeutung der Zehn Gebote für heute so beschreiben, wie ich sie sehe. Mein Anliegen ist nicht, neue Gebote zu formulieren, sondern den tiefen Sinn der alten Gebote für uns heute wieder begreifbar zu machen. Sie sind für mich ein Gegenentwurf zu Kontrolle und Beobachtung. Sie sind ein Angebot zum freien Leben – zum Leben im Respekt vor den Mitmenschen und im Grundvertrauen in diese Welt.

Ich folge mit der Darstellung der Gebote nicht der klassischen

Reihenfolge. Das tue ich, weil die Gebote der rechten Tafel älter sind als die Gebote der linken. Sie können auch von Menschen, die nicht an einen Gott glauben, als Grundwerte des Lebens anerkannt werden, sofern sie nicht von der Macht des Ringes, so wie Platon es bei Gyges beschreibt, in den Bann gezogen worden sind. Beginnen wir also mit den Geboten der rechten Tafel, den Geboten der Menschlichkeit.

Zu jedem Gebot habe ich eine kleine Gebrauchsanweisung verfasst, die am Ende jedes Kapitels steht. Auch das Vorwort soll eine solche Gebrauchsanweisung enthalten: Ohne dem dritten Kapitel vorgreifen zu wollen, fordere ich die Fahrraddiebe meiner Stadt hiermit auf, den Ring abzulegen und ihr Diebesgut zurückzugeben. Wer den Mut hat, dies zu tun, erhält nicht nur einen Freispruch für seine Seele und meine Hochachtung, sondern auch eine Tasse Kaffee oder ein Bier und eine kleine Belohnung für die Ehrlichkeit.

Ich setze auf Mose und nicht auf Gyges, auf die Kraft der zwei Tafeln und nicht auf die Kraft des Ringes.

Greifswald, im Monat der Tour de France 2007

1. Unschuldig
oder: Nicht morden

Auf der Insel Rügen früh am Morgen – kurz vor fünf. Ein Blumenmeer überdeckt die Unfallstelle an der B 96 zwischen Ralswiek und Lietzow. Briefe, Teddys, Kerzen und die Fotos der Toten befinden sich auf dem Seitenstreifen. Auf der anderen Straßenseite steht ein riesiger Kranz, genau dort, wo der BMW von der Straße abkam. Anonym aufgestellt, in der Nacht. In goldener Schrift ist auf zwei Schleifen zu lesen: «Vier junge Herzen schlagen nicht mehr. In tiefer Trauer. Ein Herz ist gebrochen. Die Einsicht kommt zu spät.» Was war passiert?

Toni, Virginie, Mara und Catharina kamen aus einer Disco und wollten nach Hause. Die Straßen waren fast leer. In dem kleinen Renault Clio herrschte gute Stimmung. Mara saß am Steuer, neben ihr drehte Toni das Radio etwas auf. Auf der Rückbank streckten ihre beiden Freundinnen Virginie und Catharina müde die Beine aus. Es war ein richtig schöner Abend.

Zur gleichen Zeit fuhr ein Sportwagen in die entgegengesetzte Richtung, ein neuer BMW. Der Fahrer Elias P. raste mit 180 km/h über die Landstraße, den Ring des Gyges übergestreift. Die Polizei wird später feststellen, dass er Alkohol und Kokain im Blut hatte. Elias wollte nur noch nach Hause, so schnell es ging. Plötzlich war ein langsameres Auto vor ihm. In einer Rechtskurve setzte er zum Überholen an, der Wagen des 24-Jährigen heulte auf. Die durchgezogene Linie hinderte ihn nicht am Überholen, die Drogen hatten ihn in einen Rausch versetzt, der jegliches Gefühl für die Gefahr ertauben ließ.

Plötzlich sah Elias die Scheinwerfer des Clio auf sich zurasen. Es gab kein Zurück mehr. Die beiden Fahrzeuge stießen mit einem lauten Krachen frontal zusammen. Funken sprühten. Das kleine Auto wurde regelrecht zusammengefaltet. Die vier Insassen hatten keine Chance. Sie waren auf der Stelle tot. Elias selbst spürte zwar den Aufprall, aber keine Schmerzen; der Innenraum des BMW war gut gesichert. Der junge Mann befreite sich mühsam aus seinem Wagen und blickte benommen auf die Straße.

Vierfacher Totschlag! Von einer Sekunde auf die andere wird der teure Wagen ein Werkzeug des Todes, verlieren vier junge Menschen ihr Leben, ohne dass Elias es wollte. Trotzdem ist er nicht unschuldig: Seine Hand hatte den Zündschlüssel umgedreht, obwohl er das Auto besser hätte stehen lassen sollen. Innerhalb kürzester Zeit hatte er kostbares Leben ausgelöscht, die Zukunft von vier Menschen zerstört. Was bleibt, ist das furchtbare Erschrecken: Autofahrer stehen immer in der Gefahr, ungewollt andere Menschen zu verletzen, im schlimmsten Fall sogar zu töten. Die zahllosen Kreuze an den Straßenrändern zeigen, dass dieser Tod zum traurigen Alltag geworden ist, der Preis für Raserei und Selbstüberschätzung. Die Opfer sind vor allem junge Menschen, wie Mara, Virginie, Catharina und Toni, die ihre ganz eigenen, persönlichen Geschichten haben. Und zu ihnen gehören auch die Geschichten ihrer Eltern und Freunde, die sie nun vermissen. Was haben ihre Familien verloren in dem Moment, in dem sich die Haustür öffnet und die Hiobsbotschaft alles verändert?

Wieder einmal wurde der Ruf nach strengeren Drogenkontrollen und schärferen Geschwindigkeitsbegrenzungen laut, doch die Toten bringt das alles nicht zurück. Die Familien werden weiter trauern, die Gräber ihrer Lieben besuchen und nach einem «Warum?» fragen, auf das es keine Antwort gibt.

Und das Leben des Fahrers? Auch für ihn ist alles anders geworden. Elias P. wird mit einem gebrochenen Bein in ein Krankenhaus eingeliefert. In der Presse wird er «Der Todesraser von Rügen» genannt. Von nun an muss er mit dem Wissen leben, dass er vier Menschen getötet hat, dass jeder Mensch das Potenzial hat, einen anderen zu verletzen, ja sogar zu töten. Beim Tod gibt es kein Zurück. Hat man einen Menschen verletzt, kann man ihn um Verzeihung bitten. Wenn man etwas weggenommen hat, kann man es zurückbringen. Aber der Tod ist endgültig. Im Angesicht einer solchen Tragödie wird jedem bewusst, wie schnell ein Leben ausgelöscht werden kann, was das Wort «Verkehrsopfer» wirklich bedeutet. Und das Gebot «Du sollst nicht töten» mag einem wie eine Farce vorkommen.

ResistantX

Tunnelblick. Ein dunkler Raum. Vermutlich ein Kellerraum oder ein Verlies. Ein spärliches Licht fällt aus einer gusseisernen Tür am anderen Ende des Raumes und lässt ein noch unerschlossenes Tunnelsystem erahnen. Das flackernde Licht ist gelblich gefärbt und setzt sich von dem gräulichen Wandblock ab. Weitere Ausgänge? Du blickst dich um: Fehlanzeige. Du scheinst allein zu sein. Die Atmosphäre ist düster, keiner heißt dich hier willkommen, aber darauf bist du auch nicht eingestellt. Aus der Ferne hörst du schaurige Musik, die zu diesem Ort passt. Deine Augen suchen den Raum ab wie Scheinwerfer. Zwei Schatten tanzen an der grauen Wand. Es tropft von der Decke. Vor dir, vielleicht drei Meter entfernt, liegt ein großer runder Gegenstand auf dem Boden. Mit zwei, drei Sprüngen bist du dort: gelandet! Ein langhaariger, blutverschmierter Kopf liegt vor dir, der Kopf einer Frau. Ihre Augen sind leer, ihr Blick kalt. Ein Gefühl von Ekel steigt in dir hoch. Du willst nur noch raus hier. Deine Hände umfassen deine Waffe fester. Das Gewehr im Anschlag, gehst du langsam weiter in den Raum hinein. Ein ungutes Gefühl beschleicht dich. Da! Ein Knacken. Du fährst herum und siehst in das dreckige, wutverzerrte Gesicht eines großen Mannes, der auf dich zu läuft. Du zielst, drückst ab. Der

Mann bäumt sich auf, bricht zusammen, Blut spritzt. Tot. Volltreffer. Doch du hältst nicht inne. Deine verpixelten Schritte bringen dich quer durch den Raum auf die andere Seite zur Tür. Auf einer Leiter kletterst du blut- und hirnverschmiert durch einen Gully an die frische, warme Luft, mitten in die pulsierende Ader der belebten und lauten Stadt, mitten ins Verkehrschaos. Du hast überlebt, doch der Kampf geht weiter.

Wer schon einmal fünf Stunden ununterbrochen Ego-Shooter gespielt hat, weiß, wie sich danach Virtuelles und Reales vermischen. Man taucht ein in eine Welt, in der es nur eine Regel gibt: «Er oder ich!» Es zählen nur noch Schnelligkeit, Taktik und die besseren Waffen, Gewinnen oder Verlieren. Alles Menschliche wird ausgeblendet. Töten ist überlebenswichtig, besonders beim Kampf «Gut gegen Böse». Die aktuellen Versionen der Spiele haben bereits Filmqualität. Es ist eine Welt für sich, zu der Erwachsene oft keinen Zugang haben. Sie werden den Reiz solcher Spiele niemals erfahren: wie einen das Spiel einsaugt, man das Gefühl für die Zeit verliert, wie berauschend das Gefühl von Macht und Erfolg ist, wenn man erst einmal die Technik beherrscht und dem Gegner überlegen ist.

Auch der Schüler Sebastian B. hat zuerst nur Pixel getötet, doch dann beschlich ihn das Verlangen nach Rache. Er wollte sich an einer Welt rächen, die ihn zum Schulversager abgestempelt, ihn in seinen Augen regelrecht auf die virtuellen Schlachtfelder gedrängt hatte. Anfangs versuchte er, dort seine Aggressionen abzubauen, später eiferte er seinen medialen Vorbildern nach. Das Virtuelle wurde realer als die wirkliche Welt von Familie und Schule. Was würden die anderen sagen, was für Augen würden sie machen, wenn er mit Sonnenbrille und Ledermantel ins Klassenzimmer stürmen und alle abknallen würde! Er hätte dann die Macht über sie. Nur er, *ResistantX*, wie er sich auf seiner Homepage nannte, dürfte ein solches Todesurteil fällen und vollstrecken. Dann würde nur noch *seine* Gerechtigkeit zählen. In Sebastians Logik der Vergeltung sind die anderen alle besser tot, Lehrer wie Schüler. Realität und Fiktion verschwimmen.

Am 21. November 2006 dringt Sebastian B. um 9.30 Uhr in seine alte Schule in Emsdetten in Nordrhein-Westfalen ein, den Ring des Gyges übergestreift. Angetrieben von Hilflosigkeit und Wut, Hass und Kränkungen feuert er, mit einer Pistole und zwei abgesägten Gewehren bewaffnet, gezielte Schüsse auf Schüler, Lehrer und Hausmeister ab. Gegen die Polizei geht er mit Rauchbomben vor. Er verletzt insgesamt 25 Menschen, bevor er sich schließlich selbst tötet.

Sebastian schreibt in einem Abschiedsbrief auf seiner Homepage: «Wenn man weiß, dass man in seinem Leben nicht mehr glücklich werden kann, und sich von Tag zu Tag die Gründe dafür häufen, dann bleibt einem nichts anderes übrig, als sich aus diesem Leben zu verabschieden. Und dafür habe ich mich entschieden. (...) Man hat mir gesagt, ich muss zur Schule gehen, um für mein Leben zu lernen, um später ein schönes Leben führen zu können. Aber was bringt einem das dickste Auto, das größte Haus, die schönste Frau, wenn es letztendlich sowieso für'n Arsch ist. Wenn deine Frau beginnt, dich zu hassen, wenn dein Auto Benzin verbraucht, das du nicht zahlen kannst, und wenn du niemanden hast, der dich in deinem scheiß Haus besuchen kommt! Das Einzige, was ich intensiv in der Schule beigebracht bekommen habe, war, dass ich ein Verlierer bin.»

Sebastian schreibt weiter, dass er von seinen Mitschülern gedemütigt worden ist. Sie hätten sich über ihn lustig gemacht, und er sei immer der Dumme gewesen. Was zählte, sei nur das neueste Handy gewesen, die neuesten Klamotten und die richtigen Freunde. Am Ende seines Abschiedsbriefs entschuldigt sich Sebastian bei den Menschen, denen er etwas bedeutet hat.

Worauf reagiert der Schüler mit seiner Tat? Auf Erniedrigung? Darauf, dass niemand seine Hilfeschreie gehört hat? Seine Antwort fällt vernichtend aus: Die anderen hätten es ja nicht anders gewollt! Es ist seine Reaktion auf all das, was er erleben musste. Seine Reaktion auf die Kette von Demütigungen konnte nur noch *Gewalt und Vergeltung* lauten.

Das Gebot «Du sollst nicht töten» hat für ihn keine Rolle gespielt.

Happy Slapping

«Bitte immer schön in die Kamera schauen! Schließlich drehen wir hier einen Dokumentarfilm!», sagt eine 15-Jährige, während sie mit ihren schweren Stiefeln auf einen am Boden liegenden Mitschüler eintritt. Noch mehr Schläge und Beleidigungen prasseln auf ihn ein. Zwei Freunde stehen dabei und nehmen die brutale Szene unmittelbar mit ihren Handy-Kameras auf. Auf abartigste Weise quälen sie ihr Opfer für den Spot, der ihnen Anerkennung schafft, nicht nur unter sich, sondern in der ganzen Community, die dieses Video tauscht und weiterverschickt, es sich gemeinsam in der Straßenbahn anschaut und darüber in lautstarkes Lachen ausbrechen muss. Was an Schlägen, an realen Tritten und Hieben für die am Boden Liegenden als Demütigung noch nicht reicht, gipfelt darin, dass die Opfer nun Hauptpersonen eines Videos werden, das überall zu haben ist: im Netz und auf jedem Handy des Schulhofes. Das tut vor allem in der Seele weh und hinterlässt eine Wunde, die immer noch nicht verheilt sein kann, selbst wenn die blauen Flecke nicht mehr zu sehen sind.

«Happy Slapping» heißt diese Art der Handy-Nutzung. «Fröhliches Schlagen» feiert die Gewalt, die auf unseren Schulhöfen stattfindet. Ein Klick und du kannst sie dir herunterladen, dir die Gewalt reinziehen, wo immer du bist: «Du rennst rum, siehst irgendjemanden, der irgendwie bescheuert aussieht und schlägst ihn, filmst es und läufst weg. Das macht Spaß!», sagt ein Junge.

Als in England in einem Londoner Stadtteil der Bar-Manager Tom mit einem Freund auf einer Parkbank sitzt, kommen vier Jugendliche vorbei. Sie schlagen und prügeln auf den Ahnungslosen ein, filmen das Ganze, der Freund kann nichts ausrichten. Tom wird diesen Überfall nicht überleben. Ein Gewaltexzess im Videoformat.

«In meinem Umfeld ist das schon vielen Mädchen passiert», sagt Suna, die in einer deutschen Kleinstadt lebt. «Eine Freundin wurde einfach von ein paar Jungen in ein Gebüsch gezerrt, getreten und bepöbelt, auf übelste Weise beschimpft! Das war so schlimm! Sie hat nur noch geheult!»

Beim «Happy Slapping» gibt es keine Regeln und keine Grenzen. Durch das Objektiv der Handykamera sind alle vogelfrei. Passanten oder Mitschüler werden aus der Menge herausgegriffen und erniedrigt und gequält. «Wer mir nicht passt, verdient Prügel!»

Warum tun junge Menschen das? Nicht ein Streit, nicht eine lange Feindschaft, nicht tiefer Hass, nicht Notwehr, kein besonderer Anlass treibt sie dazu. Passanten, Mitschüler oder selbst «Freunde» werden Zielscheibe und Opfer. Sie werden benutzt – zur bloßen Prahlerei, als vorzeigbare Trophäe.

Die Grenze «Du sollst nicht töten» wird nicht gesehen oder bewusst verachtet. Was zählt, ist die Lust an der Gewalt, nicht der andere Mensch. Der andere ist in den eigenen Augen nichts wert. Seine Würde wird übergangen, vielleicht noch nicht einmal empfunden. Da ist kein Zurückschrecken vor einer Grenzüberschreitung, kein Zögern, sondern bloße Ichbezogenheit.

Auslandseinsatz

Eine schwere Tasche wird aus dem Spind gerissen. In der Mitte eines spärlichen Raumes steht ein junger angehender Soldat neben vier Hochbetten und einem Tisch mit acht Stühlen. Die Farbe platzt an manchen Stellen ab, der Raum ist aber sauber und gut gekehrt. In der Ferne hört Marc die gleichmäßige Melodie marschierender Füße. Erster Tag in einer Kaserne. Das grün-braune Tarnmuster auf seiner Kleidung ist noch unbefleckt, seine Akte noch weiß: keine Kriegseinsätze, kein Auslandseinsatz, kein Flugzeug, das er vom Himmel holen musste. Wirkt er verunsichert?

Ausbildung mit dem Ziel, irgendwann zu töten. Marc hat sich verpflichtet, dem Staat militärisch zu helfen, und das heißt auch mit dem Gewehr. Lange hat er überlegt, ob er Zivildienst machen oder doch zum Bund gehen soll. Er hat sich mit seiner Freundin, mit Freunden, mit seinen Eltern unterhalten, um dann die Entscheidung zu fällen: «Der Job könnte mir Spaß machen. Außerdem ist er wichtig. Ich will mein Land verteidigen und der Welt im Kampf gegen den Terrorismus helfen. Natürlich ist das eine heikle Entscheidung, aber wenn ich dabei töten muss, dann töte ich.»

Marcs Freundin findet seine Entscheidung nicht gut. Marc selbst ist inzwischen genervt davon, ständig mit ihr darüber zu diskutieren und sich rechtfertigen zu müssen. Irgendwann platzt ihm der Kragen: «Ich bin ein Mensch. Das bedeutet auch, dass ich töten kann. Ich muss mich gegen den Feind durchsetzen. Das liegt doch in der menschlichen Natur, dass Gewalt ein Mittel dafür ist, das tief in jedem schlummert. Auch in dir! Hass, Neid oder Eifersucht – dafür kann man schon mal über Leichen gehen. Das kennst du doch selbst: Du bist doch auch manchmal eifersüchtig, und deine Verwünschungen gegenüber Mädchen, die mich in der Disco anmachen, sind auch nicht gerade harmlos. Guck dir nur mal die Abendnachrichten oder einen Spielfilm an: Menschen bringen Menschen um. Mit dem Strick, mit Gift, mit dem Messer, mit einer Bombe. Oder sie treiben sie in den Wahnsinn. Manchmal sieht man Hunderte Tote, manchmal den gezielten Schlag gegen Einzelne. Töten ist nicht die Ausnahme! Gut, ich habe noch keinen Menschen getötet, ich weiß nicht, wie es ist, wenn ich es getan habe. Ob es mich umhaut oder ob ich mich stärker fühle. Ich will es auch nicht wissen, was bringt es auch, jetzt darüber nachzudenken?»

Ist Marcs Entscheidung, Soldat zu werden, eine Entscheidung gegen «Du darfst nicht töten»? Würde sich etwas verändern, wenn er seinen Dienst als Soldat im Rahmen einer Friedenstruppe oder als Sanitäter ausübt?

Todesstrafe

Zumindest in der Europäischen Union erkennt der Staat das Tötungsverbot auch im Blick auf sich selbst an: als Verzicht auf die Todesstrafe. In Amerika ist das anders: Hier wird das Für und Wider der Todesstrafe heftig diskutiert. In einem Appell gegen die Todesstrafe hat sich der italienische Fotograf Oliviero Toscani mit der Aktion «Hände weg von Cain!» an die Vereinten Nationen gewandt. Er protestiert gegen den Geist der Rache, der nicht von einem Staat ausgehen darf, welcher sich auf die Menschenrechte beruft. Toscani ist mit seinen Werbekampagnen für Benetton berühmt geworden. Nachdem er sich von der durch ihn als Werbechef und Fotografen weltweit bekannt gewordenen Marke «United Colors of Benetton» zurückgezogen hatte, unterstützte er die Kampagne gegen die Todesstrafe im Internet: «Hände weg von Cain sagt ein Bibelwort, und für uns bedeutet dieses alte Gebot, dass der Staat nicht seine Bürger vom Leben zum Tode bringen darf. Nach der Abschaffung der Sklaverei und dem Verbot der Folter könnte das Recht, durch eine Verurteilung eines Gerichtes nicht getötet werden zu dürfen, ein weiterer gemeinsamer Nenner sein, ein neuer untrennbarer Aspekt von Menschlichkeit, der uns zu einer Familie macht.» Mit Bildern von sechs Hinrichtungskandidaten, die «Im Angesicht des Todes» in amerikanischen Todeszellen auf ihre Hinrichtung warten, appelliert er an das öffentliche Gewissen: Du darfst mich nicht töten! Und erinnert damit an das «Kainsmal», das Zeichen, das Kain an seiner Stirn trägt – damit er selbst vor Mord geschützt wird.

Als die Geschichte vom Brudermord im neunten Jahrhundert vor Christus erzählt wurde, lebten die Menschen in einer Gesellschaft, in der es zulässig war, einen Menschen zu töten, wenn er selbst jemanden getötet hatte.

Die Erzählung von den beiden Brüdern Kain und Abel handelt von Aggression und Vorurteilen und trifft den dunklen Kern der menschlichen Psyche: die Verführbarkeit zur Gewalt.

Kain war der erste Sohn von Adam und Eva, Abel der Zweitgeborene. Kain wurde Bauer und Abel Hirte. Nach der Ernte und der Geburt der Lämmer wollten sich die beiden Brüder bei Gott bedanken und bereiteten aus den Erträgen ein Opfer für ihn vor. Kain brachte Früchte von dem Feld, Abel briet ein Lamm. Doch Gott nahm nur das Opfer von Abel, dem jüngeren Bruder an. Kain fühlt sich von Gott zurückgesetzt. Warum Gott das Opfer von Kain nicht ansieht, wie es in der Erzählung im ersten Buch Mose heißt, ist aber nicht das Thema der Geschichte. Im Alltag ist es nun einmal so: Einer wird dem anderen vorgezogen. Wer hat das nicht schon einmal erlebt? Den Erzählern geht es deshalb darum, wie Kain mit dieser Benachteiligung zurechtkommt. Er senkt seinen Blick und wird sehr wütend, nicht nur auf Gott, sondern auch auf seinen Bruder, der ja gar nichts für die Übervorteilung kann. Kain kann sich schließlich nicht beherrschen, er stürzt sich auf ihn und erschlägt ihn.

So ist der Mensch, sagt die Geschichte, er ist fähig, ein Verbrechen zu begehen und seinen eigenen Bruder zu erschlagen. Schon Kain trug den Ring des Gyges an seiner Hand.

Gott fragt Kain: «Wo ist dein Bruder?» Der aber reagiert verärgert: «Ich weiß es nicht!» und wird auch noch frech: «Soll ich meines Bruders Hüter sein?» Zum Mord tritt die Lüge und der Versuch, die Tat zu verbergen. Gott stellt ihn zur Rede: «Was hast du getan? Das Blut deines Bruders schreit zu mir vom Ackerboden!»

Kain wird von Gott bestraft und verbannt: Er soll von nun an rast- und ruhelos umherwandern. Jetzt zeigt Kain Reue, er empfindet seine Schuld als zu groß, um sie zu ertragen. Und: Er hat Angst um sein Leben, denn wer Kain findet, darf ihn, wie es damals Sitte war, erschlagen, weil er seinen unschuldigen Bruder getötet hat. Gott aber, so heißt es in der Geschichte, schützt Kain durch ein Zeichen, vielleicht in Form einer Tätowierung an der Stirn. Wer ihn erschlägt, dem droht die Rache Gottes. Das Kainsmal wird so zum Schutzzeichen, und Kain konnte unbehelligt weiterleben.

Menschlichkeit

«Du sollst nicht töten!» heißt auch: Du sollst nicht gewalttätig sein, du sollst keinem anderen Schaden zufügen, du sollst keinen zur Gewalt verleiten, du sollst die Gewalt nicht feiern. Stellen wir uns einen Tag in einer Welt vor, die ohne Gewalt auskommt. Kann es eine solche Welt geben, in der Gewalt kein Mittel mehr ist? Oder ist das eine verrückte Vision?

Liest man die Beispiele auf den vorigen Seiten, ist man versucht, die letzte Frage mit einem «Ja» zu beantworten. Denn das Töten durch einen ungewollt verursachten Autounfall, die Verherrlichung des Tötens in der virtuellen Welt, das seelische Töten beim «Happy Slapping» oder auch die Tötung durch den Staat wie bei der Todesstrafe – dies alles verdeutlicht nur allzu plastisch, wie stark das Gebot mit der Realität in Konflikt steht. Kann man heute überhaupt noch nach diesem Gebot leben, wenn man selbst nicht untergehen will? Hat man es bei ihm nicht mit einem Anachronismus zu tun, einem Gebot, dem man zwar gerne beherzt zustimmen möchte, dessen Umsetzung in der heutigen Zeit aber an den aktuellen Entwicklungen und Geschehnissen scheitert?

Dabei ist und bleibt dieses erste Gebot ein ungeheuer wichtiges. Wie elementar es ist, zeigt sich darin, dass es das Zentrum der Ethik aller Kulturen und Religionen bildet. Für den jüdischen Philosophen Emmanuel Levinas ist es sogar das wichtigste unter den Zehn Geboten. Er sieht es als Ausdruck menschlicher Verantwortung im Leben, die nur ich selbst übernehmen kann – und auch muss.

Die positive Formulierung des Gebotes findet sich auch in der Erklärung der Allgemeinen Menschenrechte im 3. Artikel:

«Jeder hat das Recht auf Leben, Freiheit und Sicherheit der Person.»

Sie findet sich im Grundgesetz:

«Jeder hat das Recht auf Leben und körperliche Unversehrtheit. Die Freiheit der Person ist unverletzlich. In diese Rechte darf nur auf Grund eines Gesetzes eingegriffen werden.»

Sie findet sich auch in der jüdisch-rabbinischen Tradition:

«Die früheren Rabbinen erklären dieses Gebot so: Wer Blut vergießt, mindert das Ebenbild Gottes.»

Sie findet sich in der buddhistischen Lehre in der Sutta 41:

«Zum rechten Lebenswandel gehört, dass man kein Leben zerstört, dass man Stock und Schwert beiseite gelegt hat und sich zartfühlend, erbarmungsreich, freundlich und gütig gegenüber allen lebenden Wesen verhält.»

Sie findet sich in der Erklärung zum Weltethos aus dem Parlament der Weltreligionen:

«Jeder Mensch hat das Recht auf Leben, körperliche Unversehrtheit und freie Entfaltung der Persönlichkeit, soweit er nicht die Rechte anderer verletzt.»

Mensch zu sein heißt, für andere Menschen verantwortlich zu sein. Wenn ich einen Menschen bedrohe und ihm in die Augen sehe, erkenne ich seine Wehrlosigkeit, seine Sterblichkeit, dass ich ihm wehtun kann. Ich habe sogar die Freiheit, ihm wehtun zu *wollen.* Hier kommt die Ethik ins Spiel, das Gewissen: Ich werde ihm keine Gewalt antun, ich werde ihn nicht töten, weil ich meine Verantwortung für sein Leben kenne.

Dabei behütet das erste Gebot auch mich selbst und zwar in doppelter Weise: zum einen, indem es mich vor dem Mutwillen anderer schützt – Gewalt auszuüben und zu töten werden durch das Gebot zum illegalen und unerwünschten Verhalten erklärt; in der Bundesrepublik werden Gewaltausübung und unerlaubter Waffenbesitz angezeigt und bestraft.

Zum anderen schützt mich das Gebot, indem es mich vor mir selbst und meinen Möglichkeiten in Schutz nimmt, denn: Jeder von uns kann töten! Das hat das 20. Jahrhundert mit all seinen grausamen Kriegen und der menschenverachtenden Ideologie des Nationalsozialismus gezeigt.

Es gehört zur tiefen Einsicht biblischer Erzählungen, dass jeder Mensch dazu fähig ist, Gewalt auszuüben, zu töten, selbst seinen eigenen Bruder, so wie Kain aus Wut und Enttäuschung Abel getötet hat. Das erste Gebot legt es noch einmal auf besondere Art und Weise offen: Zum Wesen des Menschen gehört die Gewalt, eine Gewalt, die in unserem Alltag mit seinen technischen Möglichkeiten eine noch größere Rolle spielt.

Nach dem schweren Autounglück auf Rügen hat sich die Bürgerstiftung «Raser-Täter-Opfer e.V.» gebildet. Zusammen mit den Angehörigen der Verkehrsopfer wurde Material für zwei Ausstellungen zusammengestellt. Im Internet kann man sich die Bilder der Ausstellung ansehen. Unter dem Titel «Tod der Unschuldigen» und «Beifahrer Tod» erinnern sie an die vielen Opfer auf unseren Straßen. Die Bilder von Mara, Virginie, Catharina und Toni prägen sich ein. Ihre Gesichter schauen mich an und fordern mich auf: Du musst alles tun, damit du selbst nicht in die Situation gerätst, einen anderen Menschen tödlich zu verletzen. Dazu bist du verpflichtet, daran erinnert dich jedes Kreuz am Straßenrand. Du bist dazu verpflichtet, dafür Sorge zu tragen, dass durch dich kein unschuldiges Leben genommen wird. Diese Beschränkung deiner Gewalt schützt dich auch vor den Konsequenzen des Tötens, nämlich der Schuld, die du auf dich lädst, wenn du die Würde des anderen verletzt.

Ich kenne Elias, den Fahrer des Todeswagens, nicht persönlich, aber ich kenne andere Menschen, die jemanden bei einem Verkehrsunfall getötet haben. Sie erzählen von den unruhigen Gedanken, die sie noch lange nach der «Tat» beschäftigen: «Ich kann nicht mehr schlafen. Die Bilder gehen mir nicht aus dem Kopf. Das überschlagene Auto, die Gesichter, das Blut. Und immer wieder sehe ich meinen Griff zum Glas und wie ich kurz darauf die Pillen runterspüle. Ich habe dieses nervöse Zucken. Permanente Anspannung und ich mag nicht mehr essen. Vorher dachte ich, ich hätte gar kein Gewissen, jetzt spüre ich es Tag und Nacht. Das ist ein Hammer, der mir jeden Morgen aufs Neue mein Leben zur Qual macht. Ich hasse die Straße. Ich kann die Autos nicht mehr sehen. Wie kann man in der Stadt wohnen und die Autos nicht mehr sehen können? Tortur! Das sind Höllenqualen, das sage ich dir. Jeden, den ich sehe, beneide ich. Mit jeder möchte ich tauschen. Für zwei gebrochene Beine, für ein Leben im Rollstuhl wäre ich sofort auf den Beifahrersitz gerutscht und hätte das Lenkrad aus der Hand gegeben. Ja, so rechne ich. Verrückt. Oft wünsche ich mir, ich sei tot und die anderen würden noch leben. Ja, das wäre Gerechtigkeit, die uns voranbrächte! Ob ich Tabletten nehme? Ja. Mein Prozess steht ja noch an. Nur so stehe ich den durch. Da werde ich dann den Eltern begegnen, den Angehörigen, den Freunden. Ich habe massenweise anonyme Schmähungen und Drohungen bekommen. Erst kürzlich habe ich deswegen meine Adresse geändert. Was ich zu ‹Du sollst nicht töten› sage? Ganz einfach: ‹Und was, wenn es doch passiert›? Das sage ich!»

Ja, was ist, wenn es doch passiert? Und es passiert ständig – ob ungewollt, wie bei einem Autounfall, oder beabsichtigt. Wie passt das Gebot «Du sollst nicht töten» also in eine Zeit, in der der tägliche Mord als kommerziell erfolgreich gilt und die Hemmschwelle zum Töten in virtuellen Räumen immer weiter herabgesetzt wird, in die Zeit von ResistantX, alias Sebastian B., der vor seinem «Amoklauf» in Emsdetten im Internet seine Videos zeigt – mit einer blutroten Botschaft: «Say: Good bye humanity»? Warum ist ein junger Mensch zu dieser Tat fähig? Warum üben Kriegsspiele in Friedenszeiten eine so große Faszination auf Menschen aus? Sebastians Tat weist den Weg zur ursprünglichen Aussage des ersten Gebotes: Es ist die Rache, die zu einer überschießenden Gewalt führt, einer Gewalt, die keine Grenzen mehr kennt, keine Vernunft und auch keine Menschlichkeit. Aber Sebastian wollte Rache nehmen, eine Rache, der er dann selbst zum Opfer fiel.

Der Schriftsteller und Philosoph Manès Sperber hat versucht, eine Antwort darauf zu finden, warum Menschen töten. In seiner Dankesrede anlässlich der Verleihung des Friedenspreises des Deutschen Buchhandels «Leben im Jahrhundert der Weltkriege» spricht er 1983 eine unbequeme Wahrheit aus: Der Mensch fürchtet nicht nur den Krieg, sondern er wünscht ihn auch, zumindest unbewusst, um seinem drückenden und belasteten Alltag zu entkommen. Jede Warnung vor dem Krieg bleibe harmlos, so Sperber, wenn sie nicht auf diese Quelle, auf die Faszination des Kriegs hinweise und erkenne, dass Krieg für die Menschen nicht nur schrecklich ist, sondern zugleich auch auf schreckliche Weise gewünscht wird.

Handys zum Beispiel bieten neuen Nährboden für die Lust auf Gewalt – nicht immer mit Todesfolge, und doch sind auch die Fälle wie das «Happy Slapping» eng mit dem ersten Gebot verknüpft: Das Handy kann zur Waffe werden, es kann erniedrigen und für die Opfer dieser brutalen Gewalt zum Folterinstrument werden, wenn die verbreiteten Videos die Hilflosigkeit, die Erniedrigung und Schwäche der Opfer zeigen. Die Opfer lassen diese Bilder nicht mehr los. Sie zerstören ihr Leben, denn jeder kennt sie plötzlich nur noch als Bespuckte, Getretene und Geschlagene. Diese Bilder töten die Opfer – nicht physisch, aber tief in ihrer Seele.

«Du sollst nicht töten» meint also nicht nur, die physische Unversehrtheit der anderen zu wahren, sondern auch ihre seelische. Es betrifft nicht nur jeden Menschen für sich, es gilt auch für den Staat, in dem wir leben. Doch kann ein Staat, der keine Gewalt ausübt, überleben? Kann er uns schützen? Der Begriff der Gewalt wird nicht nur negativ gebraucht: «Alle Gewalt geht vom Staate aus» heißt es im Grundgesetz. Damit ist das lateinische Wort «potestas» gemeint, das Gewaltmonopol des Staates, das den Einzelnen schützen soll.

Braucht nicht der Staat eine Verteidigung, die auch die Möglichkeit zum Töten in Betracht ziehen muss, um Leben zu sichern und uns zu schützen? Muss nicht an bestimmten Stellen und in bestimmten Situationen der Satz «Du sollst nicht töten!» außer Kraft gesetzt werden für das höhere Ziel «Ihr sollt leben!»?

Sollte sich ein Soldat nicht von diesem Gebot ausnehmen können – zum Wohle der Gemeinschaft? Würde er da nicht nach dem Motto handeln: Ich verletze das Gebot im Interesse aller, also sprecht mich frei vom «Du darfst mich nicht töten»? Ist nicht manchmal Töten auch gerechtfertigt, zum Beispiel bei der Todesstrafe?

Immer wieder werden wir in unserem Leben vor Konflikte gestellt, die uns entweder mit Gewalt konfrontieren oder uns selbst eine Entscheidung abringen, für oder gegen sie. Dabei ist die Entscheidung über das Leben eines anderen Menschen die schwerste und folgenreichste, die es gibt. Dieses Gebot hat daher einen so hohen Stellenwert, und Ausnahmen sollten eben darum genau geprüft werden, weil jeder Irrtum ein Leben kostet.

Eine Antwort auf die Frage, ob Töten nicht auch «gerechtfertigt» ist, wenn es einen «bösen» Menschen trifft, finden wir direkt am Anfang der Bibel: Es war Gott, der dem Menschen persönlich den Atem schenkte und ihn nach seinem Bilde schuf. Auch als Verbrecher oder Mörder bleibt der Mensch, was er ist: Geschöpf Gottes. Und wenn der Mensch von Gott geschaffen ist, nach seinem Bild, dann hat kein Mensch das Recht, einem anderen Menschen das Leben zu nehmen – aus welchem Grund auch immer. Deswegen erhält z. B. auch Kain das Zeichen, das ihn vor den Bluträchern schützen soll. Das Leben ist ein fundamentales Gut, das allein Gott nehmen darf.

Spätestens seit dem Kinofilm «21 Gramm» wissen wir, dass sich genau im Moment des eintretenden Todes der menschliche Körper um 21 Gramm erleichtert. Im Film heißt es, 21 Gramm entsprächen dem Gewicht eines Kolibris, dem Gewicht von fünf 5-Cent-Münzen oder eines Schokoriegels, aber seien eben doch so viel mehr. Was sind diese 21 Gramm? Sie stehen symbolisch für das, was den Menschen ausmacht und was so schwer in Worte zu fassen ist: Häufig merken wir erst, was uns ein Mensch bedeutet, wenn er gegangen ist oder sein Leben auf dem Spiel steht. Wenn plötzlich jemand in unserem Leben wegbricht, der immer eine verlässliche Stütze gewesen ist oder den wir geliebt haben oder lieben. Manchmal treibt diese Liebe – so merkwürdig es ist – selbst zum Töten. Uns kann ein Leben so viel bedeuten, dass wir dafür unser eigenes aufs Spiel setzen würden!

Was tun?

Aber wie kann der Mensch vor der Lust auf Gewalt geschützt werden? Wie kann ein anderer Mensch vor mir geschützt werden, wenn ich Lust auf Gewalt verspüre?

«Was du nicht willst, das man dir tu, das füg auch keinem anderen zu», sagt das Sprichwort. Es ist die einfache Version der «goldenen Regel», die auch als innere Stimme des Gewissens bezeichnet werden kann und in allen Religionen gilt. Die innere Stimme fragt: «Und wenn du jetzt der andere wärst, was dann? Du teilst dein Leben mit dem anderen. Unter veränderten Umständen könnte es auch dich treffen. Möchtest du, dass ein betrunkener Fahrer dein Leben gefährdet? Möchtest du, dass ein Soldat auf dich zielt? Möchtest du, dass Bilder, die dich hilflos und am Boden zeigen, von Handy zu Handy überspielt werden? Möchtest du, dass ein politisches Terrorsystem deine Familie ermordet? Geh so mit dem Anderen um, wie du es wünschen würdest, was er mit dir täte, wenn er du wäre.»

Die Haltung, die man dazu braucht, das erste Gebot zu befolgen, kann man einüben.

1. Lerne, dich frühzeitig zu schützen!

Was verbindest du mit dem Begriff «Gewalt»? Nimm dir ein wenig Zeit und schreibe deine Definition von Gewalt auf. Vielleicht hast du etwas geschrieben wie: «Es gibt körperliche und seelische Gewalt. Die körperliche Gewalt ist außen, Menschen werden äußerlich verletzt zum Beispiel durch Schlagen, Treten oder Beißen. Die seelische Gewalt ist innen. Menschen werden innerlich verletzt durch Worte, Beleidigungen, Ausgrenzung, Drohungen. Gewalt tut weh. Gewalt kann aber auch Spaß machen, weil man Macht spürt über einen Schwächeren, weil man zu gewinnen scheint!»

Nun kommt eine entscheidende Frage: Wer kann beurteilen, ob etwas Gewalt ist, oder nicht? Nimm dir Zeit, die Antwort zu finden.

Ich erzähle eine kleine Szene, die ich selbst beobachtet habe: Klaus ist 13. Er ist mit Axel befreundet, beide gehen in die gleiche Klasse. Axel steht auf dem Schulhof. Klaus schleicht sich von hinten ran, packt Axel am Hals und bringt ihn nach hinten aus dem Gleichgewicht. Dabei lacht er und ruft: «Hey Axel, alles klar?!» Axel lacht auch, er ruft «Alles klar!» Nun drückt Klaus langsam den Hals von Axel zu und lacht dabei weiter. Axel lacht nicht mehr. Er ringt nach Luft und versucht sich zu befreien. Klaus zieht weiter zu. Ein Lehrer trennt die beiden. Klaus ist sauer auf den Lehrer: «Hey, das war doch nur Spaß. Axel ist doch mein Freund.»

Wer kann beurteilen, ob es Gewalt war oder ein gewaltfreier Spaßkampf? Nur Axel. Er allein kann beurteilen, ob ihm Klaus wehgetan hat, oder nicht. In diesem Fall hatte Klaus in ihm die Angst ausgelöst zu ersticken. Klaus hat davon gar nichts mitbekommen, er wollte einfach nur seinen Spaß haben.

Hätte Axel sich einfach besser wehren müssen? Wahrscheinlich hätte Klaus sich dann auch wieder gewehrt und so weiter, möglicherweise wäre aus Spaß sehr bald Ernst geworden. Nein, Axel muss lernen, Klaus auf Distanz zu halten. Er muss lernen, seinem Körpergefühl zu trauen. Schon als Klaus ihn von hinten packte, spürte Axel Angst und Unsicherheit. Er hat nicht gelernt, Klaus frühzeitig anzuschreien: «Lass mich los!» oder «Nein!».

Wenn du Gewalt vermindern willst, musst du lernen, Menschen auf Distanz zu halten. Und du musst lernen, deutlich zu sagen, was du nicht willst. Dafür gibt es eine Übung: Such dir einen Partner, stellt euch ca. 5 Meter voneinander entfernt auf. Nun kommt der andere langsam auf dich zu. Du wirst eine spannende Erfahrung machen. Irgendwann spürst du zwischen deiner Brust und deinem Bauchnabel ein ungutes Gefühl, das stärker wird. Sobald du dieses Gefühl spürst, sagst du laut und deutlich: «Stopp!». Der andere bleibt stehen. Nun bittest du ihn, etwas zurückzugehen, bis das ungute Gefühl verschwunden ist und du dich wieder gut fühlst. Achte auf dieses Gefühl und sage klar, wo deine Grenze ist, dann schützt du dich aktiv vor Gewalt.

In vielen Städten gibt es Programme zur Deeskalation von Gewalt und zum richtigen Umgang mit ihr. Gezielt wird den Jugendlichen beigebracht, Gewalt zu kontrollieren und gewaltsame Auseinandersetzungen zu unterbinden: Was ich mache, wenn mein Gegenüber mich anpöbelt, plötzlich zuschlägt oder mich mit einer Waffe bedroht, welche Körpersprache welches Verhalten fördert, was ich tun kann, wenn zwei aufeinander losgehen, wie ich Streit schlichten kann oder was ich tun muss, wenn die Gewalt eskaliert. Wie weit darf ich selbst in einer Auseinandersetzung gehen? Wo liegen die Grenzen meines Gegenübers? Und wo meine?

Mehr Informationen und Trainings findest du unter: www.gewaltakademie.de. Für Opfer von Gewalt gibt es zum Beispiel auch Hilfe unter der kostenlosen Telefonnummer 0800 110 333.

2. Hol dir Hilfe – zum Beispiel durch Streitschlichter

In vielen Schulen und auch in manchen Firmen gibt es «Streitschlichter», an die man sich wendet, wenn man alleine den Konflikt nicht mehr lösen kann. Das nennt sich Mediation, also die Vermittlung zwischen den Konfliktpartnern, zwischen «Täter» und «Opfer». Häufig sind Schülerinnen und Schüler der höheren Klassen als «Mediatoren», unparteiische Dritte, an der Konfliktlösung beteiligt. Auch Freunde oder Eltern können Streitschlichter sein. Entscheidend ist bei einer Mediation, dass die Konflikte gelöst, und zwar gewaltfrei gelöst werden. Jeder hat schließlich mal Probleme mit anderen Menschen – aber wenn sie ungelöst bleiben, können sie gefährlich werden.

Der Mediator sucht also gemeinsam mit den Streitparteien nach einer Lösung, die gemeinsam im Gespräch so erarbeitet wird, dass es keine Verlierer gibt. Das Ergebnis wird schriftlich fixiert und als Vertrag von den Konfliktparteien anerkannt. Gleichzeitig trainiert man mit dieser Technik, selbständig Konflikte zu lösen und seine Gefühle zu kontrollieren. Bestimmte Regeln, wie den Anderen ausreden zu lassen, ihn nicht zu beleidigen oder zu provozieren, sind bei einer Mediation sehr wichtig. Wenn du versuchst, dich an diese Regeln zu halten, wirst du schnell merken, dass das auch deine Sprache und dein Verhalten allgemein, zum Beispiel beim Autofahren, beeinflusst und weniger aggressiv macht.

3. Verändere deine Sprache!

Der amerikanische Psychologe Marshall B. Rosenberg ist ein international anerkannter Experte in «Gewaltfreier Kommunikation». Er hat grundsätzliche Regeln herausgefunden, wie man Konflikte friedlich und wirksam lösen kann: indem man auf seine Sprache achtet. Durch die Art, wie man sich ausdrückt, kann man gewalttätig wirken (Rosenberg nennt das die «Wolfssprache») oder gewaltfrei (er nennt das die «Giraffensprache»).

Um Konflikte wirksam zu lösen, ist es notwendig, Ausdrücke zu vermeiden, die zu Ablehnung oder Abwertung eines Menschen führen – es macht einen Unterschied, ob man zu jemandem sagt: «Du bist echt das Letzte, immer muss ich auf dich warten» oder «Ich bin traurig, weil du zu spät kommst.»

Rosenberg empfiehlt für eine gewaltfreie Sprache vier Schritte:

1. Schritt: Teile deine Beobachtung mit – ohne zu bewerten und zu kritisieren.
2. Schritt: Verknüpfe deine Beobachtung mit dem Gefühl, das du dabei hast.

3. Schritt: Verbinde deine Gefühle mit deinen Bedürfnissen. Sag, was du brauchst – ohne es zu fordern.
4. Schritt: Bitte klar um eine konkrete Handlung, von der du dir wünschst, dass sie geschieht.

Hier erfährst du mehr über «Gewaltfreie Kommunikation»:
www.gewaltfrei.de

Diese Maßnahmen können helfen, das erste Gebot zu befolgen. Wichtig ist: In der Aufforderung «Du sollst nicht töten» wird nicht nur Gewalt angekreidet, sondern werden gleichzeitig auch Alternativen zur Gewalt aufgezeigt: die Gewaltlosigkeit. Das schließt Zivilcourage mit ein. Also: Dazwischengehen ist cool! Auf das Opfer zugehen und es fragen, ob es Hilfe braucht. Nicht direkt mit dem Täter sprechen, da der in der Regel aggressiv ist. Wenn ich den Täter ansprechen muss, ihn nicht mit «Du» anreden, damit die Umherstehenden nicht denken, hier geht es um einen Streit von Bekannten. Eigene Gewalt vermeiden, aber klar und deutlich auftreten.

Will mich jemand zum Komplizen machen, indem ich einem anderen Gewalt antun soll, verweigere ich mich und hole Hilfe. Ich vermeide grundsätzlich Situationen, in denen ich das Leben eines anderen gefährde, weil ich mich selbst nicht mehr kontrollieren kann. Wenn ich Alkohol getrunken oder Drogen konsumiert habe, werde ich in keinem Fall Auto oder Motorrad fahren. Wenn ich gemobbt werde, hole ich mir professionelle Hilfe. Denn: Rache ist der falsche Weg!

2. Untreu
oder: Nicht ehebrechen

Am Anfang steht die Liebe zweier Menschen. Was mit einem ersten Bauchkribbeln, dem Austausch von Zärtlichkeit, Verliebtheit begann, hat sich in Liebe gewandelt, in das Gefühl, füreinander geschaffen zu sein. Man beschließt, den Rest des Lebens miteinander zu teilen und zu heiraten. Für viele Menschen ist die Ehe immer noch eine Form, einander lebenslange Solidarität zu versprechen.

Doch trotz allen guten Willens, aller guten Vorsätze: Es kann passieren, dass sich einer der Partner den Ring des Gyges über den Finger streift und das zweite Gebot «Du sollst nicht ehebrechen» missachtet – weil er sich nach einer anderen Person verzehrt, aus Langeweile, Wut, Machtgefühl. Es folgen Misstrauen, Lügen, Enttäuschung, Trauer und Wut. Mitunter zerbricht die Beziehung.

Ich will hier von meinem Freund Michael erzählen, einem jungen attraktiven Arzt, mit dem ich seit meinem Studium befreundet bin. Er ist verheiratet und hat zwei Kinder. Da er als Assistenzarzt sehr viel arbeiten muss, ist er selten zu Hause. Monika, seine Frau, die als freie Journalistin arbeitet, liebt ihn sehr und versucht ihrem Mann so gut es geht den Rücken frei zu halten. Sie hat viel Verständnis für seinen Beruf und ist eine bewundernswerte Frau. Nun hat Michael sich verliebt, in eine Ärztin, Anne, die seit kurzem auf seiner Station arbeitet. Beide sind in derselben Schicht eingeteilt und verbringen in ihrem Dienst viel Zeit miteinander. Irgendwann sind sie sich nähergekommen, und Anne hat ihm offenbart, dass sie sich in ihn verliebt hat. Am Anfang hat Michael seine Gefühle nicht zugelassen, aber irgendwann kam es zu den ersten Berührungen – schließlich haben sie miteinander geschlafen. Michael lebte von nun an in zwei Welten: der Welt des Krankenhauses und der Welt seiner Familie. Er wollte beides nicht aufgeben. Doch Anne wollte nicht nur die Geliebte sein. Sie trennte sich von ihrem bisherigen Partner, um sich ganz auf Michael einlassen zu können. Michael aber schob die Entscheidung für oder gegen Anne, für oder gegen seine Familie immer weiter hinaus. Eines Tages kam seine Frau Monika durch einen Zufall dahinter, dass ihr Mann eine Beziehung zu einer anderen Frau hatte. Monika hatte nur noch Angst um ihre Ehe und konnte Michael nicht mehr vertrauen. Aber trennen konnte und wollte sie sich auch nicht. Da seine Frau sichtbar unter dem «Seitensprung» litt, kamen nun auch Freunde auf Michael zu und drängten nach einer Entscheidung. Nach einigem Hin und Her blieb er bei seiner Familie, was wiederum Anne sehr verletzte.

Die Geschichte von Michael, Monika und Anne steht hier nur stellvertretend für viele. Heißt es also, dass es die dauerhafte Liebe nicht gibt? Dass das zweite Gebot gar nicht erfüllt werden kann? Oder ist es doch möglich, den Ring des Gyges wieder vom Finger zu ziehen?

Erste Liebe und Sehnsucht

Zu den ältesten Geschichten der Menschheit über die Liebe gehört ein kleines Buch, das zwischen dem 8. und 6. Jahrhundert vor Christus in Israel entstanden ist. Unter dem Titel «das Hohelied» wurden leidenschaftliche Texte über die Liebe zwischen zwei jungen Menschen, Sulamit und Salomo gesammelt. Bis heute werden die Lieder der beiden auf vielen Hochzeiten gesungen oder vorgetragen. Sie erzählen von Sulamit, die sich in Salomo verliebt hat. Am Anfang weiß sie noch nicht, ob er ihre Liebe erwidern wird. Sehnsuchtsvoll denkt sie an ihn und stellt sich vor, dass er bei ihr wäre und sie sich küssen würden: «Ja, köstlicher als Wein sind deine Liebkosungen, gut tut der Duft deiner Öle, als Öl hat sich dein Name ergossen (…) Zieh mich dir nach, laufen wir zusammen fort!»

Und Salomo geht es ähnlich, er sehnt sich ebenso nach ihr. Doch als er am späten Abend an ihre Tür klopft, ist sie so überrascht und durcheinander, dass sie ihn wegschickt. Enttäuscht zieht Salomo von dannen. Kaum ist er weg, springt Sulamit auf, öffnet die Tür und läuft ihm hinterher. Warum hat sie ihn bloß abgewiesen! Nur mit dem Nachtgewand bekleidet läuft sie auf die Straße, überall sucht sie nach ihm. Doch er ist nirgends zu sehen. Ihr Herz droht fast zu zerspringen. Da begegnen ihr die Wächter der Tugend, aber anstatt ihr bei der Suche zu helfen, wird sie von ihnen gemaßregelt und bloßgestellt. Doch ihre Worte können ihr nichts anhaben, sie erleidet das alles für Salomo, weil sie ihn liebt.

Am Ende werden Sulamit und Salomo zueinander finden und sich zuflüstern: «Lege mich wie ein Siegel auf dein Herz, wie ein Siegel auf deinen Arm. Denn Liebe ist stärker als der Tod. Ihre Glut ist feurig und eine Flamme Gottes, sodass auch viele Wasser die Liebe nicht auslöschen und Stürme sie nicht ertränken können.»

Wer hat nicht schon einmal eine solche Sehnsucht wie Salomo und Sulamit nach jemandem verspürt, wenn er einmal richtig über beide Ohren verliebt war? Liebe kann blind machen, sie kann auch krank machen, ist wie ein Fieber, das uns schüttelt zwischen Hoffen, dass der andere unsere Gefühle erwidert, und dem Bangen, abgelehnt zu werden. Wer sich vor Sehnsucht nach dem Geliebten verzehrt, der ist sogar bereit, vor Liebe zu sterben. Denn welchen Sinn hat das Leben noch, wenn die Liebe unerfüllt bleibt?

Woher kommt die Sehnsucht nach Liebe?

Platon, von dem wir ja schon gehört haben, hat auch ein Buch über die Liebe geschrieben. Dort lässt er – bei einem rauschenden Fest – die Gäste erzählen, was sie unter Liebe verstehen. Unter ihnen

ist auch der Komiker Aristophanes. Er fragt sich, woher die Ruhelo-
sigkeit kommt, mit der wir auf der Suche nach einem Partner sind,
warum wir nach dem einzigen Menschen suchen, der zu uns passt
– ohne ihn je finden zu können. Ursprünglich, so erzählt Aristophanes, habe es drei Geschlechter von Menschen gegeben, ein männ-
liches, ein weibliches und ein mannweibliches. Und die Gestalt des
Menschen ähnelte der Gestalt ihrer Erzeuger, der Erde, der Sonne
und dem Mond: die Menschen waren kreisrund. Und sie besaßen
vier Hände, vier Beine, vier Ohren usw. Diese Menschen waren kräftige und starke Wesen; nach einiger Zeit wurden sie übermütig und
wollten «sich einen Zugang zum Himmel bahnen (…), um die Götter
anzugreifen». Da zerschnitt der Göttervater Zeus sie in zwei Hälften
und zerstreute sie auf der ganzen Welt. Fortan sucht jeder Mensch
seine andere Hälfte: die halbierten Männer suchen ihre männlichen
Hälften, die halbierten Frauen ihre weiblichen Hälften und die halbierten mannweiblichen Menschen ihre männliche oder weibliche
Hälfte.

Daher, so Aristhophanes, stammt die Sehnsucht des Menschen,
wieder ganz zu werden, daher rührt das Verlangen nach Harmonie
und Einheit. Was die Hälften zueinander finden lässt, das ist der Eros,
die ruhelose Suche nach der besseren Hälfte.

Sind wir also nur halb, solange wir allein sind? Und wenn wir –
nach langem Suchen – die andere Hälfte endlich gefunden haben,
sind wir dann zusammen so stark wie die Götter? Oder erzählt Aristophanes hier von einer Sehnsucht, die ein einziger Mensch niemals
erfüllen kann?

Liebe auf Dauer?

Oft neigen wir dazu, den, den wir lieben, zu überhöhen: Alles was er macht, sagt oder tut, finden wir toll. Wenn wir dann aber genauer darüber nachdenken, können wir meist gar nicht sagen, was denn das besonders Liebenswerte an dem anderen ist. «Es ist bemerkenswert», schreibt dazu der Schriftsteller Max Frisch in seinem Tagebuch, «dass wir gerade von dem Menschen, den wir lieben, am mindesten aussagen können, wie er sei. Wir lieben ihn einfach. Eben darin besteht ja die Liebe, das Wunderbare an der Liebe, dass sie uns in der Schwebe des Lebendigen hält, in der Bereitschaft, einem Menschen zu folgen in allen seinen möglichen Entfaltungen. Wir wissen, dass jeder Mensch, wenn man ihn liebt, sich wie verwandelt fühlt, wie entfaltet, und dass auch dem Liebenden sich alles entfaltet, das Nächste, das lange Bekannte. Vieles sieht er wie zum ersten Male. Die Liebe befreit es aus jeglichem Bildnis. Das ist das Erregende, das Abenteuerliche, das eigentlich Spannende, dass wir mit den Menschen, die wir lieben, nicht fertig werden: weil wir sie lieben; solange wir sie lieben.»

Wer liebt, dem werden neue Lebensmöglichkeiten geschenkt, die es für einen Menschen nur als Paar gibt: Man schmiedet gemeinsame Pläne, denkt über die Zukunft nach, formuliert Wünsche, wie z.B. den, eine Familie zu gründen. Zusammen fühlt man sich stark, denn gemeinsam kann man die großen und kleinen Schwierigkeiten des Lebens besser meistern. In diesem Bewusstsein traut man sich einiges zu und beschließt zu heiraten. Alle sollen sehen: Wir sind ein Paar! Wir wollen für den Rest des Lebens zusammenbleiben. Man lädt Eltern, Großeltern, Verwandte und Freunde zu der Hochzeit ein. Träumt von dem «schönsten Tag im Leben».

Obwohl man weiß, wie zerbrechlich menschliche Beziehungen sind, möchte man es wagen und sich zueinander bekennen, geht in die Kirche, um von Herzen «Ja» zu sagen. Verspricht, sich zu lieben, in guten und in schlechten Zeiten. Die meisten Eheleute geloben vor Gott und der versammelten Gemeinde noch immer «bis dass der Tod uns scheidet». Die Menschen, die in der Kirche versammelt sind, sind bewegt und denken an ihre eigenen Lebens- und Liebesgeschichten. Daran, was aus ihrem Versprechen geworden ist und aus der «großen Liebe». Von manch einem ist die Beziehung gescheitert, und trotzdem wünscht er innig, dass das junge Glück so lange wie möglich Bestand haben möge. Und der Pfarrer spendet den Segen Gottes und ruft die Eltern, Freunde und Verwandten auf, die Gemeinschaft der Ehe nicht zu stören, sondern sie mit allen Kräften zu schützen.

Vermag die Ehe der Liebe wirklich lebenslang Dauer zu geben? Da sich die Lebenserwartung im letzten Jahrhundert fast verdoppelt hat, bekommt diese Frage noch eine andere Bedeutung. Es ist nicht mehr ungewöhnlich, dass man sich scheiden lässt, ein zweites oder drittes Mal heiratet. Trotzdem enden die meisten Ehen noch mit dem Tod eines Lebenspartners.

Heutzutage ist die Ehe nicht die einzige Form der Liebe: Es gibt andere Lebensformen, die zu manchen Lebensabschnitten besser zu passen scheinen: das Single-Dasein, voreheliche Lebensgemeinschaften, eingetragene Lebenspartnerschaften, Paare ohne Trauschein, Ehepaare mit und ohne Kinder oder Kinderwunsch, sogenannte «Patchworkfamilien», in denen Eltern mit Kindern unterschiedlicher Partner zusammenleben, oder auch homoerotische Partnerschaften. Mitunter durchlebt man auch mehrere dieser Beziehungsformen. Doch stellen diese die traditionelle Ehe nicht grundsätzlich in Frage: Im Gegenteil, sie reagieren auf den Wandel von Ehe und Familie und ergänzen die Möglichkeit, in verantwortlichen Partnerschaften zusammenzuleben. Die Mehrzahl der Deutschen entscheidet sich noch immer für die Ehe. Immerhin 82% aller Kinder unter 18 Jahren wachsen in Deutschland in einer Familie auf, in der die Eltern miteinander verheiratet sind.

Die Vorstellung von der Ehe hat sich indes gewandelt: Von der traditionellen «Versorgerehe», in der die Frau finanziell vom Mann abhängig ist und zu Hause bei den Kindern bleibt, hin zu einer gleichberechtigten Partnerschaft.

Vor allem die Anforderungen an die Mobilität und längere Ausbildungszeiten haben die Formen der Ehe in den letzten zwanzig Jahren nochmals erheblich verändert: Man wohnt nicht mehr in der Stadt der Eltern oder der engen Schulfreunde und lebt eine längere Zeit alleine, bevor man sich enger bindet. Bis in die siebziger Jahre hinein – und in Ostdeutschland noch bis zum Mauerfall – heiratete man früh. Heute leben viele junge Menschen längere Zeit in einer Lebensgemeinschaft ohne Trauschein. Sie heiraten deutlich später als ihre Eltern.

Ein Grund dafür ist sicherlich, dass Frauen die Ehe nicht mehr als Sicherheit für sich und ihre Kinder brauchen. Sie können heute ebenso wie Männer arbeiten gehen und ihren Berufs- oder Hochschulabschluss machen. Die klassischen Rollenverteilungen werden aufgehoben. Wie der Alltag geregelt wird, muss in jeder Beziehung selbst ausgehandelt werden. Die vormals klaren gesellschaftlichen Muster, wie man sich als Mann oder Frau zu verhalten habe, verändern sich: Eine Frau kann ihren Namen behalten und ein Kind auch ohne Mann aufziehen. Gleichzeitig wird heute der Erziehungsurlaub ebenso von Männern genommen, die keine Scheu mehr haben, mit dem Kinderwagen auf den Spielplatz zu fahren oder die Windeln zu wechseln. Im Gegenteil: Männer werden heute auch als Partner danach ausgesucht, ob sie gute Väter sind. Zwischen Männern und Frauen werden im 21. Jahrhundert vor dem Gesetz keine Unterschiede mehr gemacht, auch nicht im Eherecht. Herrscht keine Gleichberechtigung in der Ehe, führt das nicht selten zur Scheidung.

Das Gebot «Du sollst nicht ehebrechen» geht davon aus, dass die Ehe in Gefahr ist. Dabei hat sich das, was wir «Ehe» nennen, immer wieder verändert. Durfte in biblischen Zeiten ein Mann mehrere Ehefrauen haben und dazu Mägde, die die Kinder zur Welt brachten, wenn eine Frau kinderlos blieb, hat sich durch das Christentum in Europa die Form der Einehe durchgesetzt. Was das Wort «Ehebruch» meint, hat sich ebenfalls verändert. Heute trifft die Bedeutung des Wortes auf alle Beziehungen zu, die versuchen, ihre Liebe auf Dauer zu stellen, ob die Partner standesamtlich bzw. kirchlich verheiratet sind oder nicht. Was fördert und was stört die Ehe? Was gefährdet oder überlastet sie? Und: Was ist so schützenswert an ihr?

Vielleicht sollte man der Liebe auf Trauschein besser skeptisch gegenüberstehen: Wenn der «schönste Tag im Leben» die Hochzeit ist, kann es dann nicht nur noch bergab gehen?

Dass heute jede dritte Ehe geschieden wird, liegt nicht daran, dass die Menschen lieber in anderen Formen zusammenleben möchten, sondern eher in den zu hohen Erwartungen, die an die Ehe gestellt werden. Die Messlatte für eine gute, langfristige Beziehung liegt sehr hoch: Die Lust, mit dem anderen zusammen zu sein, gemeinsam Spaß zu haben und schöne Dinge zu unternehmen steht im Vordergrund. Die Ehe wird oftmals als alleinige Quelle des Glücks und des Lebenssinns gesehen, der Partner soll alle Wünsche nach Glück und Geborgenheit erfüllen – da kann die Liebe auf Dauer nur zu einer Enttäuschung werden. Überzogene Wünsche und Erwartungen an den Partner sind der Tod jeder Liebe. Die Vorstellung, der Partner sei der «Traummann» oder die «Traumfrau» für immer und ewig lässt den Liebestraum schnell zum Albtraum werden. Wie belastend ist es, ständig der Mittelpunkt eines anderen Menschen sein zu müssen! Suchen wir die eine «Hälfte», ohne die wir nicht leben können, werden wir unser ganzes Leben auf der Suche bleiben, angetrieben von der Sehnsucht, die Platon mit dem Wort «Eros» bezeichnet. Und deshalb wird «Eros» auch als ein Trieb bezeichnet, ein Gefühl, das den Menschen hin- und hertreiben kann, ohne dass es jemals befriedigt wird. Den Ring des Gyges zieht der Mensch an seinen Finger, der sich allein vom Eros leiten lässt.

Der Schriftsteller Max Frisch bringt es auf den Punkt, wenn er in seinem Tagebuch über das Scheitern von Beziehungen nachdenkt: «‹Du bist nicht›, sagt der Enttäuschte oder die Enttäuschte, ‹wofür ich dich gehalten habe.› (…) Man macht sich ein Bildnis. Das ist das Lieblose, der Verrat». Frisch stellt die Frage, ob man wirklich den Menschen selbst liebt, mit all seinen Fehlern und Schwächen, oder vielmehr das ideale Bild eines «Märchenprinzen» oder einer «Märchenprinzessin».

Den hohen Erwartungen an die Ehe und den Partner steht ein hoher Druck im beruflichen Leben gegenüber, das vor allem an der Leistung eines Menschen orientiert ist. Nicht selten muss hier die Familie zurückstehen, und der Beruf saugt einem alle Energie aus. Wer viel Stress im Beruf oder im Alltag hat, der belastet die Partnerschaft damit. Man ist nicht mehr so gelassen und schreit den anderen eher schon einmal an. Auch die Angst vor Arbeitslosigkeit und die hohe Verschuldung belasten junge Ehen.

Unter diesen Bedingungen fällt es nicht leicht, eine gute Partnerschaft zu führen. Wenn sich die hohen Erwartungen nicht erfüllen, wird die Ehe aufgelöst – zumeist mit der Hoffnung, einen besseren Partner zu finden. Manchmal fehlt auch die Motivation, langfristig glücklich zu zweit zu leben, oder es fehlen die Kompetenzen dafür, zum Beispiel die Fähigkeit, miteinander zu streiten, Probleme zu lösen oder Verantwortung füreinander zu übernehmen.

Die größte Gefahr geht von einer heftigen Ehekrise aus, die zum Beispiel durch die Untreue eines Partners ausgelöst wird – so wie im Fall meines Freundes Michael, von dem ich am Anfang des Kapitels erzählt habe.

Ehebruch

Die Forderung nach Treue steht heute wieder groß im Kurs, was nicht zuletzt die Shellstudie, eine regelmäßige Umfrage unter Jugendlichen, zeigt. Früher, in den 70er Jahren, war das anders: Damals wurde eine Trennung zwischen der körperlichen Liebe und den emotionalen Bedürfnissen gefordert. Jeder sollte das Recht haben, körperliche Bedürfnisse auszuleben – ob nun mit seinem Partner oder mit jemand anderem, sollte keine Rolle spielen. Heutzutage ist für die Mehrheit sexuelle Treue die wichtigste Voraussetzung für eine gelungene Beziehung.

Trotzdem kommt Untreue, der Vertrauens- und Treuebruch in allen Arten von Beziehungen vor: zwischen Eltern und Kindern, zwischen Arbeitgeber und Arbeitnehmer, zwischen Lehrer und Schüler. Noch schwieriger ist es allerdings, wenn die Intimität zwischen zwei Menschen verletzt wird, die in einer Beziehung leben, die auf gegenseitiger Liebe aufgebaut ist. Auch wenn man in Bezug auf eine Beziehung zwischen Jugendlichen nicht von «ehebrechen» reden kann, wissen selbstverständlich auch Jugendliche, was es heißt, von einem Menschen, den man liebt, betrogen zu werden. Die 17-jährige Jana schreibt dazu: «Für mich ist Ehe in meinem Alter vergleichbar mit einer Beziehung. Natürlich nicht eine, die nach einem Monat zerbricht, sondern die länger hält und wo schon vielleicht ein bisschen Alltag eingezogen ist, da man sich schon richtig kennt. Ich werde im Moment oft mit dem Fremdgehen und mit dem Ende einer Beziehung konfrontiert. Doch ich war nur ein Dritter. Es wurde mir erzählt, dass der Freund meiner Freundin in der Disco fremdgegangen ist. Wie gehe ich nun mit der Aussage um? Soll ich die Beziehung zerstören, indem ich ihr davon erzähle, oder behalte ich es für mich, weil ich weiß, dass ich dadurch ihr Herz zerbreche? So schnell wird man in eine Situation gebracht, in der man nicht sein möchte. Man weiß, dass es scheiße von ihm war, ist aber so naiv zu glauben, dass es sicher ein Ausrutscher war. Bei manchen stimmt es vielleicht, aber wenn nicht? Man würde die Freundin in ein Unglück laufen lassen und hätte ständig ein schlechtes Gewissen. Also war ich ehrlich und hab ihr davon erzählt. So war die Beziehung zerstört, doch mein Gewissen war rein, denn ich weiß, wie es ist, betrogen zu werden. Und gerade dann, wenn der Alltag irgendwann zu beginnen droht, nimmt die Zahl des Fremdgehens, zumindest in meinem Umfeld, immer mehr zu. Wie die Leute dann damit umgehen, dass sie die/den ehemals Geliebte/Geliebten betrogen haben, ist für mich ein echtes Rätsel.»

Jeder von uns, der in einer festen Beziehung lebt, hat sich vielleicht schon einmal dieselben Fragen wie Jana gestellt. Wie kann ich mit meinem Partner wieder zusammenkommen, wenn unsere Beziehung durch einen «Seitensprung» zerstört wurde? Oder: Wie gehe ich damit um, wenn ich mich in einen anderen Menschen verliebe, obwohl ich selbst in einer festen Partnerschaft bin?

Zahlreiche Filme und Bücher führen uns vor Augen, wie die Beziehungen zwischen Menschen gelingen oder scheitern können. Drei von diesen Erzählungen möchte ich hier herausgreifen: 1. Die Intrige des Freundes (nach William Shakespeare); 2. Die unglückliche Ehefrau (nach Leo Tolstoi); 3. Untreu (nach Adrian Lyne)

1. Die Intrige des Freundes

Othello und Desdemona leben in Venedig. Sie haben einander aus Liebe geheiratet, trotz aller Widerstände. Denn obwohl Othello ein erfolgreicher Soldat und Feldherr war, ist er ein Maure mit dunkler Hautfarbe, und der Vater von Desdemona hätte wohl nie seine Einwilligung zur Hochzeit gegeben. Rassenschranken spielen bei der Verteidigung Venedigs keine Rolle, bei der Hochzeit der Tochter schon. So mussten Othello und Desdemona heimlich heiraten.

Jago, ein angeblicher Freund Othellos, dem dieser blind vertraut, spinnt indes eine Intrige, weil er sich, sowohl beruflich als auch privat, hintergangen fühlt. Denn Othello befördert nicht Jago, sondern einen anderen seiner Soldaten zum Leutnant. Jago ist enttäuscht. Außerdem wird er das Gefühl nicht los, dass seine Frau etwas mit Othello gehabt hätte. Aber Beweise gibt es dafür nicht. In seiner wachsenden Unzufriedenheit schmiedet er einen verheerenden Plan: Er will sich an Othello rächen. Jago lässt ein besticktes Taschentuch, ein Geschenk von Othello an Desdemona, bei dem beförderten Soldaten verstecken. Gleichzeitig redet er immer wieder auf Othello ein, sät bei ihm Zweifel an Desdemonas Treue und richtet es so ein, dass Othello das bestickte Taschentuch bei dem Soldaten entdeckt. Othello packt die Eifersucht – Jago muss recht gehabt haben! Er konfrontiert Desdemona mit den Vorwürfen, beschimpft sie als Hure und wirft ihr vor, ihn betrogen zu haben. Desdemona weiß gar nicht, wie ihr geschieht, und ist völlig sprachlos. Die Vorwürfe sind für sie so ungeheuerlich, dass sie nur noch weinen kann. Othello sieht darin ein Schuldeingeständnis und tötet im Affekt seine Frau. Erst danach erfährt er die ganze Wahrheit über Jago und dessen Machenschaften. Erst jetzt begreift er, was er getan hat: Er hat die Frau, die er liebt, getötet – aus einem bloßen Verdacht heraus. Diese Erkenntnis ist für ihn so unerträglich, dass er sich selbst das Leben nimmt.

Shakespeares Tragödie zeigt, wie nahe Lüge und Wahrheit, Vertrauen und Misstrauen beieinanderliegen. Das Verb «vertrauen» ist eine verstärkende Form des Verbs «trauen». Menschen vertrauen einander, weil sie annehmen, dass sie nichts Böses voneinander erwarten müssen. Vertrauen ist nicht plötzlich da, man muss es sich erarbeiten, indem man dem anderen signalisiert: Bei mir sind all deine Geheimnisse, Nöte, Sorgen und Ängste gut aufgehoben, ich werde das nicht ausnutzen.

In einer etwas abgewandelten Form des «Anvertrauens» findet

sich das Wort noch heute im Zusammenhang mit der Hochzeit. Braut und Bräutigam trauen sich und lassen sich trauen.

Auch Othello und Desdemona haben sich «trauen» lassen, aber Othello vertraute dann dem falschen Menschen. Jago nutzte dieses Vertrauen aus und lockte ihn auf eine falsche Fährte. Desdemona ist in dieser Intrige nur der Spielball.

In einer Ehe oder einer Partnerschaft vertrauen die Menschen darauf, nicht betrogen zu werden, darauf, dass man offen und ehrlich miteinander umgeht und nicht betrogen wird, sondern der einzige Geschlechtspartner ist. Das Risiko, das Wagnis, das man damit eingeht, muss nicht immer belohnt werden: Es besteht immer auch die Gefahr, dass eben nicht alles so läuft, wie man sich das vorgestellt hat und der Partner einen betrügt. Das heimliche Brechen des Versprechens, «monogam» zu leben, führt bei den Menschen zu Wut, Enttäuschung und Trauer. Durch die Untreue wird das Vertrauen zerstört.

Othello und Desdemona sind dieses Risiko eingegangen. Doch die Lügen und die Bosheit des vermeintlichen Freundes säten Zweifel, allein der vermutete Ehebruch weckte Misstrauen und Eifersucht bei Othello. Die Ehe ist durch eine Intrige von außen zerstört worden.

«Du sollst nicht ehebrechen» ist auch ein Appell, die Liebe zweier Menschen nicht zu stören. Die Ehe muss vor der Intrige und der Eifersucht geschützt werden. Denn Beziehungen können nur dann funktionieren, wenn man sich gegenseitig vertraut, denn nur so kann man seine Geheimnisse, Wünsche und Ängste mit einem anderen Menschen teilen, ohne Angst haben zu müssen, enttäuscht oder verletzt zu werden.

2. Die unglückliche Ehefrau

Aber was geschieht, wenn eine Frau einen Mann heiraten muss, den sie gar nicht liebt, weil es das gesellschaftliche Umfeld so verlangt?

Anna ist mit ihrem deutlich älteren Mann nicht besonders glücklich. Liebe gibt es in dieser Ehe eigentlich nicht, Alexander Karenin, Annas Ehemann, ist ein reicher Staatsbeamter in der St. Petersburger High Society. Für ihn sind gesellschaftliche Stellung und gutes Ansehen wichtiger als Gefühle. Auch wenn Anna ein glanzvolles Leben in der Nähe des russischen Zarenhofes führen kann, vermisst sie sexuelle Erfüllung, Lust und Leidenschaft. Nur ihr Sohn Sergej, den sie über alles liebt, stimmt sie froh.

Eines Tages reist Anna nach Moskau zu ihrem Bruder. Dort trifft sie auf einen jungen Offizier, den Grafen Vronskij, der so ganz anders ist als Karenin: Leidenschaft, Offenheit und Charme umgeben ihn. Auf einem Ball kommen sich die beiden näher, und Anna verliebt sich in Vronskij. Als verheiratete Frau muss sie sich diese Gefühle aber verbieten, und so fährt sie zurück nach St. Petersburg.

Doch auch Vronskij fühlt sich von Anna angezogen und folgt ihr nach St. Petersburg, wo die beiden sich fast täglich sehen. Karenin wird misstrauisch und rügt Anna wegen ihrer zahlreichen Begegnungen mit Vronskij. Hin und her gerissen zwischen dem Pflichtgefühl ihrem Mann gegenüber und der aufgebrochenen Leidenschaft zu Vronskij, entscheidet Anna sich für die Liebe und beginnt eine Affäre mit dem jungen Grafen. Hier findet sie zunächst die tiefe Zuneigung, die ihr in der Ehe versagt blieb. Sie ist überglücklich in ihrer heimlichen Liebesbeziehung, auch wenn sie weiß, dass sie von ihrem Mann und der Gesellschaft als Ehebrecherin bewertet wird. Die Lage spitzt sich zu, als Karenin von der Affäre erfährt. Nun beginnt eine ständige Auseinandersetzung mit den Moral- und Standesvorstellungen der St. Petersburger Gesellschaft. Anna will die Scheidung, doch ihr Mann verwehrt die Zustimmung, immer auf den äußeren Schein bedacht. Er droht ihr sogar, dass sie ihren Sohn Sergej niemals wieder sehen darf, wenn sie sich nicht standesgemäß verhält und ihren neuen Partner verlässt. Eine gemeinsame Zukunft für Anna und Vronskij scheint ausgeschlossen zu sein. Die Erzählung endet tragisch: Anna wirft sich aus lauter Verzweiflung vor einen Zug und stirbt.

«Anna Karenina» behandelt das Thema des «Ehebruchs» mit Blick auf die Folgen, vor allem die daraus resultierenden Konsequenzen für die Frau, der von der Gesellschaft kein Anspruch auf Glück zugestanden wird. Eine Scheidung ist zwar möglich, aber nur, wenn beide Ehepartner der Trennung zustimmen.

Auch heute noch kann es zu einem langen Rechtsstreit kommen, wenn der Partner nicht in die Scheidung einwilligen will. Der «Ehebruch» selbst ist in Deutschland seit 1969 nicht mehr strafbar. Vor dieser Zeit konnte der, der den Ehebruch begangen hat, mit Gefängnis von bis zu sechs Monaten bestraft werden. Rechtlich ist der Ehebruch aber immer noch eine Verletzung der Ehe. Doch hat man sich entschieden, in ihm eher ein moralisches Vergehen zu sehen als ein strafrechtliches: Wer seinen Partner betrügt, hat kein Verbrechen an der Institution der Ehe begangen, sondern an dem eigenen Partner.

In anderen Staaten ist aber noch immer die rechtliche Bestrafung des «Ehebruchs» üblich. Insbesondere das islamische Recht, hier die Scharia, wird aus westlicher Sicht verurteilt, weil es dort für Frauen kein Recht auf Scheidung gibt.

Auch in der Malerei ist das Bild der Ehebrecherin oft Gegenstand für Bilder und Zeichnungen geworden. Eindrucksvoll ist das Bild «Christus und die Ehebrecherin» von Max Beckmann, das sich an der Erzählung von Jesus und der Ehebrecherin aus dem Neuen Testament orientiert. Diese Geschichte ist eine der aufregendsten Erzählungen des Evangeliums nach Johannes: Eine Ehebrecherin ist auf «frischer Tat» ertappt worden und soll zur Strafe gesteinigt werden. Doch Jesus stellt sich schützend vor sie. So auch auf dem Bild von Beckmann: Die Ehebrecherin kniet auf dem Boden, um sie herum die aufgebrachte Menge, doch vor ihr steht Jesus. In seinen Händen trägt er einen unsichtbaren Spiegel: «Wer unter euch ohne

Sünde ist, der werfe den ersten Stein auf sie!» Dieser Spiegel erinnert die Männer daran, dass schon jeder einmal gesündigt, einen Fehler begangen hat und deshalb nicht das Recht besitzt, die Frau für ihren Lebensstil zu verurteilen. Das Bild lässt offen, was in diesem Moment geschieht. In der Evangeliums-Erzählung gehen die Männer – einer nach dem anderen – auseinander. Nur Jesus bleibt bei der Frau und fragt sie «Wo sind sie, Frau? Hat dich niemand verdammt?» Sie antwortet: «Niemand.» – «So verdamme ich dich auch nicht; geh hin und sündige hinfort nicht mehr!»

Diese Geschichte verdeutlicht, dass es bei allem guten Willen, dem Partner treu zu sein, immer auch passieren kann, dass es nicht gelingt – aus welchem Grund auch immer. Wir als Freunde oder Verwandte, oder die Öffentlichkeit allgemein, suchen dann einen Schuldigen für das Scheitern, den wir verurteilen. In der Geschichte von der Ehebrecherin gibt Jesus der Frau aber eine zweite Chance und eröffnet ihr somit neue Möglichkeiten für das Leben. Diese Erzählung zeigt uns, dass wir nicht das Recht haben, andere in moralischen Dingen zu verurteilen, da wir selbst nicht unschuldig sind. Die Ehe, auch das impliziert das zweite Gebot, muss deshalb vor der Doppelmoral einer Gesellschaft geschützt werden.

3. Untreue: Die leidende Liebe

Das Kino beschäftigt sich gerne und häufig mit dem Thema Ehebruch, bietet er doch den Ausgangspunkt für spannende und dramatische, ja tragische Geschichten. In dem Film «Unfaithful», auf Deutsch: «Untreu», beschreibt der Regisseur Adrian Lyne die glückliche Ehe von Connie und Edward. Nach außen führen sie eine Bilderbuchehe: Sie haben ein Kind, ein Haus, ein gutes Einkommen, führen eine harmonische Beziehung ohne große Turbulenzen. Doch eines Tages lernt Connie den attraktiven Paul kennen, von dem sie sich sofort angezogen fühlt. Er verführt sie. Nur der Augenblick zählt für ihn, der Reiz der erotischen Beziehung, die Folgen seines Handelns interessieren ihn nicht. Connie stürzt sich in eine leidenschaftliche Affäre, die ihr das Gefühl gibt, wieder jung und begehrenswert zu sein. Doch Edward kommt seiner Frau auf die Spur. Lange beherrscht er sich und versucht, seiner Frau zu glauben, die alles abstreitet. Aber irgendwann gelingt ihm das nicht mehr. Tief verletzt, wütend und enttäuscht stellt er seinen «Nebenbuhler» in dessen Wohnung zur Rede und erschlägt im Affekt den Mann, der nicht nur seine Ehe bedrohte, sondern alles, was seine Frau und er zusammen erlebt und aufgebaut haben. Was er zu diesem Zeitpunkt nicht wusste: Connie hatte kurz vorher die Beziehung zu ihrem jungen Liebhaber beendet, weil sie gemerkt hat, dass sie für ihn nur ein «Spielzeug» war. Langsam und ganz behutsam versuchen Connie und Edward, sich wieder anzunähern und zu versöhnen. Jeder konfrontiert sich mit seiner Schuld. Edward stellt sich der Polizei, und Connie entschließt sich, auf ihn warten.

In «Untreu» geht es nicht um die Verführung an sich, sondern um die Veränderung, die eine Ehe durch den «Seitensprung» erfährt: Jede Geste, jeder Gesichtsausdruck der Ehefrau wirkt plötzlich «verräterisch» auf den Mann, der seit Jahren an ihrer Seite lebt. Und auch für Connie ist es nicht einfach: Sie hat Schuldgefühle, ein schlechtes Gewissen. Das Gebot «Du sollst nicht ehebrechen» will uns auch vor Schuldgefühlen bewahren und davor schützen, schuldig zu werden: davor, andere Menschen zu verletzen; davor, dass der Verletzte möglicherweise außer sich gerät, so wie Edward, und etwas Schreckliches tut.

Prävention

Doch was kann man tun, um es gar nicht erst so weit kommen zu lassen? Wie kann man dem Ring des Gyges widerstehen? Eine Studie über Erfahrungen aus der Eheberatung bringt es auf den Punkt: «Es ist besser, das Schwimmen zu lernen, als Rettungsringe zu verteilen.» Mit anderen Worten: Am besten ist es, wenn die Probleme in der Beziehung gelöst werden, solange sie noch vergleichsweise gering sind. Paare können sich selbst vor einer Scheidung bewahren, wenn sie an ihren Kompetenzen arbeiten. Helfen kann dabei ein Programm, das sich an junge Menschen richtet, die heiraten möchten, aber auch bereits verheiratete Paare unterstützt. Dieses Trainingsprogramm nennt sich «Ein Partnerschaftliches Lernprogramm», EPL abgekürzt, und wird als «partnerschaftliches Gesprächstraining» in vielen Orten angeboten. Das Programm hat eine hohe Erfolgsquote: Paare, die an den Kursen teilgenommen haben, trennen sich seltener und sind in ihrer Partnerschaft zufriedener. Im Zentrum der Kurse steht das miteinander Reden: Wie spricht man gut und konstruktiv miteinander, wie kann man auch Probleme und Sorgen ansprechen, wie formuliert man seine Wünsche, welche gemeinsamen Wertvorstellungen hat man? Es lohnt sich dabei immer, die eigenen Kompetenzen zu verbessern und Gesprächs- und Verhaltensweisen zu lernen, die die Partnerschaft und Ehe voranbringen, der Konfliktlösung und Stressbewältigung dienen bzw. die Beziehung stabilisieren.

Am Beginn eines solchen Kurses steht oft ein Fragebogen, der einen Einblick in die Stärken und Schwächen des Paares ermöglicht und Auskunft über das Verständnis und die Gestaltung einer Partnerschaft gewährt. In der Zeitschrift NZZ Folio vom April 2007 ist ein solcher Fragenkatalog unter dem Titel «Hätte ich das gewusst ...» abgedruckt worden, einige davon sollen hier herausgegriffen werden:

1. Können Sie sich vorstellen, Ihre Partnerschaft fortzusetzen, wenn Ihr Partner im Rollstuhl sitzt?

2. Was schätzen Sie an Ihrem Partner?

3. Möchten Sie Ihren Partner um sich haben, auch wenn das Begehren nachlässt?

4. Gibt es Dinge, über die Sie mit Ihrem Partner nicht sprechen können?

5. Möchten Sie Kinder haben? Können Sie Kinder haben? Wenn ja: Haben Sie sich darüber verständigt, wer sich vor allem um sie kümmern wird?

6. Kennen Sie die religiösen und spirituellen Überzeugungen Ihres Partners? Sind Sie sich einig, wie Ihre Kinder in diesen Fragen erzogen werden sollen?

7. Wissen Sie, wie viel Ihr Partner verdient? Wie groß sein Vermögen ist oder wie hoch seine Schulden?

8. Können Sie über Ihren Partner lachen? Darf er über Sie lachen?

9. Sind Sie sich einig darüber, wie der Haushalt geregelt und wer für was zuständig sein wird?

10. Kennen Sie die Krankheitsgeschichte Ihres Partners, sowohl die physische als auch die psychische?

11. Haben Sie das Gefühl, Ihr Partner hört Ihnen zu?

12. Haben Sie Lust, Ihrem Partner zuzuhören?

13. Mögen Sie die Freunde Ihres Partners?

14. Menschen tendieren dazu, im Alter ihren Eltern ähnlicher zu werden. Befremdet Sie diese Vorstellung in Bezug auf Ihren Partner?

15. Gibt es etwas, das Sie nicht bereit sind, in Ihrer Ehe aufzugeben? Weiß Ihr Partner davon?

16. In welchen Situationen finden Sie Ihren Partner befremdend oder peinlich?

17. Welche Schwächen verheimlichen Sie vor Ihrem Partner?

18. Möchten Sie, dass Ihr Partner Ihnen beichtet, wenn er fremdgeht?

Und beichten Sie Ihre Seitensprünge? Heißt das, Sie haben welche? Haben Sie sich darüber verständigt?

19. Lieben Sie Ihren Partner? Woran erkennen Sie das?

20. Liebt Ihr Partner Sie? Woran erkennen Sie das?

21. Warum wollen Sie heiraten?

Manche der Fragen sind sicherlich nicht ganz leicht zu beantworten und erfordern viel Ehrlichkeit sich selbst und dem Partner gegenüber. Aber sie können dabei helfen, die eigenen Wünsche und Bedürfnisse sowie die des Partners besser kennenzulernen und Rücksicht darauf zu nehmen. Vor allem dann, wenn der Fragebogen gemeinsam mit einem erfahrenen Berater ausgewertet wird, können auch jene Punkte angesprochen werden, an denen an die Ehe und den Partner vielleicht zu hohe Erwartungen gestellt werden.

Versöhnung oder Trennung?

Ist der Konflikt, die Krise da, stehen die Partner an einem Scheideweg: Gibt es ein Zurück zu einer vertrauensvollen Beziehung? Oder sind die Verletzungen so groß, dass nur eine Trennung in Frage kommt? Grundsätzlich gehört die Bereitschaft zu verzeihen zu einer guten Partnerschaft. Das ist schwer und gelingt nicht von einem Moment zum anderen. Versöhnung braucht Zeit. Erinnern wir uns an die Geschichte von meinem Freund Michael, der seine Frau Monika mit seiner Kollegin Anne betrogen hat. Welchen Weg durchlaufen die beiden, nun, da der Vertrauensbruch offenliegt?

Im ersten Schritt muss es darum gehen, den Zorn zu ertragen. Monikas Gefühle richten sich zum Teil gar nicht gegen Michael, sondern gegen sich selbst: Die Enttäuschung weckte Selbstzweifel, ihren

Schmerz konnte man ihr ansehen. In dem halben Jahr hat sie ständig abgenommen. Am Ende war sie nur noch ein Schatten ihrer selbst. Monika musste lernen, mit ihrem Zorn und ihrer Enttäuschung über das Verhalten von Michael und deren Folgen umzugehen und abzuwägen, ob sie für ihre Ehe kämpfen will. Wenn für Monika die Beziehung zu Michael nicht wichtiger wäre als der Schmerz, der sein Seitensprung ihr zugefügt hat, hätte Monika ihm die Koffer vor die Tür gesetzt oder die Kinder genommen und wäre zu ihren Eltern gefahren. Ihre Enttäuschung über seinen Vertrauensbruch könnte in Hass umschlagen, und die Beziehung wäre zu Ende. Aber Monika möchte mit Michael zusammenbleiben. Sie möchte ihm vergeben, wenn er bei ihr bleibt.

Will man, dass die Beziehung weitergeht, muss der, der betrogen hat, im zweiten Schritt Reue zeigen. Wichtig ist es, dass er nicht zu ängstlich, hochmütig oder uneinsichtig ist, seine Schuld anzuerkennen und stattdessen einfach seine eigenen Interessen weiter verfolgt. Schließlich könnte Michael ja heimlich seine Beziehung zu Anne weiterführen, immerhin arbeiten sie noch jeden Tag zusammen. Michael muss anerkennen, dass er falsch gehandelt hat. Dazu gehört, dass er seiner Frau die Wahrheit erzählt und um Vergebung bittet. Damit drückt er die Hoffnung aus, dass die Beziehung wieder gekittet wird und er auch wirklich bereit ist, das eigene Verhalten zu verändern. Es darf nicht beim Lippenbekenntnis bleiben.

Vergebung kann allerdings nicht als Recht eingefordert werden. Michael bleibt auf die freie Entscheidung von Monika angewiesen. Sie möchte ihrem Mann zwar gern vergeben, aber es kann sein, dass es ihr nicht gelingt, weil sie ihm nicht glauben kann, wenn er sagt, dass er es bereut und die Affäre mit Anne wirklich beendet hat. Allein die Tatsache, dass Michael seinen Seitensprung bereut, gibt ihm kein Anrecht darauf, dass seine Frau ihm verzeiht. Es reicht nicht, einfach «Entschuldigung» zu sagen. Vielmehr braucht es Zeit und die Bereitschaft, Verantwortung zu übernehmen, die Konsequenzen seines Handelns zu tragen und damit auch die Kontrolle über den Eros wieder zu erlangen – erst dann ist in einem dritten Schritt Versöhnung möglich. Denn nur wenn es Monika wirklich gelingt, Michael zu vergeben, ist die Beziehung wiederhergestellt. Damit drückt Monika aus, dass sie wieder Vertrauen in Michael hat, obwohl er Anne täglich begegnet.

Bei einer solchen «Dreiecksgeschichte» ist es auch wichtig, sich mit demjenigen zu versöhnen, mit dem man seinen Partner betrogen hat. Im Fall von Michael heißt das, dass er auch mit dem Schmerz von Anne umgehen lernen muss, denn als Konsequenz seiner Reue musste er sich von Anne trennen.

Eine solche Krise nach einem Ehebruch kann auch die Chance beinhalten, gestärkt daraus hervorzugehen. Es ist gut zu wissen, dass man das Leben mit einem Menschen teilt, der um die Versuchungen des Ringes weiß, und bereit ist zu vergeben.

Nicht jede Partnerschaft oder Ehe wird aber um jeden Preis erhalten werden können. Dafür gibt es viele Gründe: Vertrauensbruch, mangelnde Gleichberechtigung, Gewalt. Manchmal lassen auch die Gefühle nach und man «entliebt» sich – und ohne Liebe ist die Basis einer Ehe zerstört.

Die Erlanger Professorin und Publizistin Johanna Haberer hat einmal in Anlehnung an das Hohelied des Paulus im Neuen Testament gedichtet: «Und wenn ich sechzig Jahre verheiratet wäre und hätte meinen Mann nie betrogen und wäre eine gute Frau und eine verlässliche Hausfrau gewesen und hätte die Liebe nicht, so wäre es mir nichts nutze. Und hätte ich meine Familie treu ernährt, hätte die Kinder aufgezogen und studieren lassen, hätte mir nichts vorzuwerfen und hätte der Liebe nicht, so wäre ich nichts. Und hätte ich alles für den anderen getan, hätte den Beruf und die Karriere aufgegeben, hätte die Kinder tadellos versorgt, und sie wären gut geraten, und hätte die Liebe nicht, so wäre ich eine tote Maschine.»

Wenn Paare sich trennen, tun sie das oft im Streit. Die Folgen sind kostspielige Gerichtsverfahren und ein Streit um die Kinder. Sie sind häufig die Leidtragenden, wenn eine Beziehung zu Ende geht und brauchen deshalb besonderen Schutz. In vielen Fällen sind sie zu jung, um zu verstehen, warum sich die Eltern getrennt haben und geben sich die Schuld daran.

Außerdem entstehen bei einer Scheidung immer auch Versorgungsfragen. Wer bekommt wie viel Geld für was und von wem? Das Geld einer Familie reicht nicht immer für zwei Haushalte. Der Streit wird nun in der Öffentlichkeit ausgetragen. Alles verändert sich, der Freundeskreis, die finanzielle Situation und auch die Hoffnungen in die Zukunft. Eine Trennung ist schmerzlich, vor allem für denjenigen, der verlassen wurde. Aber wie kann die Trennung bewältigt werden, damit so wenig Schaden wie möglich entsteht, vor allem für die Kinder? Eine Ehe kann man scheiden, aber Elternschaft ist nicht kündbar. Die Erwachsenen sind damit oft überfordert. Der Freundeskreis rät wohlmeinend, dass man vorsichtig sein sollte, damit der andere einen nicht übers Ohr haut. Und Rechtsanwälte bieten ihren Dienst an, um das «Beste» herauszuholen.

Um halbwegs im Guten auseinanderzugehen, ist eine professionelle Begleitung wichtig. Dafür braucht man einen Mittler, einen Mediator oder eine Mediatorin, der oder die neutral bleibt. Es geht dabei nicht mehr darum, wieder zueinander zu finden, sondern die Trennung so zu gestalten, dass die unterschiedlichen Interessen und Vorstellungen außerhalb eines Gerichtes geklärt werden können. Die Fähigkeit zum Gespräch steht im Mittelpunkt. Sie muss wieder in Gang kommen, damit es keinen Gewinner und Verlierer gibt und ein für beide Seiten annehmbares Ergebnis herauskommt. Das spart nicht nur Geld, sondern ist auch für die spätere Beziehung, die gemeinsame Elternschaft nützlich. Gelingt die Trennung, können beide auch nach der Scheidung gleichberechtigt die Verantwortung für die Kinder übernehmen.

Wie kommt man über die Trennung hinweg, wenn sie erst einmal abgeschlossen ist? Die erfahrene EPL-Trainerin Ruth Röhlin gibt dazu vier Tipps:

1. *Schmerz zulassen*

Wer seine Gefühle mit Arbeit und Alkohol verdeckt, wird den seelischen Schmerz nicht verarbeiten.

2. *Dem Alleinsein vorbeugen*

Offen sein für Unternehmungen mit Freunden. Sich nicht den Kopf zermartern oder in Selbstmitleid zerfließen, sondern auf andere Gedanken kommen. Trost suchen. Neue Menschen kennenlernen.

3. *Gute Gespräche führen*

Menschen aufsuchen, die einem zuhören. Gute Gespräche nehmen den größten Druck von der Seele und entlasten. Auch ein Tagebuch hilft, in das man seinen Schmerz und seine Gedanken aufschreiben kann.

4. *Einen Schritt machen und neu anfangen*

Irgendwann muss Schluss sein mit der Quälerei. Wie oft hat man sich die gemeinsamen Fotos angesehen und die kleinen Geschenke der vergangenen Liebe wieder hervorgeholt! Jetzt ist es nötig, sich davon zu trennen. Es ist gut, einen neuen Anfang zu setzen. Vielleicht durch ein neues Outfit, durch einen Umzug oder eine Weiterbildung.

Ehen werden nicht im Himmel geschlossen, vielmehr versprechen sich zwei Menschen auf der Erde die Treue. Der Segen in der Kirche kommt hinzu, und damit erhält die Ehe aus der Sicht der Religion eine andere Bedeutung: Lebenslange Geborgenheit und gemeinsames Glück können die beiden Eheleute nicht voneinander erwarten oder fordern. Sie können es sich nur vom anderen schenken lassen. Denn man verspricht sich immer mehr, als man auch halten kann. Deshalb ist die Liebe und die Ehe auf göttlichen Beistand angewiesen und muss geschützt werden – durch das zweite Gebot.

3. Rauben
oder: Ncht sthln

Für mich bedeutet zu stehlen, wenn man Dinge einer anderen Person wegnimmt, ohne dass sie es weiß oder erlaubt hat. Das Gebot «Du sollst nicht stehlen» meint also ganz offensichtlich, dass niemand irgendeinem Menschen sein Hab und Gut wegnehmen soll. Aber wer glaubt, dass dies selbstverständlich ist, wird täglich eines Besseren belehrt – ich erinnere nur an mein gestohlenes Fahrrad.

Mich verwundert immer wieder, wie öffentlich und selbstverständlich geklaut wird – zu klauen scheint nichts zu sein, dessen man sich schämen muss: Hauptsache du hast, was du brauchst. Woher du es bekommst, ist doch ganz egal.

In der Redewendung: «Mit dir könnte ich Pferde stehlen!» ist stehlen sogar als Kompliment gemeint, das einen mit Stolz erfüllen kann. Natürlich will man in diesem Moment nicht wirklich losgehen und Pferde von der Koppel klauen, sondern dem anderen verdeutlichen: Ich kann mich so sehr auf dich verlassen, dass ich mich mit dir in jede Gefahr begeben würde, zum Beispiel auch in die des Pferdediebstahls.

Kleinere Diebstähle werden gerne als Bagatelle gesehen, nichts, worüber man sich aufregen müsste. Selbst die Werbung vermittelt diesen Eindruck: In verschiedenen Werbespots für das Produkt eines Mobilfunkanbieters wurden nichtsahnende Passanten gezeigt, die mit ihrem Handy telefonieren und von einer als Gorilla verkleideten Frau beraubt wurden: In einem der Spots geht ein Fußballfan gerade einem dringenden Bedürfnis nach und telefoniert dabei. Die verkleidete Frau läuft auf den Mann zu, bedrängt ihn und entreißt ihm brüllend das Handy. Der Gorilla flieht, hockt sich an einem sicheren Ort hinter eine Mauer, setzt den Gorillakopf ab, die attraktive junge Frau kommt zum Vorschein. Sie entnimmt lachend die Handykarte, wirft sie weg und setzt eine neue Karte ein. Während sie das Handy öffnet, erklärt eine Stimme: «Das Handy besorgst du dir, wo du willst – die gültige Karte bei klarmobile.de».

In einem zweiten Spot drängelt sich der Gorilla brüllend durch eine U-Bahn. Dort telefoniert ein junger Mann mit Anzug und Schlips. An der nächsten Haltestelle entreißt ihm der «Affe» das Handy. Drei Jugendliche, die unbeteiligt in der Bahn stehen, lachen. Der junge Mann versucht, dem Affen nachzulaufen, doch der eilt die U-Bahn-Treppen empor und hängt den Mann ab. In einer ruhigen Ecke zieht sich eine blondhaarige junge Frau den Gorillakopf ab und öffnet lächelnd das Handy.

In der Fernsehwerbung, die auch lange Zeit im Internet zu sehen war, wird der Eindruck erweckt, als sei es cool, ein Handy zu stehlen, solange man anschließend nur die richtige Karte einlegt. Auch wenn die Zuschauer nicht direkt dazu aufgefordert werden, den Gorilla nachzuahmen, wird das Stehlen eines Handys verharmlost. Nimm dir einfach, was du brauchst, ist die Devise. Solange du es originell machst und dich nicht erwischen lässt, wird schon nichts passieren.

Ab wann spricht man von Diebstahl, wann von Raub? Beim «Rauben» geht es ganz klar um «mein» und «dein», beim «Stehlen» oft um die Grauzone dazwischen. Und Grauzonen gibt es immer, bei der Steuererklärung, beim Büromaterial aus der Firma, bei den kleinen Teelöffeln aus der Cafeteria, die man eben mal einsteckt oder bei Klamotten, die man sich «ausgeborgt» hat. Irgendwann geht die Jacke einfach in den eigenen Besitz über. Ist das wirklich schon Diebstahl? Manche Jugendliche vermeiden das Wort «stehlen» ganz, weil es so hart klingt. Sie sagen lieber «klemmen», «abziehen» oder: Wir gehen jetzt mal «was machen».

Als Kind habe ich mir manchmal die Sachen, die ich mochte, in dem Edeka-Laden um die Ecke einfach genommen, wenn keiner hingeschaut hat. Zum Beispiel die Rubbelbilder, die manchmal in Getränkepackungen steckten. Mir ging es gar nicht um das Getränk, sondern um die Bilder. Deshalb wollte ich für das Getränk auch kein Geld ausgeben. Da die Rubbelbilder nur in die Packung hineingeschoben waren, schaute ich mich also um, ob jemand guckte, zog die begehrten Bilder aus der Packung, bezahlte an der Kasse noch etwas anderes, das ich für meinen Großvater besorgen sollte, und machte mich schnell davon. Ich beruhigte mein schlechtes Gewissen damit, dass ich das Getränk selbst nicht gestohlen hatte und es auf die Bildchen ja nicht ankäme. Erst später wurde mir klar, dass ich damit auch versuchte, meinen Diebstahl runterzuspielen: Nur damit ich drei Bilder mehr beim Tauschen mit meinen Freunden hatte, hatte ich geklaut – ganz zu schweigen davon, dass sich andere Kinder wahrscheinlich richtig geärgert haben, wenn sie die Packungen in der Hoffnung auf die Bildchen kauften und dann enttäuscht feststellen mussten, dass jemand – ich! – sie schon rausgenommen hatte. Nichtsdestotrotz: Ein Diebstahl garantiert Nervenkitzel, gerade weil er sehr unangenehme Folgen nach sich ziehen kann: Spätestens dann, wenn man erwischt wird und die ganze Sache auffliegt. Aber das ist ja der «Kick». Im Großen wie im Kleinen. Oft geht es auch darum, sich und anderen zu beweisen, dass man diesen Kick aushält, die «Mutprobe» besteht, in der Hoffnung, dann von den Freunden bewundert zu werden.

Den Reichen nehmen und den Armen geben?

Jemanden zu bestehlen wird also nicht nur bagatellisiert, sondern oft auch als Heldentat gefeiert. Gerade, wenn uns die Diebe sympathisch

sind, stellen wir uns nur allzu gerne an ihre Seite: Etwa in dem Film
«Ocean's Eleven», in dem Danny Ocean alias George Clooney mit Brad
Pitt, Matt Damon und anderen einen Raub der Extraklasse durch-
führt. Sie ergattern auf einen Streich die Einnahmen von drei Kasinos
in Las Vegas. Sie tun dies so genial, dass wir automatisch mit ihnen
mitfiebern, dass ihnen ihr Coup gelingt. Niemand würde Danny einen Vorwurf machen, dass er bereits vierundzwanzig Stunden nach
seinem Gefängnisausbruch den nächsten brillanten Coup plant. Niemand würde sagen: «Aber Danny, du sollst doch nicht stehlen!» Das
wäre im Krimizeitalter selbst bei den öffentlich-rechtlichen Sendern
ein Quotenkiller!

Wir lieben diese Filme, weil die meisten von uns – glücklicherweise – diese Form der Illegalität lieber nicht ausprobieren wollen und
den Nervenkitzel aus der sicheren Ferne des Kinosessels genießen.
Außerdem ist Danny zusätzlich durch einen Sympathiebonus besonderer Güte abgesichert: Sein Coup hält sich an strikte Regeln – man
könnte fast sagen, an die drei Gebote:

1. Kein Blut!
2. Niemand wird beklaut, der es nicht auch verdient hat!
3. «Alles» oder «Nichts» ist die Devise!

Da es sich um einen heiteren Film handelt, wäre vermutlich ein
Verstoß gegen «Du sollst nicht töten!» bitter beim Publikum aufgesto-
ßen. Den Tod hat niemand verdient, kräftig bestohlen zu werden, an-
scheinend schon – vor allem, wenn der Bestohlene alles andere als
bemitleidenswert erscheint: Der Kasino-Besitzer Terry Benedict hat
Danny vor einiger Zeit die Ehefrau ausgespannt. Genialität, Risiko-
bereitschaft, Teamgeist und Liebe scheinen einen Diebstahl zu rechtfertigen.

Ist Diebstahl also nicht gleich Diebstahl? Hat ein «genialer Coup»
aus «gerechten» Gründen unsere Bewunderung, vielleicht sogar
unsere Anerkennung verdient? Vor allem, wenn den sogenannten

Superreichen ein Schnippchen geschlagen wird? Wenn ein billionenschwerer Privatunternehmer um ein paar Millionen erleichtert wird, dann wird es ihm schon nichts ausmachen, denken wir. Oder: Wenn Dieter Bohlen in seinem Haus bestohlen wird, hilft ihm das ja auch, wieder in die Zeitung zu kommen und seine Popularität zu steigern. Ein wenig neidisch ist man ja schon auf die, die mehr besitzen als man selbst. Wer dann noch den Armen von seinem Diebesgut abgibt, wie die Geschichte von Robin Hood es erzählt, der kann geradezu populär werden.

In den 20er Jahren versuchten die Brüder Sass eine Reihe von Berliner Tresoren zu knacken. Schließlich hatten sie in einer Bank in Berlin am Wittenbergplatz Erfolg. Durch einen in wochenlanger Arbeit gegrabenen Tunnel gelangten die beiden Brüder vom Nachbarhaus zum Keller der Zweigstelle. Dort räumten sie dann in aller Ruhe rund 180 Schließfächer aus. Die Beute, so wird überliefert, betrug zwei Millionen Reichsmark, das wären heute fast sieben Millionen Euro. Der Raub wurde erst Tage später entdeckt, dennoch konnte man die beiden Brüder schnell festnehmen – nur, um sie bald darauf wieder auf freien Fuß zu setzen, weil stichhaltige Beweise fehlten. Die Sass-Brüder feixten und luden zu einer Pressekonferenz in ein Nobelrestaurant ein. Dort scheuten sie sich nicht, ihren Reichtum offen zur Schau zu tragen und von Filmangeboten zu prahlen. In Robin-Hood-Manier steckten sie Bedürftigen ihres Stadtteiles Geldscheine in den Briefkasten. Dieses Gehabe machte die Brüder Sass bei der breiten Bevölkerung beliebt.

Also: Du sollst nicht stehlen – aber dreist stehlen, für eine «gute» Sache, geht in Ordnung? Wir sollten uns ins Bewusstsein rufen, dass wir mit jedem Stehlen jemandem etwas wegnehmen, was uns selbst nicht gehört. Der Rechtsstaat bewertet das nicht umsonst als Straftat. Auch hier muss man sich immer fragen: Wie würde man sich selbst fühlen, wenn man beklaut würde?

Einbruchdiebstahl

Alle zwei bis drei Minuten wird in Deutschland eingebrochen. Trotzdem fühlen wir uns sicher. Doch wenn es dann mal passiert, gerät die eigene Welt schnell aus den Fugen: Jemanden zu bestehlen bedeutet einen Eingriff in die unmittelbare Privatsphäre. Das spüren die Betroffenen. Nicht selten haben Einbruchsopfer noch viele Monate später Angstzustände, depressive Verstimmungen, leiden unter Appetitlosigkeit, Schlafstörungen oder unter einem fast krankhaften Sicherheitsbedürfnis. Manchmal müssen sie sogar ausziehen, weil sie sich zu Hause eben nicht mehr wie zu Hause fühlen. Der materielle Schaden spielt bei einem Einbruch oft eine untergeordnete Rolle. Schließlich zahlen Versicherungen meist den äußeren Schaden – der innere bleibt jedoch lange unbehoben.

Als Ben in seinem Zimmer stand, fühlte er sich ganz merkwürdig. Die Vorstellung, dass Fremde sein Zimmer, seine persönlichen Sachen, durchwühlt hatten, war nicht annähernd mit den tagtäglich nervenden Aufräumaktionen seiner Mutter zu vergleichen. Vielleicht ist das ein lustiges Wort, aber für ihn war das «Raumgefühl» zerstört, ein merkwürdiges Gefühl, das er bisher noch nicht kannte, das Gefühl von etwas Fremdem. Irgendwie hatte er den Eindruck, dass es nicht mehr sein Zimmer war.

An diesem Nachmittag hatte ihn sein Vater mit dem Auto von der Schule abgeholt und ihm erzählt, dass bei ihnen eingebrochen worden war. Am helllichten Tage waren die Täter in das Reihenhaus eingestiegen. Ausgerechnet das Fenster von Ben war aufgebrochen worden. In die Scheibe war ein Loch geschnitten, durchgegriffen und der Fensteröffner hinuntergedrückt worden. Unter anderem hatten die Diebe zwei Computer, etwas Geld, Schmuck und die neue Stereoanlage von Ben mitgehen lassen. «Mach dir keinen Kopf, Ben!», sagte der Vater. «Die Polizei war schon da, ich habe dein Zimmer schon wieder aufgeräumt. Du musst natürlich noch sagen, was fehlt. Bis jetzt habe ich nur deine Stereoanlage bemerkt. Keine Sorge. Du bekommst eine neue. Heute Nachmittag kommt auch schon ein neues Fenster. So eins mit Schlüssel und Riegel, weißt du?» Für Ben hätten vermutlich selbst Fenster der Marke «Atomschutzbunker» die Situation nicht gebessert.

Er schaute sich um: Jetzt sah es zwar penibel aufgeräumt aus, und bis auf die Lücke dort, wo sonst die Stereoanlage gestanden hatte, war auch nichts verändert. Aber dennoch: Ben fühlte sich einfach nicht mehr wohl. Natürlich hatte er ausgerechnet an diesem Tag sein Handy aufladen müssen, das nun auch fehlte. Vermutlich hatte es jetzt – verdammt nochmal – schon einen neuen Besitzer, der jetzt in diesem Moment sein gesamtes Telefonbuch, seinen Terminkalender, all seine gespeicherten Kurznachrichten von Freundin und Freunden, seine gesammelten Fotos, nicht zu vergessen die teuer erstandenen polyphonen Klingeltöne, ja – löschte. Hätte er wenigstens das Adressverzeichnis auf Papier übertragen …

Die Geschichte von Ben zeigt, dass bei einem solchen an für sich recht harmlosen Einbruch viel mehr passiert, als man meint: Das Vertrauen wird erschüttert. Wenn ich mich nicht mehr darauf verlassen kann, dass das, was ich mein Eigen nenne – mein «Hab» und «Gut» – auch mir gehört, sondern jemand anderes darüber jederzeit verfügen und es mir wegnehmen könnte, dann ist das ein erheblicher Eingriff in meine Würde und in mein Selbstwertgefühl. Das dritte Gebot bedeutet deshalb auch: Jeder Mensch hat ein Recht auf Eigentum, denn etwas zu besitzen bedeutet, selbständig etwas tun zu können. Eigentum ist für die meisten Menschen ein wichtiger Aspekt ihrer Freiheit, deshalb wird es auch vom Gesetz geschützt. Wenn nun plötzlich nichts mehr sicher ist, weil niemand sich an das Gebot «Du sollst nicht stehlen» hält und es nur noch als Bagatelle behandelt wird, dann gefährdet das unsere Freiheit und erschüttert das

Vertrauen ineinander. Unser alltägliches Miteinander beruht auf der Überzeugung, dass niemand mir in der Fußgängerzone die Handtasche vom Arm reißt oder mein Fahrrad stiehlt. Beim Gebot «Du sollst nicht stehlen» geht es also nicht nur um das Eigentum an sich. «Nicht stehlen!» bedeutet also auch «Du sollst mein Vertrauen nicht erschüttern».

Raubkopie

Die Sache ist ganz einfach: Da man zurzeit ziemlich knapp bei Kasse ist, aber das neue Album der Lieblingsband unbedingt haben will, fragt man eben einen guten Freund, ob er die neue Platte hat und besorgt sich eine Raubkopie. «Die Band und die Plattenfirma haben eh genug Geld, da können die auf meins ja verzichten. Außerdem werde ich doch eh nicht erwischt» ist eine gängige Ausrede. Das © im Copyright wird eben häufig allzu gerne übersehen und auf diese Weise geistiges Eigentum gestohlen. Der Wert des geistigen Eigentums wird nicht mehr anerkannt. Vor dem, was der andere leistet, fehlt der Respekt. Vielleicht fehlt der Respekt auch, weil man den Warner Brothers und dem Miramax-Studio eher selten auf der Straße über den Weg läuft und sich schwerlich vorstellen kann, dass auch hier durch den Schaden von Raubkopien Arbeitsplätze bedroht sind. Wer Filme auf die Festplatte runterlädt oder sich von Handy auf Handy MP3s «zieht», der stiehlt. Immer wieder kommt es auf Internetplattformen wie Youtube zu Copyrightverletzungen. Allein für das Jahr 2004 betrug der Schaden dadurch weltweit rund 33 Milliarden US-Dollar, so der Industrieverband Business Software Alliance.

Viele wissen, dass Raubkopierer mit hohen Strafen versehen werden. Alle wissen aber auch, dass die Aufklärungsrate niedriger als gering ist. So werden auch aufgrund der Vielzahl an Tätern nur die Leute ermittelt, die die Drähte ziehen. Demnach hat der Ottonormal-Verbrecher nichts zu befürchten. Wenn man doch erwischt wird, drohen allerdings harte Strafen: «Raubkopierer werden mit bis zu 5 Jahren Freiheitsentzug bestraft». Jeder Kinogänger kennt diesen Spruch und die dazugehörigen, ziemlich drastischen Werbespots. Sehr eindrücklich ist das Geburtstagsständchen einer etwas verarmt aussehenden Frau mit ihren vier Kindern für den Vater. An einer Straße stellt sie die Kinder in einer Reihe auf. Und dann: Eins, zwei, drei. Aus voller Kehle schreien die Kinder mehr, als dass sie singen: «Happy birthday, lieber Papa, happy birthday to you!», als ob ihr Vater weit weg wäre. Dann winken sie und ihre Mutter lobt: «Das war super!» Nun schwenkt die Kamera auf das Gefängnis, vor dem sie stehen – hinter einem der Fenster verbüßt der Vater offensichtlich eine Strafe. «Hart, aber gerecht!» Beim Abspann fragt der kleine Junge seine Mutter: «Mama, wann kommt Papa wieder?», und sie antwortet: «Noch viermal singen!»

«Du sollst nicht stehlen» heißt auch «Du sollst das geistige Eigentum des anderen respektieren». Der Respekt vor dem Eigentum des anderen – sowohl das geistige als auch das gegenständliche – ist vor allen Dingen ein Respekt vor dem anderen überhaupt. Denn schließlich definiert sich der Mensch gerne über das, was er hat und besitzt: «Mein Haus, meine Yacht, mein SLK, mein UMTS-Handy!» Noch Fragen? Vielleicht hat man aber auch ein anderes Gefühl für Werte im Leben und erwidert: «Und hier: Meine Freundin. Meine Katzen. Und da: Mein Lieblingsplatz unter dem alten dicken Baum an der Hecke.» Verstehen wird man sich vielleicht nie, aber doch ist beiden gleich viel an diesem einen Gebot gelegen: «Du sollst nicht stehlen!» Der eine wird sagen: Du sollst nicht meinen Sportwagen stehlen, weil ich dafür viele Jahre geschuftet habe, bis ich mir dieses Auto habe leisten können. Dieser Wagen liegt mir am Herzen, weil ich mich mit ihm – ja ich gebe es zu – besser fühle. Der andere sagt vielleicht: Du sollst mir meinen Lieblingsbaum nicht umholzen, zwar habe ich kein Recht auf ihn, aber er hat einen besonderen Wert für mich, weil er mich an schöne Tage im Sommer erinnert. Oder er sagt: Du sollst nicht meine Freundschaft stehlen. Weil ich meine Freundin liebe und sie mir die Welt bedeutet. Was wir schon alles erlebt haben! Unsere gemeinsame Geschichte ist mir wichtiger als aller Besitz. Du kannst vielleicht nicht nachempfinden, aber versuchen zu verstehen, was diese Freundschaft mir bedeutet.

So oder so: Jedes Stehlen verletzt das Persönlichkeitsrecht des anderen tief. Manchmal tiefer, als wir es vorher ahnen können. Mir ist wichtig, dass wir eine Kultur entwickeln, in der kein junger Mensch das Gefühl haben muss, dass er etwas stehlen muss, um durch Äußerlichkeiten etwas darzustellen. Auch dazu ein Beispiel: Marina ist ein sehr nettes Mädchen. Immer für andere da und um andere besorgt. Sie hat nicht viel Geld, doch das sieht man ihr nicht an. Oft hat sie die neuesten Klamotten und auch schönen Schmuck. Eines Tages ist sie wieder mal mit ihren Freundinnen zum Shoppen unterwegs. Als sie aus dem Geschäft kommen, geht plötzlich der Diebstahlalarm los. Die Verwirrung ist groß. Sofort ist der Ladendetektiv zur Stelle, und als er Marina sieht, sagt er nur: «Ach, das junge Fräulein schon wieder.»

Ihre Freundinnen sind schockiert, als sie hören, dass Marina schon öfter geklaut hat und wissen gar nicht, wie sie darauf reagieren sollen. Doch dann bricht Marina plötzlich in Tränen aus und erklärt ihre Situation. Sie sagt, dass sie keine andere Möglichkeit sieht, von den anderen akzeptiert zu werden, denn sie glaubt, dass sie nur gemocht wird, wenn sie immer die neuesten und angesagtesten Klamotten trägt, um mit den anderen mithalten zu können.

Ihre Freundinnen sind entsetzt. Wie kann Marina nur denken, dass sie so oberflächlich sind? Sie mögen sie doch nicht, weil sie sich immer die neusten Sachen leisten kann, sondern weil sie lustig, nett und aufgeschlossen ist. Der Preis, «erwischt zu werden», ist ihnen viel zu hoch für ihre Freundschaft.

Generation Praktikum

Den Begriff «stehlen» und damit das dritte Gebot kann man aber nicht nur im Zusammenhang mit dem Eigentum anderer sehen. Man kann Menschen auch ihrer Würde berauben, ihrer Zeit, ihrer Wünsche und Hoffnungen. In der Berufswelt hat sich in diesem Zusammenhang eine neue Form von Diebstahl etabliert, die aus ökonomischer Sicht für viele Firmen eine hohe Wertigkeit erhält: der Diebstahl von Arbeitskraft. Bettina gehört zu einer großen Gruppe solcher, die sich bestohlen fühlen. Statt nach ihrem Architektur-Studium zu arbeiten, schrieb sie unzählige Bewerbungen, bekam aber leider immer nur Absagen: «Wir danken Ihnen für Ihr Interesse an einer Mitarbeit in unserem Betrieb, jedoch können wir Ihnen derzeit keine Anstellung bieten. Für Ihren weiteren Berufsweg wünschen wir Ihnen viel Erfolg.»

Heute steht Bettina mit vier unbezahlten Praktika in Folge und demnach wenig Erfolg nicht besser da. Um in der Arbeitswelt Fuß zu fassen und die Lücken in ihrem Lebenslauf zu schließen, hatte sich Bettina schließlich dazu entschieden, als Praktikantin in mehreren Architekturbüros zu arbeiten. Doch das, was sie dort absolvierte, war keineswegs ein Praktikum. Nicht die üblichen altbekannten Praktikantenprobleme wie Kaffee kochen, Tassen spülen oder Fotokopieren beschäftigten Bettina, sondern dass sie in den Büros tatsächlich als volle Arbeitskraft eingesetzt wurde – allerdings ohne Bezahlung.

Fast vierzig Prozent derjenigen, die einen erfolgreichen Abschluss an der Hochschule vorweisen können, machen mindestens ein Praktikum danach. Das ist ja zunächst einmal nichts Schlechtes: man gewinnt Berufserfahrung, kann ein Gefühl dafür bekommen, ob einem der Beruf wirklich Spaß machen würde. Viele Arbeitgeber machen inzwischen Praktika zur Voraussetzung für eine Festanstellung. Problematisch wird es, wenn die Unternehmen ganze Arbeitsplätze mit Praktikanten besetzen, die dann vollwertige Arbeit leisten sollen – mit nur wenig oder gar ohne Gehalt. Laut Christian Scholz, einem Saarbrücker Personalexperten, bedeutet diese schnelle Kostenersparnis allerdings alles andere als ein Gewinn für die Unternehmen. Schließlich leidet langfristig der Betrieb darunter, wenn immer wieder Praktikanten eingearbeitet werden müssen, weil das wiederum andere Mitarbeiter übernehmen müssen. Deren Motivation sinkt jedoch, denn schließlich sind sie keine ausgebildeten Lehrer. Zudem herrscht eine gewisse Verunsicherung im Umgang mit dem Kollegen Dauerpraktikant: Wird er nun übernommen oder ist er gar ein Job-Rivale?

Die Generation Praktikum pocht inzwischen jedoch vermehrt auf ihre Rechte. Der Verein «Fairwork» setzt sich für die Hochschulabsolventen ein und macht in der Öffentlichkeit auf die moderne Form des «Dienstahls» aufmerksam. Zum ersten Mal hat dieser Verein die «Goldenen Raffzähne» verliehen. 2006 ging die Trophäe an ein Unternehmen aus Bordesholm, das ein dreimonatiges unbezahltes Praktikum zur Voraussetzung für einen weiteren Arbeitsvertrag machte. Die Begründung: Kennenlernen. Sollte jedoch dieses dreimonatige «Kennenlernen» nicht so positiv verlaufen wie vom Arbeitgeber gewünscht, könne auch schon nach zwei Wochen Schluss sein. Eine denkwürdige Vorstellung, so eine Probezeit in der Probezeit als Teil der gesetzlich vorgeschriebenen Probezeit. Doch häufig treibt die Not die Absolventen zu Praktika, die den Namen nicht verdienen, weil ihnen die Möglichkeit zum Berufseinstieg in Aussicht gestellt wird, der aber in Wirklichkeit gar nicht besteht.

«Du sollst nicht stehlen» meint also auch: Man soll nicht die Arbeitskraft eines anderen stehlen, und: Es gibt immer Möglichkeiten, sich gegen einen solchen Diebstahl zu wehren. In Sachen Praktikum heißt das konkret: Über eine Datenbank von «Fairwork» kann man sich im Internet über den Praktikumsanbieter informieren. Viele Unternehmen sind dort mit Erfahrungsberichten von Praktikanten verzeichnet. Hellhörig sollte man bei Praktikumsangeboten werden, die eine sechs- bis zwölfmonatige Stelle versprechen. Natürlich ohne Bezahlung und unter Bevorzugung von bereits vorhandener Praxiserfahrung. Hier wird kein Praktikant gesucht, sondern eine kostengünstige Arbeitskraft! Sollte es Probleme bei einem Praktikum geben, ist «Fairwork» die richtige Adresse, um sich Unterstützung zu holen.

Ausnutzen

Das Gebot will vor allem die Würde der Menschen schützen, die anderen ausgeliefert sind. Eine besondere Form des «Ausnutzens» ist die Kreditpraxis vieler Geldinstitute, die vor allem junge Menschen auf Jahre ihrer Freiheit beraubt und die ganze Lebenskraft an sich bindet. Mit dem Slogan «Das kann ich auch!» wird mit einem hohen Werbeaufwand suggeriert, dass auch Leute, die wenig Geld zur Verfügung haben, schnell und leicht zu Geld kommen können – indem sie es sich von zum Teil sehr fragwürdigen Kreditinstituten leihen. Fast wöchentlich flattern Briefe ins Haus, die einen «Konsumkredit» über mehrere tausend Euro anbieten. Das «Schuldenmachen» ist ganz normal geworden.

Der erste Schritt in die Abhängigkeit ist das leere Girokonto. Die Frage, woher man noch Geld bekommen kann bis zum Ende des Monats, vor allem wenn eine Familie von einem abhängt, treibt einen um. Ich kenne diese Situation sehr gut aus meiner Zeit als Student, als mein Vater selbst mehrfach arbeitslos wurde. Ich stand vor dem

Geldautomat und steckte meine Karte hinein. Und plötzlich erschien auf dem Display: «Der gewünschte Betrag ist zurzeit nicht verfügbar» – den Überziehungskredit hatte ich also auch schon ausgereizt.

Wer unüberlegt einen Kredit aufgenommen hat oder Schulden machen muss, begibt sich häufig in die Abhängigkeit von Kreditberatern und Privatpersonen. Und die Schuldenspirale beginnt, so lange, bis die Mahnungen erst gar nicht mehr geöffnet werden, die Angst vor den Telefonanrufen wächst und die Menschen an ihrem Schicksal verzweifeln. Etwas zu tun, um diese Spirale zu unterbrechen, Menschen von der Last ihrer Schulden zu befreien, dass sie wieder leben können, sei es anonym, als Familienangehöriger oder in einem Beruf, das ist ein Appell, der von dem Gebot ausgeht. Das setzt auf der Seite des Schuldners aber auch die Bereitschaft voraus, sein eigenes Leben zu verändern, einen Haushaltsplan aufzustellen, die Ausgaben zu reduzieren und auf neue Kreditangebote zu verzichten.

Statt sich immer mehr Dinge zu kaufen, die man sich eigentlich gar nicht leisten kann, brauchen wir in einer Kultur der zwei Tafeln ein neues Bewusstsein für das Gefühl: Ich habe genug. Ich bin zufrieden. Ich brauche nicht mehr, als ich habe oder erarbeiten kann. Weil ich zufrieden bin mit dem, was ich besitze, kann ich dem anderen auch seinen Besitz lassen. Ja, mich vielleicht sogar darüber freuen, dass er mehr besitzt als ich.

Quecksilber im Kampusch-Verlies

Dass der Diebstahl an einem Menschen noch mehr als sein Hab und Gut, sein geistiges Eigentum oder seine Arbeitskraft betreffen kann, zeigt die belgische Schriftstellerin Amelie Nothomb in ihrem ungewöhnlichen Buch «Quecksilber»: Der alte Kapitän Loncours rettet die

junge, wunderschöne Hazel nach einer Granatenexplosion. Er nützt
ihre Ohnmacht aus und nimmt sie zu sich. Der Siebenundsiebzigjäh-
rige pflegt die Dreiundzwanzigjährige und beraubt sie ihrer Freiheit.
Der Alte redet ihr ein, dass sie hässlich, nach dem Unfall völlig entstellt
sei und weidet sich täglich an ihrer Schönheit und Jugend. Sie wird zu
seiner Geliebten. Er bringt sie auf die Insel Mortes-Frontieres, auf der
er ein Haus ohne Spiegel und mit unerreichbar hohen Fenstern hat
bauen lassen, damit Hazel sich nirgendwo sehen oder spiegeln kann.
Sie bleibt in dem Glauben, sich nicht in der Öffentlichkeit zeigen zu
können und dient ihrem «Retter» demütig. Dessen sexuelle Begierde
treibt ihn dazu, sie unter allen Umständen gegen ihren Willen fest-
zuhalten. Loncours spielt ihren Wohltäter und vergeht sich an ihr.

Der Alte stiehlt Hazel also ihre Freiheit, ihre Jugend, ihr Bewusstsein von sich selbst und ihre Schönheit. Er lässt sie in Angst vor sich
selbst, weil er ihr vorgaukelt, dass sie so hässlich sei, dass sie nur bei
ihm versteckt leben könne. In dieser Zeit hätte sie ein normales Leben wie jede andere Frau leben können. Hazel leidet und wird ernsthaft krank. Loncours bangt um seine Gefangene und lässt eine Krankenschwester vom Festland kommen, um sie zu pflegen: Die kluge
und mutige Françoise ist der einzige Mensch, der Zugang zu Hazels
Zimmer erhält. Nachdem Françoise erfährt, dass der verbrecherische
Kapitän bereits vor Hazel eine junge Frau gefangen hielt, die sich
umbrachte, fasst sie den Beschluss zu handeln und wird selbst zur
Gefangenen. Sie fasst den Plan, dass Hazel sich in den kleinen Queck-
silberkugeln der Fieberthermometer, die die Krankenschwester auf
die Insel geschmuggelt hat, spiegeln soll. Als der Kapitän spürt, dass
Hazel den Betrug durchschauen wird, gibt er sie frei und nimmt sich
selbst das Leben.

Was hier als literarisches Gedankenspiel den Leser fasziniert,
wurde für die Österreicherin Natascha Kampusch grausame Realität: Achteinhalb Jahre lang wurde das junge Mädchen von dem

Nachrichtentechniker Wolfgang Priklopil ihrer Freiheit beraubt. Am
2. März 1998 wurde die Zehnjährige auf dem Weg in die Grundschule
von Priklopil in einen Kleintransporter gezerrt und entführt. Insgesamt 3096 Tage wurde die junge Frau in einer Montagegrube un-
terhalb der Garage festgehalten, die mit einer Tresortür verschlossen
war. In dem schalldichten Verlies, das sie das erste halbe Jahr ihrer
Gefangenschaft nicht verlassen durfte, gab es keine Fenster. Später
durfte sie sich im Umfeld des Hauses bewegen, ohne dass sie jedoch
Kontakt zu anderen Menschen aufnehmen konnte.

Natascha Kampusch konnte am 23. August 2006 zu Nachbarn
fliehen, die die Polizei alarmierten. Priklopil flüchtete und nahm
sich das Leben, indem er sich auf die Gleise der Wiener S-Bahn warf
und von einem fahrenden Zug überrollt wurde. In einem Brief an die
Öffentlichkeit schrieb Natascha, dass ihr Entführer sie «auf Händen
getragen» und «mit Füßen getreten» habe. Auch Priklopil hat sich –
wie der alte Kapitän – an der schönen Frau sexuell vergangen.

2,65 Millionen Österreicher und 7,13 Millionen Deutsche verfolgten das erste Interview im Fernsehen, am 4. Januar strahlte der Fern-
sehsender 3sat die Dokumentation «Der Fall Kampusch» aus. Dass
im Anschluss an die Entführung ein Teil der Journalisten aus den
Boulevardmedien die «Persönlichkeitsrechte» von Natascha Kampusch ein weiteres Mal tief verletzten, indem sie drohten, erfundene
Geschichten über sie in Umlauf zu setzen, wenn sie keine Interviews
gäbe, sei hier nur kurz angemerkt. Wurde ihr von ihrem Entführer die
Freiheit geraubt, musste die «beliebteste Österreicherin» aus dem
Jahr 2006 sich nun vor dem Raub ihrer Intimsphäre schützen.

Der «Fall» Kampusch lenkt das Augenmerk auf eine weitere Be-
deutung des dritten Gebotes (der Theologe Albrecht Alt war sogar der
Meinung, dass dies die ursprüngliche Bedeutung des Gebots war):
Du sollst einem Menschen nicht seine Freiheit nehmen und auf seine
Kosten leben.

Genug ist genug

Die Freiheit eines Menschen und damit auch die Freiheit, etwas zu besitzen, ist ein kostbares Gut. Ohne etwas, das mir persönlich gehört, kann ich meine Freiheit nicht leben. Erst wenn mir selbst etwas gestohlen wurde, spüre ich, wie wichtig meine Habseligkeiten für mich sind: mein Vertrauen in mein Zuhause, meine Heimat und meine Umwelt ist auf einmal zerstört. Und die Lösung ist nicht, das Stehlen zu akzeptieren und sich einfach zu verbieten, sein Herz an materielle Dinge zu hängen, weil sie einem eh jederzeit geklaut werden könnten. Vielmehr müssen mein Eigentum, meine Habseligkeiten, geschützt werden – nicht durch noch stärkere Sicherheitssysteme, durch noch mehr Lichtschranken, Kameras und Alarmanlagen, die eine Kultur der Verdächtigungen und des Misstrauens fördern. Sondern dadurch, dass wir das dritte Gebot beherzigen. Es will uns deutlich machen, dass ich niemandem sein Eigentum wegnehmen darf, auch dann nicht, wenn ich mich stärker fühle, weil ich in einer Gruppe bin oder bewaffnet, oder weil ich mich in der Dunkelheit der Nacht sicher fühle. Wir müssen uns erinnern: Wir selbst möchten auch nicht bestohlen werden, weder materieller Dinge wie eines Fahrrads noch unseres geistigen Eigentums wie selbstkomponierter Musik.

Ein weiterer wichtiger Appell des Gebotes ist, das Vertrauen zwischen Menschen nicht zu zerstören. Die Entführung eines Menschen – wie im Fall von Natascha Kampusch – ist hier sicher ein extremes Beispiel. Aber es macht deutlich, dass man einen Menschen auch seiner persönlichen Freiheiten berauben kann – und dazu kann auch gehören seine Gutmütigkeit, oder seine Arbeitskraft, wie in Falle unbezahlter Praktika. Das dritte Gebot kann deshalb auch so gelesen werden: «Du sollst einen anderen Menschen nicht ausnutzen».

4. Fakt or Fake
oder: Nicht lügen

Wir kennen sie alle, die großen und kleinen Lügen des Alltags: «Ich mel-de mich wieder» – aber man meldet sich Wochen nicht. «Die Hose steht dir gut» – obwohl sie nicht gerade vorteilhaft sitzt. «Das ist ja ein tolles Geschenk» – Was ist das denn für ein Müll? «Ich kann leider nicht zu deinem Geburtstag kommen, ich bin krank.» – Dabei hat man einfach keine Lust, zu der langweiligen Feier zu gehen.

Hat sich schon einmal jemand die Mühe gemacht, Buch darüber zu führen, wie oft wir an einem Tag die Unwahrheit sagen? Amerikanische Wissenschaftler haben herausgefunden, dass wir im Durchschnitt fünfzigmal pro Tag lügen. Fünfzigmal! Meist merken wir es gar nicht richtig.

Menschliches Verhalten rund um «Wahrheit und Lüge» kennt dabei viele Facetten: Notlügen, Halbwahrheiten oder dreiste Betrügereien. Und natürlich kann man auch sich selbst belügen. Gerüchte gehören ebenso dazu. Klatsch und Tratsch gibt es in allen Ländern, in allen Schichten, bei Männern und Frauen. Heute machen sie viel schneller die Runde als früher, weil sie oft über die Medien verbreitet werden. Viele Zeitungen und Zeitschriften leben sogar davon, über Prominente die neuesten Gerüchte in Umlauf zu bringen – auch wenn meist nicht viel Wahres dahintersteckt. Oft sind Klatsch und Tratsch harmlos. Manchmal können Gerüchte aber auch Schlimmes anrichten, so wie bei Marc Schreiber und Tim Potz, deren Geschichte ich jetzt erzählen will.

«Wir werden auf ewig dicke Freunde bleiben.» Das hatten sich Marc und Tim nach dem Abitur geschworen. Sie kennen sich schon seit Urzeiten, haben gemeinsam im Sandkasten gespielt. Später in der Schule saßen sie die meiste Zeit nebeneinander. Durch ihre enge Freundschaft, die viele Zeit, die sie zusammen verbrachten, hatten sie eine ganze Reihe gemeinsamer Interessen entwickelt. So etwas schweißt zusammen. Sie hatten beispielsweise eine Vorliebe für alles, was mit Rechtsfragen zusammenhing, sodass es schon fast selbstverständlich schien, dass sich beide nach dem Abitur dafür entschieden, Jura in Berlin zu studieren. Auch an der Uni kannten ihre Kommilitonen sie nur als dicke Freunde. Als schließlich das Examen geschafft ist, begann die stressige Suche nach einem Job – schließlich liegen auch für Juristen die Stellen nicht gerade auf der Straße. Marc und Tim bewarben sich überall. Natürlich wollten sie gern beide in derselben Stadt arbeiten, um in der Nähe voneinander zu sein. Aber ganz so einfach, wie sie sich das vorgestellt hatten, war es nicht. Wo finden sich schon zur gleichen Zeit in einer Region zwei freie Stellen für zwei junge Anfänger? Da kam Marc die grandiose Idee: «Komm, wir bewerben uns mal beide auf die eine freie Stelle! Mal sehen, was passiert. Bei den vielen Absagen, die wir schon bekommen haben, wird sowieso keiner von uns den Job kriegen, aber lass es uns doch einfach mal probieren.» – «Na gut, was soll schon passieren, wir kriegen eh eine Absage. Aber bei dem tollen Job, gut bezahlt, mit Aufstiegschancen, krisensicher … Da sollte man's wohl wirklich mal versuchen.» Ein wenig lustlos schickten beide ihre Bewerbungsunterlagen ab.

Drei Tage später. Marc und Tim trauen ihren Augen kaum, als sie in ihre Briefkästen schauen: eine Einladung zum Vorstellungsgespräch in Berlin, und zwar für beide! Das kann doch nicht wahr sein! In Tim steigt neben aller Freude aber gleich auch ein leicht ungutes Gefühl auf: Das erste Mal in ihrem Leben würden sie als Konkurrenten ins Rennen gehen. Er wischt den Gedanken aber schnell beiseite und beruhigt sich damit, dass wahrscheinlich keiner von beiden den Traumjob bekommen wird. Aus achtundsechzig Bewerbern hatte man dreißig ausgewählt und zum Gespräch eingeladen.

«Na, wie war's bei dir?» Tim kann seine Freude kaum noch zurückhalten, als er seinen Freund sieht. «Ich hab den Job! Gleich nächste Woche geht es los!» Marc starrt seinen Freund entgeistert an. Tim hatte wohl erwartet, dass Marc ihm um den Hals fallen und seine Freude teilen würde, aber nichts geschieht. Nach einer Weile bringt Marc ein gequetschtes «Glückwunsch, Alter!» heraus, dreht sich um und geht. Tim blickt ihm etwas ratlos hinterher, doch die Freude darüber, dass er die Stelle bekommen hat, überwiegt.

Nur wenige Tage später ist Tim bereits mit Haut und Haaren in den neuen Job eingetaucht. Er hat alle Hände voll zu tun. Dass Marc sich nach seinem plötzlichen, unfreundlichen Abgang nach dem Bewerbungsgespräch noch nicht wieder bei ihm gemeldet hat, ist ihm noch gar nicht aufgefallen. Wenn er abends von der Arbeit kommt, schafft er es oft kaum noch, ein paar Kleinigkeiten einzukaufen und fällt dann, sofern er nicht zu Hause noch ein paar Akten nacharbeiten muss, sofort ins Bett.

So ähnlich war's wohl auch an jenem Donnerstag, als Tim unter Zeitdruck mit einem Aktenordner unter dem Arm schnell noch vor Ladenschluss zum Supermarkt rennt und etwas zum Abendessen einkauft. Er freut sich darauf, später, wenn er sich endlich durch diesen undurchsichtigen Fall gewühlt hat, vor dem Schlafengehen noch ein wenig zu relaxen und eine Flasche Bier zu trinken. Beim Verlassen des Supermarktes ist er schon wieder ganz Jurist und so in Gedanken bei seinem schweren Fall, dass ihm gar nicht auffällt, dass er mit der Bierflasche in der Hand den Heimweg antritt. Und dass da gerade Marc um die Ecke kommt, bemerkt er erst recht nicht. Der Anfang vom Ende.

Einige Zeit später fällt ihm auf, dass sich das Verhalten des Chefs ihm gegenüber verändert hat. Bald schon wird er zu ihm zitiert: «Eine unangenehme, aber dringliche Frage, Herr Potz: Haben Sie ein Alkoholproblem»? Die Augen seines Chefs scheinen ihn förmlich zu durchbohren. Tim fällt aus allen Wolken. Er, der so selten überhaupt einmal etwas Alkoholisches trinkt! «Wie kommen Sie denn darauf?», stammelt er vor lauter Schreck und Verwirrung. «Mir ist zugetragen worden, dass Sie abends angetrunken mit der Bierflasche in der Hand durch die Stadt ziehen. Finden Sie, dass das ein Ihrer Stellung angemessenes Verhalten ist?» – «Natürlich nicht!», bringt Tim gequält hervor, aber eigentlich versteht er von der Strafpredigt null Komma nichts. «Na ja, ich will's vorerst dabei bewenden lassen. Aber decken Sie in Zukunft Ihren täglichen Alkoholbedarf zu Hause in Ihren vier Wänden. Was Sie dort machen, geht keinen etwas an, solange Sie gute Arbeit machen. Aber erlauben Sie sich in nächster Zeit nicht noch so eine Peinlichkeit, das könnte Sie Ihren Job kosten. Sie wissen, dass wir hier einen Ruf zu verlieren haben.»

Tim ist wie vor den Kopf gestoßen. Er versteht überhaupt nicht, worauf sein Chef eigentlich hinauswill. Wie kommt der nur auf die Idee? Wer erzählt denn so was? Da ihn aber die dringenden Gerichtstermine, die schwierigen Fälle und Klientengespräche gleich wieder voll in Anspruch nehmen, hat er das unangenehme Gespräch bald völlig verdrängt.

Was Tim nicht merkt: Da ist ein Gerücht im Umlauf – eines, das sein vermeintlicher Freund Marc in Umlauf gebracht hat, weil er neidisch ist, dass Tim und nicht er die Stelle bekommen hat. Doch wie funktioniert so ein Gerücht eigentlich? Nun, ganz einfach: Man muss etwas anbieten, was andere erfahren möchten. Harmlos bleiben Gerüchte, wenn alle Beteiligten den spielerischen Charakter beherzigen und die verhandelten Klatschgegenstände in der Runde belassen können («Das bleibt unter uns») oder noch besser auf dem Rückweg an den Arbeitsplatz ganz vergessen werden. Doch Gerüchte oder gezielt platzierte Indiskretionen tragen meist einen hohen Neuigkeitswert mit sich oder sind emotional so aufgeladen, dass ihre Verbreitung gesichert ist. Jedes neue Indiz, das zu dem Gerücht passt, wird dankbar angenommen.

«Hast du schon gehört, dass Tim ein Alkoholproblem hat?» – «Ach, jetzt versteh ich. Deshalb ist er wahrscheinlich auch immer so gestresst, weil er in der Firma nichts trinken darf.» – «Ja, mir ist auch schon aufgefallen, dass er immer leicht zittert, wahrscheinlich sind das Entzugserscheinungen.» In der Kaffeeküche tauscht man den neuesten Klatsch und Tratsch aus. Seit dem Vorfall mit der Bierflasche ist Tim Gesprächsthema Nummer eins. Auch wenn er selbst davon nichts mitbekommt, ist ihm schon aufgefallen, dass sich die Kollegen ihm gegenüber irgendwie anders verhalten. Sie gehen auf Distanz, und er hat das Gefühl, dass sie ihn genau beobachten. Er fühlt sich irgendwie unwohl, obwohl er sich nicht bewusst ist, einen Fehler gemacht zu haben.

Normalerweise ist es nicht Tims Angewohnheit, den Sekretärinnen so zwischen Tür und Angel wichtige Informationen zuzurufen, aber an diesem Dienstag musste es mal wieder ganz schnell gehen. «Kommen Sie mal mit in mein Büro! Ich suche Ihnen das Schreiben mal eben heraus.» Während Tim den Brief in dem dicken Ordner sucht, bleibt der Blick der Sekretärin an einem leeren Bierkasten hängen, der unter dem Konferenztisch steht. Karl, mit dem Tim seit seinem Dienstantritt in der Firma das Büro teilt, hatte nach seiner Geburtstagsfeier für die Kollegen die Reste mal wieder nicht vollständig weggeräumt. Und so scheint sich das Gerücht immer mehr zu bestätigen, ohne dass Tim etwas merkt.

Kurze Zeit später kommt – für Tim völlig unvermittelt – der Rauswurf: «Herr Potz. Bitte nehmen Sie Platz. Sie sind jetzt seit einem halben Jahr bei uns, und damit endet Ihre Probezeit. Sie haben gute Arbeit gemacht. Sie sind ehrgeizig, clever, fleißig und flexibel. Das schätze ich sehr an Ihnen. Sie haben so manchen Prozess für uns gewonnen. Aber die Gerüchte über Ihr Alkoholproblem häufen sich, inzwischen nicht nur innerhalb der Firma. Sie sind auf dem besten Weg, dadurch den Ruf unserer Kanzlei zu gefährden. Ich habe gern mit Ihnen zusammengearbeitet. Aber unter diesen Umständen sehe ich mich leider nicht in der Lage, Sie über die Probezeit hinaus bei uns zu beschäftigen. Räumen Sie bitte bis zum 1. März Ihren Schreibtisch. Ich bedaure außerordentlich, so unsere Zusammenarbeit beenden zu müssen.»

Der Boden sackt unter den Füßen weg. Ein Loch tut sich auf. Tim hat etwas verpasst. Die Folgen des Gerüchtes haben ihn kalt und hinterrücks erwischt. Was Tim die ganze Zeit über nicht gesehen hat, sind nicht nur die Tuscheleien im Gang, nicht nur die Blicke in der Teeküche, nicht nur die argwöhnischen Blicke der Sekretärin. Tim hat nicht mitbekommen, dass sich Marc gegen ihn gewandt hat. Doch nun fällt es ihm wie Schuppen von den Augen. In diesem Augenblick gibt sich Marc zu erkennen und sieht ihn mit einem höhnischen Grinsen an. Den Ring des Gyges hat er abgelegt. Das Werk ist vollbracht. Marcs Stolz ist wiederhergestellt. Tim ist erledigt. Und dieser Augenblick ist für ihn die Hölle.

Kann ein Gerücht wirklich so großen Schaden anrichten? Kann es einen so gravierenden Einfluss auf den Lebensweg eines Menschen haben? Hat Marc, der das Gerücht wissentlich in die Welt gesetzt hat, um seinem «Freund» zu schaden, das Gebot «Du sollst nicht lügen» verletzt? Trägt auch die Sekretärin eine Mitschuld am Schaden, den Tim erlitten hat? Wäre es Karls Pflicht gewesen, die Reste seiner Geburtstagsparty zu beseitigen, um das Gerücht um Tims Alkoholproblem nicht weiter zu nähren? Hat Tims Chef gegen das Gebot verstoßen, weil er seinen Mitarbeiter aufgrund eines solchen Gerüchtes entlassen hat? Oder ist es seine Pflicht als Chef, in der Verantwortung für seine anderen Mitarbeiter und seine Klienten, für das Wohl der Firma zu entscheiden?

Die ursprüngliche Bedeutung des Gebotes «Du sollst nicht lügen!» ist: «Du sollst nicht falsch gegen deinen Mitmenschen aussagen»! Wir sollen also bei der Wahrheit bleiben, um einem anderen Menschen nicht zu schaden. Aber was ist schon «die Wahrheit»?

Halbwahrheiten

«Eh, kannst du nicht aufpassen? Siehst du nicht, dass ich heißen Kaffee in der Hand habe?» Alex war mal wieder so in Gedanken, dass er den jungen Mann, der gerade aus dem Geschäft kam, gar nicht gesehen und fast umgerannt hat. «'tschuldigung, aber du musst mich doch nicht gleich so anmachen!» – «Na, ich glaub's ja wohl nicht. Erst kippt mir dieser Trottel den Kaffee über die Klamotten, und dann wird er auch noch frech!» Die beiden Streithähne werfen sich die Beleidigungen nur so an die Köpfe. Die Stimmung schaukelt sich hoch, wird immer angespannter. Alex geht schon mit erhobenen Fäusten auf seinen Gegner zu, der inzwischen seinen Kaffee zur Seite gestellt hat. Er ist einen Kopf größer als Alex und mindestens zwei Jahre älter. Im letzten Moment besinnt sich der andere: «Du glaubst doch nicht wirklich, dass ich mich wegen eines Schlucks Kaffee auf meiner Hose mit einem Würstchen wie dir prügeln werde?!» Er dreht sich um, nimmt seinen Kaffeebecher, lässt den verdutzten Alex stehen und geht.

«Wisst ihr, was mir gestern Nachmittag passiert ist? Ihr werdet es nicht glauben.» Alex trifft sich jeden Morgen mit vier seiner Kumpel an der alten Post. Von dort aus gehen sie den letzten Teil des Weges zur Schule gemeinsam. Genügend Zeit, um die Neuigkeiten des vergangenen Tages auszutauschen. «Da hat mich doch so ein blöder Typ angemacht. Er hatte sich gerade seinen Kaffee über die Hose gegossen. Und im Frust über seine eigene Dummheit behauptete er dann, ich hätte ihn angerempelt und es sei meine Schuld. Dabei habe ich ihn nicht einmal berührt! Na, ich hab mir das natürlich nicht gefallen lassen. Er war zwar zwei Köpfe größer als ich und ein ziemlicher Muskelprotz, aber das war mir egal. Ich lass mich ja nicht von jedem x-Beliebigen einfach mal so beleidigen. Jedenfalls habe ich ihm ordentlich eine reingehauen, hab ihn einfach stehenlassen und bin gegangen. Der hat nicht schlecht geguckt, sag ich euch. Hatte wohl nicht gedacht, dass so ein Knirps wie ich sich seine dummen Sprüche nicht gefallen lässt.»–«Respekt, Alter! Du bist ja ganz schön mutig!» Mit bewundernden Blicken sehen die Freunde Alex an. «Erzähl doch mal genauer!»–«Ach, mehr gibt's da eigentlich gar nicht zu erzählen. War ja auch nichts weiter dabei.»–«Wenn mir das passiert wäre, ich hätte mich wieder nicht getraut, diesem Typen Kontra zu geben. Ich hätte wahrscheinlich nicht ein einziges Wort herausgebracht. Und schon gar nicht hätte ich ihm einfach so eine geklebt. Ist schon gut, dich als Freund zu haben, Alex.»

Solche Typen wie Alex kennen wir wahrscheinlich alle. Die lügen, dass sich die Balken biegen. Na ja, gelogen hat Alex ja nur teilweise. Er hat der Wahrheit ein wenig auf die Sprünge geholfen, eben eine Halbwahrheit erzählt, indem er die Dinge zu seinen Gunsten umgestaltet hat. Und es hat ja scheinbar funktioniert. Seine Version der Geschichte hat ihm kräftig Bewunderung und Anerkennung eingebracht. Aber wie mag er sich fühlen, wenn seine Freunde irgendwann herausbekommen, dass er immer ein wenig dick aufgetragen, ja sie teilweise sogar belogen hat, nur um ihnen zu imponieren?

Aber Hand aufs Herz: Ein wenig übertreiben oder durch klitzekleine Veränderungen die Wahrheit ins rechte Licht rücken, das gehört doch irgendwie dazu. Die kleinen Geschichten des Alltags werden etwas aufgehellt, damit man besser dasteht. Und manchmal braucht man auch die kleinen Unwahrheiten, um etwas leichter durchs Leben zu kommen: die Notlügen.

Notlügen

«Na, wie lange hast du gestern an deinem Aufsatz gesessen?»–«Aufsatz? An welchem Aufsatz? Ach, Scheibenkleister! Ich hab ja die-

sen dummen Aufsatz völlig vergessen.» Sonja wird plötzlich ganz
schlecht. Ausgerechnet den Aufsatz, ausgerechnet bei Herrn Stein,
vor dem alle (irgendwie) Angst haben, weil er so streng ist. Und in
der zweiten Stunde ist Deutsch. Selbst wenn sie die erste frei hätte, würde sie in der kurzen Zeit nichts Vernünftiges mehr zu Papier
bringen. Was tun? Die ganze Mathestunde hindurch zerbricht Sonja
sich den Kopf, was sie Herrn Stein bloß erzählen soll. Sie hatte sich
gestern gleich nach der Schule mit den anderen Bandmitgliedern im
Probenkeller verabredet. Sie wollten eigentlich nur ein wenig rum-
probieren und so langsam das Programm für die nächste Schulparty
in vierzehn Tagen zusammenstellen. Es sollte nicht lange dauern,
denn schließlich hatten sie ja alle noch Hausaufgaben zu erledigen.
Aber dann hatte es, wie immer, so viel Spaß gemacht, dass sie alles
andere vollkommen vergessen hatten. Als einer von ihnen endlich
zufällig auf die Uhr schaute, war es schon 21 Uhr! Sonja war nach
Hause gehetzt und hatte schnell ihre Sachen für den nächsten Tag
zusammengepackt. Aber an diesen Aufsatz hatte sie nicht eine
Sekunde gedacht.

«Felix, sammle mal die Hefte ein!» Herr Stein lässt seinen strengen
Blick über die Schüler der Klasse 9a schweifen. «Hat jemand von euch
keinen Aufsatz geschrieben?» Sonja wird kreidebleich. Am liebsten
würde sie unter die Bank kriechen. Wenn sie sich allerdings jetzt nicht
meldet, wird alles noch schlimmer. Wenn Herr Stein erst zu Hause
merkt, dass sie kein Heft abgegeben hat, gibt es keine Gnade und auch
keine Chance, den Aufsatz eventuell noch nachzureichen. Sonjas
Herz rast wie verrückt. Schüchtern meldet sie sich. «Sonja?!» – «Herr
Stein, es tut mir so leid, aber ich habe den Aufsatz total vergessen.
Ich hatte gestern mit meiner Instrumentalgruppe ein ganz wichtiges
Vorspiel. Wissen Sie, wir wollen nämlich beim Bundeswettbewerb
‹Jugend musiziert› mitmachen. Und die Vorauswahl der Teilnehmer
wurde gestern in Berlin getroffen. Und als ich dann kurz vor Mitter-

nacht endlich zu Hause war, hatte ich den Aufsatz völlig vergessen. Ich wäre Ihnen so dankbar, wenn Sie nur dieses eine Mal Gnade vor Recht ergehen lassen könnten. Ich werde Ihnen den Aufsatz gleich morgen früh nachreichen.»

«Gnade vor Recht?» Sonja fühlt sich, als ob Herr Stein in sie hineinsehen könnte. «Na ja. Dafür, dass du den Aufsatz nicht zum vereinbarten Termin eingereicht hast, musst du schon die Note sechs in Kauf nehmen. Aber wegen deiner Ehrlichkeit möchte ich dir tatsächlich die Chance einräumen, dein Heft bis morgen früh, vor der ersten Stunde bei mir nachzureichen. Wenn du bis dahin einen hervorragenden Aufsatz geschrieben hast, kannst du ja immerhin noch eine Drei bekommen.»

Die Zeit bis zum Stundenende vergeht wie immer im Schneckentempo. Als es endlich klingelt, hat Sonja immer noch weiche Knie. Was, wenn Herr Stein herausbekommt, dass der Vorausscheid für «Jugend musiziert» schon vor zwei Wochen war und sie überhaupt nicht am Bundeswettbewerb teilnehmen konnte, weil sie schon in der Kreisrunde rausgeflogen ist? Was, wenn Herr Stein erfährt, dass sie ihn vor der gesamten Klasse angelogen hat? Aber was hätte sie denn tun sollen? Hätte sie ihm sagen sollen, dass sie mit ihrer Band einfach nur ein paar Songs gespielt und darüber die Zeit vergessen hat? Dann hätte sie gleich eine Sechs bekommen. Ausgerechnet bei Herrn Stein, der sie in jeder zweiten Stunde darauf hinweist, dass ihre Schulaufgaben oberste Priorität vor allen Hobbys haben sollen. Ihre Deutschnote wäre durch die Sechs total versaut. Und das jetzt, am Ende der 9. Klasse. Mit dem Zeugnis muss sie doch versuchen, eine Lehrstelle zu finden.

Hätte Sonja ihrem Lehrer tatsächlich die Wahrheit sagen müssen, auch wenn die Gefahr besteht, dass sie vielleicht wegen der schlechten Deutschnote ihre Lehrstelle nicht bekommt? Wie würde sich Herr Stein verhalten, wenn er wirklich herausbekäme, dass Sonja ihn belogen hat? Könnte er ihre Angst verstehen? Könnte er nachvollziehen, welche Gründe Sonja zu dieser Notlüge veranlasst haben?

Wir greifen aus vielen Gründen zu einer Notlüge, nicht nur, weil wir wie Sonja eine schlechte Note fürchten: «Ach, hallo, wie schön dich zu sehen», sagen wir oft, obwohl wir uns in dem Moment ganz und gar nicht freuen. Warum tun wir es trotzdem? Aus Höflichkeit? Sagen wir deshalb auch, wie toll das Essen war, obwohl es eigentlich scheußlich geschmeckt hat?

Man kann auch lügen, um einen anderen nicht zu verletzen. Zum Beispiel bei Geschenken. Um den, der das Geschenk mit viel Liebe und Energie ausgesucht – vielleicht sogar selbst gebastelt – hat, nicht vor den Kopf zu stoßen, sagen wir ihm, wie sehr wir uns darüber freuen. Wir greifen beinahe unwillkürlich zu kleinen, kaum mehr wahrgenommenen «sozialen» Lügen: «Du siehst großartig aus», sagen wir zum Beispiel zu dem Freund, der sich nach langer Krankheit mühsam wieder aufrichtet, obwohl wir erschrocken sind, wie schmal er geworden ist und wie krank er aussieht. Wir wollen ihm einfach nicht zusätzlich wehtun. «Mit Ihnen geht es wieder aufwärts», sagt der Arzt und verschweigt die geringe Lebenserwartung, um den Patienten nicht die letzte Hoffnung zu nehmen.

Konrad Adenauer, der erste Bundeskanzler, war der Meinung, dass es Notlügen gar nicht gebe. Seiner Ansicht nach sind wir immer irgendwie in Not, also können wir uns in jeder Lebenslage auch ein wenig anlügen. Adenauer rechtfertigte damit, dass die Versprechungen, die Politiker machen, nicht immer unbedingt eingehalten werden können. Doch hat er dabei übersehen, dass ständige Notlügen zum Verlust der Glaubwürdigkeit führen.

Aufrichtigkeit anstatt Meineid

Doch nicht immer sind unsere Motive so edel: Wir lügen aus Angst vor Konflikten und um keine Verantwortung übernehmen zu müssen: «Ich habe nichts davon gewusst. Ich habe mich voll auf meine Aufgabe konzentriert». Wir lügen, weil wir die Missbilligung anderer nicht aushalten wollen und um klüger, anständiger und freundlicher zu erscheinen. Wir lügen aus Scham: «Ich war es nicht.» Wir lügen, weil wir besser dastehen oder Mitleid bekommen wollen.

Manche der größeren Lügen und viele der kleinen Flunkereien dienen der Erhaltung und Festigung unserer Verbindung mit Familienmitgliedern, Geschäftskollegen und Nachbarn. Der Wiener Sozialwissenschaftler Peter Stiegnitz, Begründer der Mentiologie, der Wissenschaft von der Lüge, hält es deshalb für unerlässlich, das Positive an der Lüge erkennen und bewerten zu können: denn die Wahrheit ist manchmal ganz schön anstrengend. So ist das Spinnen von «Seemannsgarn» und die Übertreibung von «persönlich» erlebten Geschichten etwas sozusagen Entspannend-Spannendes, zum Beispiel im Kontakt zwischen Großeltern und Enkeln oder zwischen Kapitän Blaubär und seinen Neffen. Hier stehen die Unterhaltung, das Augenzwinkern und das ungläubige Lachen im Vordergrund. Stiegnitz sagt daher, Lügen sei erlaubt – und auch nützlich, soweit man dadurch niemandem bewusst schadet.

Wie wichtig gerade in diesem Zusammenhang die Bedeutung des vierten Gebotes ist, wird daran deutlich, dass alle Religionen die Lüge in ihre Schranken weisen möchten. In der vierten der fünf Shilas, einer Richtlinie für Buddhisten, heißt es: «Ich verpflichte mich, mich der Lüge zu enthalten». Zudem kennt der Buddhismus im Rahmen des edlen achtfachen Pfades die Verpflichtung zur Rechten Rede. Dabei geht es um die Vermeidung von Lüge, Verleumdung, Schimpfen und Beleidigungen, Klatsch und Tratsch.

Auch der Koran hält dazu in der 17. Sure fest: «Auch folge nicht dem, wovon du keine Kenntnis hast (falschen vorgefassten Meinungen); denn Gehör und Gesicht und Herz werden einst zur Rechenschaft gezogen» (Sure 17, 37).

Das Parlament der Weltreligionen hat zwei Formulierungen in die Erklärung zum Weltethos aufgenommen: die Form des Verbotes: «Du sollst nicht lügen!» und die Form des Gebotes: «Rede und handle wahrhaftig!»

In der Bibel finden wir schließlich die heute vielleicht etwas fremd klingende Übersetzung von Martin Luther «Du sollst nicht falsch Zeugnis reden wider (= gegen) deinen Nächsten!» (2. Mose 20, 16; 5. Mose 5, 20). In modernen Bibelversionen steht dafür: «Du sollst nicht lügen». Die Übersetzung von Luther lässt uns aber die ursprüngliche Bedeutung des Gebotes noch einmal deutlicher sehen: Am Anfang bezog sich die Aufforderung auf das Verhalten vor Gericht. Es war also eine Aufforderung, keine falschen Anklagen oder Zeugenaussagen zu treffen. Im 5. Buch Mose lesen wir, dass eine Anklage schon zu dieser Zeit von mindestens zwei Zeugen bestätigt werden musste. Noch heute ist es verboten, vor Gericht eine Falschaussage zu machen und zu lügen. Das Strafgesetzbuch schreibt dazu im § 154: «Wer vor Gericht oder vor einer anderen zur Abnahme von Eiden zuständigen Stelle falsch schwört, wird mit Freiheitsstrafe nicht unter einem Jahr bestraft.»

Auch das alte Israel hatte in seiner Rechtssprechungspraxis die Erinnerung daran, wie fatal das «Zeugnis» gegenüber dem Mitmenschen wirken kann, wenn es nicht an den Maßstäben der Wahrheit gemessen wurde. Da viele Prozesse sich nicht auf Beweise stützen konnten und der Ankläger oft auch der Zeuge war, kam es vor Gericht auf die Verlässlichkeit der Zeugenaussage an. Ein gewisser Schutz für den Angeklagten lag in der Bestimmung, dass sich eine Verurteilung auf die Aussage aus «zweier Zeugen Mund» stützen musste.

Doch der Fall, dass zwei Personen sich zu einer gleich lautenden Falschaussage verschwören, war auch im alten Israel nicht undenkbar. Deshalb droht eine andere Rechtsbestimmung (5. Mose 19, 16–19) dem «Lügenzeugen» genau die Strafe an, die den von ihm Beschuldigten betroffen hätte. Wer mit dem Gedanken spielte, eine ungeprüfte oder gar bewusst falsche oder schädliche Aussage über seinen Mitmenschen zu machen, tat gut daran, sich darauf zu besinnen, welche Folgen das für ihn selbst haben konnte – nämlich selbst bestraft zu werden.

Ursprünglich ging es also um den Meineid. Doch die Wahrheitspflicht blieb nicht darauf beschränkt. An anderen Stellen der Bibel finden wir eine Ausweitung des Gebotes auf das tägliche Leben: «Ihr sollt nicht stehlen noch lügen noch betrügerisch handeln einer mit dem anderen.» (3. Mose 19, 11) Und die Christen verbinden die Wahrheit mit ihrer Vorstellung der Liebe, die das Zusammenleben der Menschen bestimmen soll: «Die Liebe freut sich nicht über die Ungerechtigkeit, sie freut sich aber an der Wahrheit» (1. Korinther 13, 6).

Wann darf gelogen werden?

Das Gebot «Du sollst nicht lügen» fordert also den Respekt vor der Wahrheit. Wie sollen die Menschen zusammenleben können, wenn es nicht die Gewissheit gibt, dass alle die Wahrheit sagen? Und doch gibt es auch Momente, wo es ein Recht zum Lügen gibt, zum Beispiel um Menschen zu schützen.

Der Pfarrer und Widerstandskämpfer Dietrich Bonhoeffer (1906 bis 1945) lebte in der Zeit des Nationalsozialismus und des 2. Weltkrieges in Deutschland. Die Grundrechte waren außer Kraft gesetzt. Es gab nur eine einzige öffentliche Wahrheit, die Wahrheit der nationalsozialistischen Partei, deren Führer Adolf Hitler war. Hitler wollte die Juden in Europa vernichten und alle Christen in Deutschland zu Nationalsozialisten machen. Deshalb kämpfte er auch gegen die Zehn Gebote. Sie waren für ihn ein Ausdruck der Schwäche.

Bonhoeffer setzte sich seit der Machtergreifung der Nationalsozialisten im Jahr 1933 für die Rechte der Verfolgten ein. Seinen Widerstand bezahlte er mit dem Leben. Im April 1945 wurde er nach zweijähriger Haftzeit im Konzentrationslager Flossenbürg hingerichtet.

In den Verhören versuchte er bewusst, die Wahrheit zu verschleiern, indem er Informationen zurückhielt und auch falsche Aussagen machte. Seine Begründung dafür schrieb er in einem Aufsatz mit dem Titel «Was heißt die Wahrheit sagen?» auf. Die Blätter mit seinen handschriftlichen Notizen wurden aus dem Gefängnis herausgeschmuggelt. Deshalb kennen wir heute seine Gedanken.

Bonhoeffer schreibt, dass für ihn «die Wahrheit sagen» immer auch etwas mit der richtigen Erkenntnis und dem intensiven Bedenken der wirklichen Verhältnisse zu tun hat. Natürlich stellen die Bedingungen, in denen sich Bonhoeffer damals befand, eine extreme Situation dar, die auch besondere Reaktionen erforderte. In einem Regime, in dem die Rechte unzähliger Menschen mit Füßen getreten wurden, ja ihnen sogar ihr elementares Grundrecht auf Leben und körperliche Unversehrtheit verweigert wurde, sah es Bonhoeffer als seine Pflicht an, diese rechtlos gewordenen Mitmenschen durch Lügen zu schützen.

Bonhoeffer verdeutlichte seine Gedanken mit Hilfe einer kleinen Geschichte: Wenn der Lehrer in der Schule einen seiner Schüler vor der gesamten Klasse fragen würde, ob sein Vater gestern Abend mal wieder betrunken nach Hause gekommen ist, ist der Schüler dann verpflichtet, die Wahrheit zu sagen? Bonhoeffer würde sagen, er ist nicht dazu verpflichtet. Der Schüler handelt richtig, indem er so viel lügt, wie er nur kann. Warum? Weil der Lehrer seine Macht missbraucht. Er nutzt sie aus, um den Schüler vor der gesamten Klasse bloßzustellen und zu demütigen. Der Lehrer handelt nicht in der Absicht zu helfen, sondern zu schaden. Er bringt Dinge vor die Klasse, macht sie öffentlich, die dort nichts zu suchen haben, sondern in die Privatsphäre eines ihm zur Erziehung anvertrauten Schützlings gehören. Würde er in guter Absicht handeln, dann hätte er seinem Schüler ein Gespräch unter vier Augen angeboten. So aber missbraucht der Lehrer seine Macht.

Das Kind dagegen hat aufrichtig gehandelt, indem es mit «nein» geantwortet hat. Es möchte mit dieser Lüge die Ehre seines Vaters und seiner Familie schützen. Der Schüler lügt in ehrenwerter Absicht. Er wird von seinem Lehrer ja beinahe zu dieser Lüge gezwungen. Daher ist die Antwort des Jungen für Bonhoeffer in Ordnung. Die Schuld am Zustandekommen dieser Lüge trägt allein der Lehrer. Für einen Christen ist damit die innere Aufrichtigkeit bedeutsam: Entscheidend ist nicht nur, was ich sage, sondern in welcher Absicht, in welcher Situation und wem gegenüber ich dies tue. Eine Lüge, die ich verbreite, um einem Mitmenschen zu schaden, widerspricht der Liebe. Aber auch der Wahrheitsfanatismus – ohne Rücksicht auf Verluste – zeugt eher von einem harten Herz als von einer christlichen Einstellung zum Leben.

Martin Luther sah das ähnlich. In seinem großen Katechismus, einem Lehrbuch für Pastoren und Lehrer, erklärt er, dass man stets die Ehre seiner Mitmenschen im Auge haben sollte. Alles, was wir über einen anderen sagen, sollten wir also vorher dahingehend überprüfen, ob es seiner Ehre förderlich ist oder nicht. Ein Gerücht, das den guten Ruf eines Kollegen oder Freundes, wie Tim in unserer Geschichte, zerstören will, weil es ihn lächerlich macht oder ihm schadet, sollte nicht weiter verbreitet werden.

Wahrhaftigkeit – die Orientierung des Handelns an der Wahrheit – wird damit eine Basis für das menschliche Miteinander.

«Fauler Fleck»

Was aber ist das Gebot wert, wenn es immer wieder Ausnahmen gibt? Nichts! Dieser Ansicht war zumindest der Königsberger Philosoph Immanuel Kant (1724–1804) und bezog damit ganz anders Stellung zum Problem der Lüge als Bonhoeffer. In der kleinen Schrift «Über ein vermeintliches Recht aus Menschenliebe zu lügen» aus dem Jahr 1797 legt er dar, dass er jede Art von Lügen, auch die Notlüge, verachte. Die Lüge ist für ihn eine schwere Verletzung gegen sich selbst. Er bezeichnet sie als «faulen Fleck» in der Natur des Menschen, als Ursache seiner Schlechtigkeit. Die Lüge sei ein schwerer Angriff auf die Menschenwürde, ja sogar ein Schritt zu deren Vernichtung. Sie sei also von sich aus böse und verwerflich und könne niemals zu irgendetwas gut sein. Kant ist auch der Meinung, dass eine Lüge vielleicht unschädlich sein kann, aber niemals unschuldig.

Dabei unterscheidet er zwei Arten von Lügen. Die erste: Wenn man irgendjemandem etwas als Wahrheit verkauft, obwohl man selbst weiß, dass es nicht wahr ist. Die zweite: Das Gerücht, also wenn man etwas als Tatsache weitererzählt, obwohl man selbst nicht sicher ist, ob es der Wahrheit entspricht. Beide Formen sind für Kant absolut anstößig. Allerdings gesteht Kant zu, dass die Umstände die Haltung eines Menschen zur Wahrheit verändern können: Lebe ich in einem Unrechtsstaat, dessen Häscher einen Verfolgten suchen, der sich bei mir aufhält, muss ich zwar die Wahrheit sagen, ihm aber zugleich zur Flucht verhelfen. Für ihn hat der Mensch nicht das Recht, aus einer falsch verstandenen Menschlichkeit zu lügen. Im Gegenteil! Jeder hat die Pflicht zur Wahrhaftigkeit, auch wenn einem anderen daraus ein Nachteil erwachsen sollte. Kant bezeichnet das als uneingeschränktes Gebot der Vernunft, bei allen Dingen, die man tut, unbedingt ehrlich zu sein.

Ein deutscher Oscar

Soll man Kant wirklich darin folgen, immer und an jedem Ort die Wahrheit zu sagen? Selbst wenn das Leben von unschuldigen Menschen auf dem Spiel steht? Kant hier zu folgen, würde gegen das erste Gebot verstoßen. Mit der «Pflicht zur Wahrheit» kann man auch Menschen töten. Die Verräter und Spitzel in der Zeit des Nationalsozialismus haben sich auf ihre «Wahrheitspflicht» berufen, ebenso die Mitarbeiter der Stasi in der DDR. Fein säuberlich ist hier die «Wahrheit» aufgeschrieben worden, um einem anderen Menschen zu schaden. Wo die Lüge zum System geworden ist, besteht nicht die Pflicht zur Wahrheit, das haben wir bereits von Bonhoeffer gelernt. Hier kann die Wahrheit darin liegen, zu lügen. Doch wie sieht es auf der anderen Seite aus? Kann es sein, dass ein Lauscher, ein Spitzel des Geheimdienstes, von seinen Prinzipien abweicht und Abhörprotokolle fälscht, um sein Opfer zu schützen?

Dass Hollywood genau für diesen Plot einen Oscar verliehen hat, ist ein Beispiel für die Aktualität des Gebots. In dem Film «Das Leben der Anderen» von 2005 spielt der im Juli 2007 an Krebs verstorbene deutsche Schauspieler Ulrich Mühe den Stasi-Offizier Gerd Wiesler. Ein harter Knochen, linientreu und vom Sozialismus überzeugt bis in die Haarspitzen. Von seinem Vorgesetzten bekommt der humorlose Abhörspezialist im November 1984 einen besonderen Auftrag: Er soll in Ostberlin den erfolgreichen Schriftsteller Georg Dreymann, gespielt von Sebastian Koch, und seine Freundin Christa-Maria, verkörpert von Martina Gedeck, bespitzeln. Der Auftrag kommt von ganz oben. Doch der einflussreiche Minister Hempf verfolgt ein eigennütziges Ziel: Er will Dreymann seine Freundin ausspannen, mit der er eine Affäre begonnen hat. Deshalb sucht er «Beweise», um den Theatermann auszuschalten. Die Operation «Lazlo» beginnt.

Die Wohnung des staatstreuen Dramatikers wird verwanzt, überall sind kleine Abhörgeräte angebracht. Und Wiesler bezieht seinen Lauschposten auf dem Dachboden des Altbaus, hört alles mit und führt akribisch genau darüber Protokoll, was unter anderem auf der Party in Dreymanns Wohnung anlässlich seines vierzigsten Geburtstages vor sich geht. Er dringt dabei tief in das Leben des Anderen ein. Doch seine Recherche ergibt kein belastendes Material. Im Gegenteil: Wiesler ist immer stärker von dem Leben des Anderen fasziniert, von der Welt der Kunst, der Schriftstellerei und der Freiheit der Gedanken. Als er zudem noch von den Absichten des Ministers erfährt, sorgt der Stasi-Offizier dafür, dass Dreymann von der Affäre zwischen seiner Lebensgefährtin und Hempf erfährt.

Als Dreymanns Freund, der berühmte Theaterregisseur Albert Jerska, sich erhängt, weil er in der DDR seinen Beruf nicht mehr ausüben darf, spielt er erschüttert ein Musikstück auf dem Klavier. Auf dem trostlosen Dachboden hört Wiesler über Kopfhörer die wunderbare Musik. Jerska hatte Dreymann eine Partitur zum Geburtstag geschenkt, die «Sonate vom guten Menschen». Von nun an verändert sich das Leben des Lauschers vom Dachboden: Er versucht «gut» zu sein und beginnt in das Leben des Anderen einzugreifen. An Jerskas Grab gibt Dreymann sich eine Mitschuld an dem Tod seines Freundes und sagt zu sich selbst: «Ich hätte etwas tun sollen.» In Gedanken spürt der bislang staatstreue Künstler das Bedürfnis, über die verheimlichte Selbstmordrate in der DDR einen Artikel zu veröffentlichen. Nun geht er ein hohes Risiko ein und wählt seine Form des Protestes, indem er den Artikel dem West-Magazin «Der Spiegel» anbietet. Von einem Spiegelredakteur erhält Dreymann eine Schreibmaschine, auf der der Artikel getippt werden soll.

Wiesler verschweigt, was er nun hört, fälscht die Abhörprotokolle und schützt damit den Verfasser des Artikels, der endlich eine Wahrheit über den Unterdrückungsstaat veröffentlicht, die in der DDR nicht offen ausgesprochen werden darf. Doch Dreymann wird verraten und Wiesler, der Verhörspezialist, innerhalb der Stasi zur «Briefüberwachung» strafversetzt, nachdem er das Beweisstück «Schreibmaschine» vor dem Zugriff seiner eigenen Kollegen bei der Stasi versteckt hatte.

Jahre später: Nach dem «Fall der Mauer» liest der Schriftsteller 1991 seine Akten und ist überrascht. Der Stasi-Hauptmann mit dem Decknamen «HGW XX/7» hat ihn gedeckt. Aus Dankbarkeit schreibt er einen Roman, der unter dem Titel «Die Sonate vom Guten Menschen» in die Buchläden kommt. Das Buch ist «HGW XX/7 gewidmet, in großer Dankbarkeit». Als Wiesler, der sich als Prospektverteiler durchs Leben schlägt, auf die Widmung aufmerksam wird, kauft er das Buch. Auf die Frage der Verkäuferin: «Soll das Buch als Geschenk verpackt werden», antwortet er nur kurz: «Nein. Es ist für mich.»

In einem Unrechtsstaat, der alle menschlichen Beziehungen durch ein ausgeklügeltes Überwachungssystem zersetzt, wird Wiesler zu einem Vorbild für die Wahrheit und zu einem Beispiel, wie ein Mensch sein Leben verändern kann. Das Kriterium, das der Film anbietet, ist klar: Wenn jemand Mitarbeiter bei der Stasi war und einem anderen geschadet hat, dann ist er schuldig. Wer aber seine Tätigkeit dazu benutzt, den anderen zu schützen, der hat unter den Bedingungen eines Unrechtsstaates das Richtige getan.

Sich dem Bann der Gerüchte verweigern ...

Welcher Auffassung soll man sich nun anschließen? Ist es richtig, konsequent die Wahrheit zu sagen, so wie Kant es vorschlägt? Gibt es berechtigte Ausnahmen, die zu allen Zeiten gelten, nicht nur in einem Unrechtsstaat, so wie Bonhoeffer argumentiert? Allgemein gültige Rezepte zum Umgang mit dem schwierigen Feld von Wahrheit und Lüge gibt es sicherlich nicht. Auch wenn es das oberste Gebot sein sollte, immer bei der Wahrheit zu bleiben, hat Wahrheit zwei Seiten. Oft wirkt sie befreiend, oft ist man froh, wenn sie endlich ans Licht gekommen ist. Sie kann aber auch grausam sein. Es gibt Situationen, in denen gnadenloser Wahrheitsfanatismus mehr zerstört als heilt.

Wir müssen uns immer wieder klar machen, dass wir den Ruf eines Menschen ziemlich beschädigen können, indem wir Unwahrheiten über ihn in die Welt setzen, wie Marc es über Tim getan hat. Es scheint leider so zu sein, dass wir empfänglicher für schlechte Botschaften sind als für gute und dass wir gern über die Fehler anderer sprechen, um von den eigenen abzulenken. Gerüchte haben etwas Interessantes, fast Magisches an sich. Sie laden zu Spekulationen ein und verbreiten sich wie ein Lauffeuer. Schlechte Gerüchte über einen Menschen haften diesem besonders lange an. Manchmal, wie in der Geschichte von Marc und Tim, hat ein übles Gerücht eine verheerende Wirkung, obwohl es nicht der Wahrheit entspricht. Daher sollte man immer überprüfen, ob Informationen über andere Menschen einer sicheren Quelle entspringen. Wer ein Gerücht hört, sollte es einfach für sich behalten und es nicht weitererzählen. Denn wie alle Lügen haben auch Gerüchte im Alltag eine wichtige Funktion: Es ist eine Möglichkeit, an Informationen zu kommen, meine Situation mit der von anderen Menschen aus meinem Lebensumkreis zu vergleichen. Wir sind auf die Gerüchteküche angewiesen, wenn wir hören wollen, wie andere in ihrer Partnerschaft mit Konflikten umgehen, den Berufsalltag meistern oder ihre Kinder erziehen. Wenn man erfährt, dass auch andere ihr Päckchen zu tragen haben, dass auch andere scheitern, fällt es viel leichter, die eigenen Probleme einzuordnen und konstruktiv anzugehen. Menschen sagen sich: Oh, es könnte mir noch viel schlechter gehen. Ich kann dankbar sein! Und fühlen sich dann gleich besser. Wenn es uns selbst gut tut und einem anderen nicht schadet, dann braucht man sich nicht aus der Gerüchteküche auszuschließen.

Das Gebot: «Du sollst nicht falsch Zeugnis reden wider deinen Nächsten» erinnert an die Verantwortung jedes Einzelnen für das, was er über einen anderen sagt. Daraus darf niemandem ein Strick gedreht werden. Das Gebot appelliert damit nicht zuletzt an unsere Phantasie und an unsere Identifikation mit dem Anderen: Stell dir vor, stell dir in allen Einzelheiten vor, was deine geplante Aussage über einen Menschen bei diesem bewirkt, wenn sie sich als unwahr erweisen sollte und an ihm hängen bleibt!

... und mit Notlügen sparsam umgehen

Notlügen geschehen nicht, um einem anderen zu schaden. Im Gegenteil, wenn ich jemandem, der mit sehr viel Mühe und Liebe, aber doch wenig erfolgreich versucht hat, ein gutes Essen zu kochen, sage, dass es geschmeckt hat, dann sage ich das, weil ich seine Mühe anerkenne und ihn nicht verletzen möchte. Ich lüge, weil ich das Gefühl habe, dass diese Antwort in dieser Situation das Beste für mein Gegenüber ist. Bonhoeffer handelte aus ähnlichen Motiven heraus. In anderen Fällen, wie beispielsweise bei Sonja, wird die Wahrheit aus Angst verfälscht. Sicherlich hätte Sonja auch dazu stehen können, dass sie den Aufsatz einfach vergessen hat und die Konsequenzen für ihr Unterlassen hinnehmen können. Aber dazu fehlte ihr in dieser Situation einfach der Mut und die Standfestigkeit. Doch auch sie hat ihren Lehrer nicht angelogen, um ihm zu schaden, sondern um sich selbst vor den Folgen ihres Fehlers zu schützen. Sie hat ihr Fehlverhalten bereits eingesehen. Ihr schlechtes Gewissen ist ein Ausdruck dafür, dass sie sich ihrer Schuld bewusst ist. Die Motivation, aus der heraus die Unwahrheit gesagt wird, stellt ein entscheidendes Kriterium dar.

Wir können es uns nicht ersparen, täglich zwischen den Motiven und Auswirkungen unserer Botschaften und Behauptungen zu unterscheiden: «Lüge» ich aus sozialen Gründen, oder dient meine Halbwahrheit der eigenen Vorteilsnahme oder sogar meiner Bereicherung? Schummle ich mir aus Trägheit die Realität zurecht, oder möchte ich einem lieben Menschen eine harte, ihn möglicherweise verletzende Wahrheit ersparen?

Eine gute Lösung ist die Lüge niemals. Aber in manchen Konfliktsituationen stellt sie das kleinere von zwei Übeln dar. Wird sie in der Absicht verbreitet, anderen Menschen gezielt Schaden zuzufügen, ist sie als inakzeptables Verhalten abzulehnen. Handle ich aber aus Nächstenliebe, habe das Wohl meiner Mitmenschen im Auge und lüge, um sie vor Schaden oder Enttäuschung zu bewahren, liegen die Dinge manchmal anders.

5. Machenschaften
oder: Nicht begehren

Wie oft war sie nun schon um diesen Schokoriegel herumgeschlichen?
Dana konnte sich beim besten Willen nicht daran erinnern, wann es
ihr zum letzten Mal so schwer gefallen war, sich zusammenzureißen.
Dabei hatte sie heute Morgen doch gerade ihre neue Diät begonnen.
Mit den dreißig Kilo Übergewicht sollte nun Schluss sein. Gesunde
und vor allem fettreduzierte Nahrung stand von nun an auf dem
Speiseplan. Der Schokoriegel passte da absolut nicht rein. Warum fiel
es ihr nur so schwer, sich zu zügeln? Warum konnte sie nicht einfach
nein sagen? Dana verstand sich selbst nicht mehr. «Wenn Schokolade
nur nicht so lecker wäre, dann könnte man auch viel leichter darauf
verzichten», dachte sie bei sich selbst. Enttäuscht biss sie in ihren Bio-
apfel, die Augen immer noch auf die Kalorienbombe geheftet. Warum
wollte sie gleich nochmal abnehmen? Nach zehn Minuten erwischte
sie sich erneut bei dem Gedanken an den leckeren Geschmack des
Riegels. Wie genüsslich würde sie zum ersten Mal abbeißen, ganz
langsam die Schokolade auf der Zunge zergehen lassen. Noch ein
Blick auf den Riegel. Vielleicht könnte sie ja mal dran schnuppern.
Das war doch wohl noch erlaubt! Als sie das Papier langsam aufriss,
wusste sie, dass es zu spät war. Dana konnte sich nicht mehr zusam-
menreißen und biss herzhaft in den Riegel. Die Diät musste wohl bis
morgen warten.

Nicht immer gehen Geschichten so harmlos aus wie die mit dem
Schokoriegel. Denn auch wenn Dana vermutlich sehr unter ihrer Begierde nach Süßem leidet, wirkt sich ihre Gier nicht direkt auf das
Wohlbefinden anderer Leute aus. Das Gebot «Du sollst nicht begehren» weiß um die menschliche Schwäche und meint auch gar nicht

harmlose Lüste und Gelüste, wie die Lust auf Süßes. Es kritisiert vielmehr den Trieb des Menschen, sich auf Kosten anderer zu bereichern. Deshalb heißt es auf der linken Tafel der Zehn Gebote: «Du sollst nicht begehren, weder deines Nächsten Haus, Weib, Knecht, Magd, Vieh, noch alles andere, was ihm gehört.» Das Gebot reicht damit tiefer als die vier anderen Gebote der Tafel. Während Lügen, Stehlen und erst recht Töten aktive Handlungen sind, spielt sich das Begehren innen ab, es wird durch Gefühle geleitet. Und die lassen sich, wie jeder von uns weiß, nicht so einfach abstellen. Es ist die Begierde nach Geld, Macht, Besitz, Liebe, die uns antreibt, den Ring des Gyges über den Finger zu streifen. Sie macht süße Versprechungen. Wenn du erst einmal dies und jenes erreicht hast, wirst du ein viel glücklicherer, beliebterer, bewunderterer Mensch sein. Die Begierde ist der Grundstein vieler Handlungen im Leben und löst gleichzeitig Gefühle wie Neid oder Habgier aus, führt zum Stehlen, Lügen oder im extremen Fall sogar zum Töten. Wenn man ohne Rücksicht auf seine Mitmenschen lebt und handelt, wird man unweigerlich zum verletzenden Egoisten, der nur an sich denkt und andere vor den Kopf stößt – oder ihnen Schlimmeres antut. Was geschehen kann, wenn man blind seiner Begierde nachgibt, davon sollen die folgenden Geschichten erzählen.

Haben wollen

Niemand von uns kann sich dem Begehren entziehen, es gehört vom Anfang des Lebens zum Menschsein dazu – schon Kinder wissen ganz genau, was sie wollen oder nicht wollen und verfolgen ihre Ziele.

Die vierjährige Susanne geht in den Kindergarten. Seit ein paar Tagen drängt sie ihre Mutter ganz besonders zur Eile, damit sie ja rechtzeitig – vielleicht sogar als Erste – den Kindergarten erreicht.

«Nun komm schon», sagt sie auch an diesem Morgen. «Wenn wir uns nicht beeilen, ist Franzi schon vor mir da.» Susannes Mutter hört das Drängen in der Stimme ihrer Tochter und zieht sich noch im Gehen die Schuhe an, während sie gleichzeitig nach dem Autoschlüssel angelt. Endlich im Auto, rutscht Susanne unruhig umher. Da! Sie kann schon das Gebäude aus der Ferne sehen. «Warum gehst du denn in letzter Zeit so gerne in den Kindergarten?», fragt ihre Mutter neugierig. «Sonst warst du morgens doch immer so müde, und jetzt kann ich dich auf einmal kaum noch bremsen.» Susanne schielt mit einem Auge auf die rote Ampel und beginnt aufgeregt zu erzählen. «Frau Feinberg hat uns vorgestern was Neues von zu Hause mitgebracht. Es ist ein Kasper, in den man den Arm reinstecken kann. Mit den Fingern kann man den Mund bewegen oder die Arme, das sieht dann aus wie echt. Am liebsten mag ich die rote Zipfelmütze.» Susannes Mutter lächelt und denkt versonnen an ihre ersten Handpuppen. «Ach so», sagt sie, «das verstehe ich natürlich. Und die anderen Kinder spielen wohl auch so gerne mit der Puppe wie du?» Susanne schaut nachdenklich auf ihre Mutti: «Nein, eigentlich nur ich und Franzi, aber Franzi ist immer so gemein. Sie nimmt immer nur den Kasper und spielt nie mit anderen Sachen, und wenn ich auch mal will, dann muss ich die Barbie nehmen oder den dummen Ritter. Und das ist langweilig. Und wenn ich Frau Feinberg frage, sagt sie, ich soll einfach ein wenig warten und dass Franzi zuerst da war.»

In diesem Moment erreichen sie den Kindergarten. Susannes Mutter gibt ihr noch einen dicken Kuss und bringt sie zum großen Tor. Nun kann sich Susanne nicht mehr halten. Sie rennt die Treppen zu ihrem Raum hoch, wirft gerade noch ihre Jacke auf den Haken und läuft aufgeregt durch die Tür. Aber Franzi ist schon da – und spielt mit dem Kasper. Den ganzen Vormittag sitzt Susanne lustlos zwischen den Legosteinen am Boden und wartet verzweifelt darauf, dass Franzi die Puppe loslässt. Nach dem Mittagsschlaf ist sie sogar die Erste, die ihre Bettdecke wieder ordentlich im Schrank verstaut hat. Und tatsächlich hat sie Glück und ergattert den roten Kasper. Doch Susannes Freude ist nur von kurzer Dauer: Kaum hat sie den Kasper in der Hand, ruft Frau Feinberg plötzlich alle nach draußen. Die Puppe muss drinnen bleiben. Wieder ein Tag ohne den Kasper!

Am Abend liest Susannes Mutter ihr immer noch eine kleine Geschichte vor. Auch heute Abend darf sie sich wieder eine aussuchen. «Der gestiefelte Kater!», ruft Susanne und springt auf, um im Bücherschrank nach dem entsprechenden Märchen zu suchen. Als sie sich umdreht, schaut ihre Mutter sie seltsam an, in der Hand die Jacke, die Susanne nach dem Kindergarten in die Ecke geschmissen hat. Aus dem Ärmel lugt eine rote Zipfelmütze. Susanne wird bleich. «Aber …», flüstert sie, «aber ich habe doch gar nicht …, ich wollte doch nicht …» Wie ist der Kasper nur in die Jacke gekommen? Susanne kann sich beim besten Willen nicht daran erinnern, ihn mitgenommen zu haben. Oder doch?

Am nächsten Morgen muss sich Susanne bei Frau Feinberg entschuldigen und die Puppe zurückbringen. Sie sieht vor lauter Tränen nicht einmal, ob ihre Erzieherin böse oder traurig ist. Aber sie schämt sich so.

Die Begierde sitzt tief in uns. Sie ist ein innerer Trieb, den wir auch schon als Kinder in uns haben. Susannes inniger Wunsch, mit der Puppe spielen zu können, brachte sie dazu, sie zu stehlen.

Aber auch als Erwachsene sind wir der Begierde oft hoffnungslos erlegen. Nicht umsonst erleben Krimis und «Crime-Serien» seit vielen Jahren Hochkonjunktur. Wir sind aber nicht nur empört, sondern auch fasziniert von dem Verbotenen, dem heimlichen Wunsch, der Begierde nachzugeben. Denn wir ahnen und befürchten, dass wir selbst auch schwach werden könnten.

Natürliche Triebe

Peter ist erfolgreicher Geschäftsmann bei einer Aktiengesellschaft und wurde vor einer Woche befördert. Alles ist perfekt: Geld, Haus, Familie, ein zweites Kind ist auf dem Weg. Besser kann man es gar nicht treffen. Wenn da nicht, ja wenn da nicht die schicke Frau des Chefs wäre, die ihm immer heimliche Blicke zuwirft. Dabei will er gar nicht mit ihr flirten. Peter ist glücklich mit seiner Frau und liebt sie abgöttisch. Dennoch ist da ein kleiner Funke in ihm, der sich der Anziehungskraft von Melinda einfach nicht entziehen kann. Sie sieht ziemlich gut aus und kennt durch ihren Beruf viele wichtige Leute. Peter fühlt sich natürlich geschmeichelt, dass sie gerade mit ihm flirtet. Letztens lag ein kleiner Zettel in seiner Schreibtischschublade: «Triff mich am Donnerstag im Ritz um 8» stand drauf. Kurz und knapp und kein Wort zu viel. Die Frau weiß, was sie will. Donnerstag war heute. Seit drei Tagen grübelt Peter, was er tun soll. Geht er nicht, könnte sich das indirekt negativ auf seinen Job auswirken, immerhin ist Melinda die Frau des Chefs. Geht er aber hin, könnte er alles verlieren, was ihm wichtig ist. Die Uhr zeigt Feierabend an. Melinda geht betont langsam an ihm vorüber und wirft ihm einen letzten Blick zu: welch süßes Versprechen. Nach einem kurzen Anruf zu Hause und der Ausrede, er müsse noch Überstunden machen, folgt Peter Melinda ins Ritz. «Wer weiß schon, was sie will», versucht er sein schlechtes Gewissen zu beruhigen. «Vielleicht will sie ja auch nur reden. Schließlich ist ihr Göttergatte ja nicht gerade der treusorgende Ehemann, der er sein sollte. Man hat ihn schon das eine oder andere Mal mit seiner Sekretärin erwischt … Würde ich auf jeden Fall verstehen, wenn sie sich mal bei jemandem ausweinen möchte.»

Der Abend wird lang. Natürlich will Melinda sich nicht nur unterhalten. Am nächsten Morgen wacht Peter verschlafen in einem Hotelzimmer auf, den Arm um eine fremde Frau geschlungen.

Ist es nun Peters Schuld, weil er den Reizen der schönen Melinda nicht widerstehen konnte, oder trägt Melinda die Verantwortung für die vergangene Nacht? Vielleicht sind ja auch beide unschuldig? Schließlich sind sie nur ihren natürlichen Trieben gefolgt, das ist doch menschlich, oder? Menschlich allemal. Doch mit welchen Folgen?

Kerstin heiratet

«Hey, lauf doch nicht weg. Bleib doch mal stehen, bitte Klaus!» Kerstin hastet verzweifelt hinter dem jungen Mann her, die schweren Einkaufstaschen noch in der Hand. Aber Klaus biegt schnell um die nächste Ecke und tut so, als ob er sie nicht gehört habe. Schon wieder. Dabei hatte doch alles so gut angefangen. Vor einem halben Jahr war sie Klaus zum ersten Mal auf der Party einer Freundin begegnet. «Was für ein schöner Mann, und dann auch noch so intelligent und charmant» – jede hatte das gesagt. Aber mit ihr hatte er am meisten geredet und getanzt. Oh, wie oft hatte sie geträumt, von ihm geküsst zu werden! Sein Gesicht, sein Geruch – nie würde sie sein strahlendes Lächeln vergessen. Dann stellte er ihr Maik vor. Die beiden waren ein Paar, Klaus war schwul. Natürlich war sie enttäuscht, sogar ein wenig verletzt, aber Kerstins Sympathie zu Klaus und auch Maik überwog, und so entwickelte sich aus ihrer heimlichen Liebe eine echte Freundschaft. Die drei teilten alles, sie gingen zusammen ins Kino, kochten und veranstalteten Fernsehabende. Wie konnte es nur zu einem solchen Desaster kommen? Dass sie nicht mehr miteinander redeten und vermieden, sich zu treffen? Kerstin denkt traurig an den verhängnisvollen Abend zurück. Es war im Dezember, kurz vor Weihnachten. Der Schnee lag schwer auf der Stadt und erzeugte eine zwar friedliche, aber auch etwas bedrückende Stimmung. Kerstin war auf einer dieser vielen Weihnachtsfeiern mit Eierlikör und Glühwein und musste wohl zu viel getrunken haben, sonst hätte sie nie im Leben solchen Unsinn erzählt. Aber warum hatte auch ihr Cousin so sehr angeben müssen? Mit seinem Haus und dem idyllischen Familienleben. Wie im Fernsehen hatte er ein kleines Album dabei mit Urlaubsfotos von Kreta und Australien. Da ist sie schließlich ausgerastet, ein Blackout, ganz klar. Vor versammelter Familie hat Kerstin verkündet, sie würde bald heiraten, und schwärmte ausführlich von den Hochzeitsplanungen, den Blumen und der wunderschönen Reise. Da war nur ein Problem. Es gab gar keine Hochzeit. Ja, es gab ja noch nicht einmal einen Mann. Aber nachdem sie die Lüge erst mal ausgesprochen hatte, entwickelte sie ein Eigenleben. Plötzlich wusste es nicht nur ihre Familie, nein, auch ihre Kollegen gratulierten ihr und fragten nach einem festgelegten Datum. Dabei wollte sie doch nur beachtet werden! Einfach einmal nicht von Onkel Dieter als alte Jungfer bezeichnet werden, einmal im Mittelpunkt stehen. Doch jetzt hatte sich ihre kleine Angeberei verselbständigt. Sie konnte nicht mehr zurückrudern und die Geschichte aufklären. Wie stünde sie dann da? Sie hätte ihrer Familie und ihren Kollegen niemals wieder unter die Augen treten können! Kerstin bekam eine Gänsehaut. Der Gedanke an die vergangenen Ereignisse ließ sie nicht los. Wie dumm sie gewesen war! Doch hatten nicht auch Klaus und Maik Mitschuld an dem, was danach passiert war? Schließlich hatten sie mitgespielt, als Kerstin ihrer Familie Klaus als zukünftigen Ehemann vorgestellt hatte. Wie die Schneekönige haben sich die beiden gefreut, dass sie in diesem Schauspiel eine Rolle spielen konnten. Klaus war so überzeugend gewesen! Warum um alles in der Welt hatte sie sich zu dieser Lüge hinreißen lassen? Es war doch klar, dass das nicht gutgehen konnte. Das Unglück nahm seinen Lauf: Onkel Dieter hatte Klaus und Maik eng umschlungen in der Innenstadt gesehen und ihr brühwarm erzählt, dass ihr Zukünftiger offensichtlich eine Affäre mit einem Mann hatte. Da konnte Kerstin doch nicht anders, als die hintergangene Geliebte zu spielen. Was hätte sie denn sonst sagen sollen? Dass Klaus und Maik wirklich ein Paar waren und die ganze Hochzeitsgeschichte nur erfunden war? Es schien Kerstin viel leichter, die Opferrolle zu übernehmen, als die Wahrheit zu sagen.

Seit diesem Tag waren Klaus und Maik ein rotes Tuch für Kerstins gesamte Familie. Und die war groß, sehr groß. Plötzlich schien es die gesamte Stadt zu wissen, und jeder war auf ihrer Seite, schimpfte auf den fiesen Klaus, umarmte und tröstete sie. Nach einer Weile begann sie fast selbst an die Geschichte zu glauben und ließ fleißig Tränen aufblitzen, sobald sie jemand darauf ansprach. Erst vorhin, als Klaus im Einkaufszentrum quasi vor ihr geflüchtet war, meldete sich plötzlich das schlechte Gewissen. Doch nun war es zu spät. Klaus hatte sie nicht einmal eines Blickes gewürdigt. Nachdenklich machte sich Kerstin auf den Weg nach Hause. Warum konnte er nur nicht verstehen, dass sie einfach nicht die Wahrheit sagen konnte? Dann wäre sie doch wieder ein unscheinbares Nichts gewesen, nein noch schlimmer, eine Lügnerin, eine Schwindlerin, und das vor der gesamten Stadt. Klaus und Maik mussten das doch erkennen! Und was waren schon die kleinen bösen Blicke und Beschimpfungen, denen sich die beiden seitdem stellen mussten, im Vergleich zu denen, die auf Kerstin warteten, sollte die Wahrheit aufgedeckt werden?

Weil sie ihrem Wunsch, anerkannt und bewundert zu werden nachgegangen war und deshalb log, setzte Kerstin nicht nur die Freundschaft zu Klaus und Maik aufs Spiel, sondern auch das Vertrauen ihrer Familie und Freunde.

Das kann ich auch

Es ist 13.45 Uhr. Jonas sitzt unruhig im Café und trinkt eine heiße Schokolade. Die Zeit vergeht überhaupt nicht. Wie ein Besessener schaut er auf die schmale Armbanduhr. 13.46 Uhr. Die Zeiger bewegen sich im Schneckentempo. Manchmal scheinen sie sogar rückwärts zu laufen. Die Zeitungen, die auf dem Tisch liegen, hat Jonas nicht mal angefasst. Er kann sich einfach nicht konzentrieren. Immer wenn er einen Artikel zu lesen anfängt, schweifen seine Gedanken ab. Lauernd schaut er aus dem Fenster auf die gegenüberliegende Straßenseite. Immer noch geschlossen. Jonas merkt, wie die Wut in ihm aufsteigt. «Was sind das nur für Menschen, die ihr Geschäft erst so spät aufmachen. Wollen die denn gar nichts verdienen», denkt er. Grinsend bemerkt er seinen Fehler. «Die werden wohl schon genug verdienen …, aber heute, heute werde ich das Kasino so richtig abzocken.» Jonas zählt nochmal schnell sein Geld in der Börse. Er hat alles genau berechnet. 50 € für die Automaten, zum Warmwerden. Dann 100 € für den Blackjacktisch und 200 € fürs Pokern. Na gut, wohl eher 300 € …, schließlich hat sich Olga angekündigt. Und mit seinem Pokerface ist bei weitem nicht zu spaßen …, Jonas sieht schon das Geld, das er gewinnen wird, vor sich. Endlich kann er sich dann diesen neuen LCD-Farbfernseher kaufen mit Beamer und Internetzugang. Und ein Teil des Geldes wird er verwenden, um seine Schulden bei Monika abzubezahlen. Dann kann sie nicht mehr meckern und lässt ihn wenigstens in Ruhe. «Vielleicht», denkt er, «vielleicht ist ja sogar noch 'ne Reise drin. Nach Mallorca oder Italien. Ich muss einfach nur ruhig bleiben, cool, einfach machen, dann klappt das schon alles.»

Jonas liebt das kribbelnde Gefühl, wenn er seine Chips auf den Tisch wirft, das Geräusch, das die Würfel beim Werfen machen, das Klingen von Geld in seiner Tasche. Außerdem scheint ihn der Chef des Kasinos durchaus zu mögen. Letztens hat er ihm sogar Geld geborgt, als Jonas eine kleine Unglückssträhne hatte. Aber so etwas kommt nicht mehr vor. Ganz gewiss nicht. Draußen auf der anderen Straßenseite tut sich was. Ein schwarzes Auto fährt vor, und die Tür öffnet sich für zwei dunkel gekleidete kräftige Männer – die Türsteher des Kasinos. In ihrer Mitte steht Olga mit einem großen Lederkoffer in der Hand. Jonas packt zusammen. Es scheint, als würde das Kasino heute doch eher öffnen. Die Tür steht immer noch offen. Doch als Jonas eintritt, bemerkt er die eigenartige Ruhe. Keine Musik, kaum Licht, «Wo sind die nur alle?» Langsam geht er den bekannten Gang zur Bar. Da! Eine Tür im hinteren Teil des Kasinos steht einen Spalt offen. Als er vorsichtig durch den Schlitz schielt, sieht er den Lederkoffer auf dem Tisch liegen – voll mit 500-Euro-Scheinen. Niemand ist im Raum. Das ist seine Chance. Jonas' Hände zittern, als er den Koffer vorsichtig schließt. Seine Augen blitzen, sein Herz rast. So viel Geld … endlich könnte er so leben, wie er es sich immer gewünscht hatte. Das Letzte, was Jonas sieht, ist, wie einer der Türsteher in das Zimmer kommt.

Jonas' Gier nach Geld und Reichtum kann wohl jeder verstehen. Aber wie kommt es, dass einige Menschen immer wieder die Grenze des Erlaubten überschreiten? Ist dieses Verhalten abhängig von der Stärke unserer Begierde?

Stalker

Janine spürte seine Blicke auf ihrem Körper. Seit Wochen schon fühlte sie sich nicht mehr sicher. Warum verfolgte er sie, was wollte er nur von ihr? Geduckt huschte sie um die Ecke in den nächsten Laden hinein. Das Gefühl, beobachtet zu werden, blieb. Wie oft war sie nun schon bei der Polizei gewesen! Immer hatten sie ihr das Gleiche gesagt: «Es tut uns leid, solange er Ihnen nicht zu nahe kommt, können wir nichts machen.» Musste denn immer erst etwas Schlimmes passieren, bevor jemand eingriff? Selbst im Schlaf konnte Janine seinen Blick nicht abschütteln, er lauerte überall … Wenn sie die Gardinen zuzog, die Tür abschloss, den Müll wegbrachte oder zur Arbeit fuhr – immer begleitete er sie. Einmal hatte sie es geschafft, ihn abzuschütteln. Da hatte sie sich ganz abrupt herumgedreht und in die Masse geschrien, dass er sie in Ruhe lassen sollte. Nach drei Tagen war er wieder da. Er betastete sie mit seinen Blicken, drang in ihre Seele ein. Diese Blicke erzeugten einen geradezu körperlichen Schmerz. «Blicke können nicht nur töten, sie können noch weit schlimmere Dinge als das», dachte Janine verzweifelt.

Talentiert

Nicht umsonst wurde der Thriller von Patricia Highsmith «Der talentierte Mr. Ripley» mit dem Edgar-Allan-Poe-Preis ausgezeichnet. Mir ist Mr. Ripley allerdings das erste Mal nicht in der Buchausgabe von 1955, sondern in dem Film mit Matt Damon und Gwyneth Paltrow begegnet: Der reiche Mr. Greenleaf möchte, dass sein Sohn Richard aus Italien nach Amerika zurückkommt und sein Geschäft übernimmt. Doch Richard hat kein Interesse daran, sondern genießt das Leben mit seiner schönen Freundin Marge am Strand. Schließlich beauftragt Mr. Greenleaf den charmanten, vertrauensvoll wirkenden Klavierstimmer und Gelegenheitspianisten Tom Ripley, seinen Sohn zur Rückkehr zu bewegen. Tom hat sich als guter Freund von Richard ausgegeben. Was Greenleaf nicht weiß: Tom kennt Richard nur flüchtig, will aber diesen Kontakt nutzen, um zu den gehobenen Kreisen Zugang zu finden.

In Italien angekommen, erschleicht sich Tom das Vertrauen von

Richard und dringt immer mehr in sein Leben ein. Er wird zu Richards ständigem Begleiter, unternimmt mit ihm Ausflüge nach Rom und Neapel und teilt sein aufwendiges und luxuriöses Leben. Mit der Zeit beginnt er all das zu begehren, was Richard besitzt – auch dessen Freundin. Tom entpuppt sich als skrupelloser Betrüger, der bereit ist, für seine Begierde nach einem Leben in Reichtum alles zu tun. Er will selbst ein «Richard» werden, dieselben Krawatten, Möbel, Schuhe und maßgeschneiderten Anzüge sein Eigen nennen. Anstatt Richard zu seinem Vater zurückzubringen, tötet er ihn mit einem Ruderschlag auf dem offenen Meer, lässt den Leichnam verschwinden und nimmt Richards Identität an: Er fälscht dessen Papiere, färbt sich die Haare, zieht in Richards Wohnung ein und kann schon nach kurzer Zeit sogar Richards Stimme perfekt imitieren. Tom genießt das Leben der High Society in vollen Zügen. Ohne genau zu wissen, warum, findet der Kinozuschauer Tom Ripley sympathisch, ja man hofft, dass er nicht geschnappt wird, obwohl er einen eiskalten Mord begangen hat. Ripley führt von nun an eine Doppelidentität: Richards Vater gegenüber spielt er den unscheinbaren Tom, der nicht genau weiß, wo Richard sich gerade aufhält. In den Hotels und Bars gibt er sich als Richard aus. Als das Doppelspiel aufgedeckt zu werden droht, inszeniert er den Selbstmord von Richard. Am Ende wird der talentierte Täuscher Ripley sogar von Greenleaf als Erbe eingesetzt und hat damit alle seine Ziele erreicht, ohne auch nur im Geringsten bestraft zu werden.

Müsste nicht zumindest am Ende des Films vor den betrügerischen und zerstörerischen Absichten des Mr. Ripley gewarnt werden, der das Vertrauen seiner Umwelt schamlos für seine eigenen Zwecke ausnutzt? Ist es also in Ordnung, seiner Begierde einfach nachzugeben, dafür sogar über Leichen zu gehen, weil man damit schließlich seine Ziele erreicht?

Achilles

Hinter der Begierde steht ein Wunsch, der sich unbedingt erfüllen muss – egal um welchen Preis. Davon erzählt auch der Mythos von Troja und der schönen Helena, die der Schriftsteller und Dichter Homer in der «Ilias» aufgeschrieben hat. Es begab sich ca. 1100 Jahre vor Christi Geburt, dass sich der junge Paris, Prinz von Troja, in die schöne Helena verliebte. Nun war sie aber nicht nur die schönste und begehrenswerteste Frau der damaligen Zeit, sondern auch die Ehefrau des Königs von Sparta, Menelaos. Die heimliche Liebelei der beiden wuchs stetig, und so entschlossen sie sich kurzerhand, Sparta zu verlassen und gemeinsam nach Troja zu fliehen. Menelaos ist darüber verständlicherweise nicht sehr erfreut und stellt mit Hilfe seines Bruders Agamemnon eine Armee von viertausend Griechen auf, die Troja angreifen und seine geliebte Helena zurückbringen soll. Einer der größten Krieger aller Zeiten ist auch dabei, Achilles. Er kämpft nicht für Macht, Geld oder die Rückkehr Helenas, sondern um seinen Ruf als großartiger Krieger auszubauen und zu festigen. Was für eine Zeit! Die Menschen waren emotionaler, als wir es uns heute vorstellen können. Die Gier eines Mannes nach einer Frau und die Gier der Krieger nach Ruhm und Ehre führten zu blutigen Schlachten, in denen unzählige Menschen starben oder verletzt wurden.

Wie die Geschichte weitergeht? Die Griechen ersinnen eine List: Sie bauen ein riesiges Pferd aus Holz, in dem sich die besten Krieger des Heeres verstecken, und stellen es vor die Stadtmauern. Die Trojaner halten es für ein Geschenk der Griechen und bringen es in die Stadt. Als es Nacht wird, klettern die versteckten Soldaten heraus, ermorden die Wachen und öffnen die Tore, sodass das Heer hereinkommen und die Stadt in einem Überraschungsangriff einnehmen kann. Damit ist der Krieg gewonnen: Troja wird zerstört. Und während im

Kino die Special Effects in uns leise Begeisterung auslösen, liegen in Troja 1100 Jahre vor Christus unzählige Menschen tot und erschlagen auf der Straße. Es war nicht nur Paris' Begierde nach Helena, die diesen Krieg auslöste, sondern auch die Gier Menelaos' nach Rache und die Gier Agamemnons nach Geld und Besitz. Und vor allem war es die Gier der Bewohner Trojas selbst, das Verlangen nach dem mysteriösen Geschenk der Spartaner, dem Trojanischen Pferd.

Du sollst nicht begehren

Die sechzehnjährige Sabine schreibt über das fünfte Gebot: «Ich finde, dieses Gebot ist eines der härtesten. Es gibt immer Leute, die mehr haben als ich. Ich weiß, dass wir viel haben, was andere auch gern hätten (zum Beispiel einen Pool), doch es gibt immer noch Menschen, die mehr haben als wir. Da ist es nicht einfach, nicht neidisch zu sein. Die Schere zwischen Arm und Reich klafft immer mehr auseinander. Gerade den Kindern und Jugendlichen fällt es schwer, sich zu freuen über das, was sie haben. Ich kann es verstehen, denn würde ich zu denen gehören, die nicht so viel Geld haben, wäre ich sicher auch neidisch auf die anderen. Für mich ist mein Äußeres sehr wichtig, und es wäre für mich nur schwer erträglich, Secondhandsachen zu tragen, auch wenn man es vielleicht nicht auf den ersten Blick sehen würde. Gerade in der Pubertät ist es meines Erachtens sehr schwer, nicht neidisch zu sein. Man kann ja leider auf alles Mögliche neidisch sein: den Freund der Freundin, auf ihre Klamotten, das Haus, das Auto, die Familie, die Haustiere, die Art, die Zensuren in der Schule oder später auf den Beruf. Doch ich denke, das war zu Jesu Zeiten genauso. Ich finde dieses Gebot schwer einhaltbar, ich breche es oft, obwohl ich weiß, dass ich mit dem, was ich habe, zufrieden sein sollte, zumindest mit dem Finanziellen! Denn mit meinen inneren Werten bin ich nicht immer zufrieden und neidisch auf andere.»

Nicht nur für Sabine und uns heute ist Begierde nach dem, was der andere hat, ein großes Thema. Wie wir an der Geschichte von Homer über die schöne Helena und den Trojanischen Krieg gesehen haben, waren sich die Menschen schon in der Antike der ungeheuren Stärke der Begierde bewusst und machten sie zum Gegenstand vieler Dramen und Theaterstücke.

Unser Begehren ist meist unlogisch und irrational. Es kann als Basis für die Verletzung aller anderen Gebote gesehen werden. Es geht dem Ehebruch, dem Lügen, dem Stehlen und auch dem Töten voraus, ist die treibende Kraft. Manchmal wünschen wir uns Dinge, von denen wir wissen, dass sie Ärger erzeugen und Unglück bringen. Trotzdem widerstehen wir diesen Wünschen nicht immer, können oder wollen es nicht – erinnern wir uns an die Geschichte von Kerstin und ihrer erfundenen Hochzeit. Dass wir alle unserer Begierde in der einen oder der anderen Form bisweilen erliegen, beweist nur, dass wir Menschen sind, unvollkommen und fehlerhaft. Dem Begehren selbst können wir also nur schwer entgehen, unsere Gefühle können wir nicht einfach ausschalten – aber die Taten, die dem Begehren folgen, können wir im Griff haben.

In diesem Zusammenhang ist es wichtig, zwischen den verschiedenen Formen des Begehrens zu unterscheiden. Das fünfte Gebot spricht nicht von einem unschuldigen Begehren, einem Wünschen oder Träumen. Ein gewisser Antrieb steckt in jedem von uns Menschen. Er ist auch wichtig, weil er dafür sorgt, dass wir uns Ziele stecken und versuchen, sie zu erreichen. Er sorgt dafür, dass wir Spaß am Leben haben und es genießen. Jeder von uns begehrt also. Aber wir selbst haben es in der Hand, unser Begehren zu kontrollieren und damit gewissenhaft umzugehen. Wir können uns dagegen entscheiden, dem Begehren nachzugehen. Hier setzt das fünfte Gebot an: Es fordert auf, jenes Begehren zu unterdrücken, das bereits den Entschluss beinhaltet, die eigenen Ziele auf Kosten anderer zu erreichen – so wie Mr. Ripley es tut.

Es sind aber nicht nur die Handlungen, die uns Menschen zu denen machen, die wir sind, auch unsere Gedanken und Motive beeinflussen unsere Seele, unser Selbst. Sobald das Begehren die Freiheit oder die Ehre eines anderen Menschen gefährdet wie im Fall von Janine, die wochenlang von einem Stalker verfolgt wird, muss es gestoppt werden. Denn wenn das Begehren so stark wird, dass es jeglichen guten Willen in uns zerstört, erzeugt es den Wahn, nur durch Gewalt und Unrecht zum Ziel zu kommen. Aber das ist der falsche Weg.

Goldene Regel

Von der Goldenen Regel haben wir schon in den vorhergehenden Kapi-teln gesprochen: «Alles, was ihr wollt, dass euch die Menschen tun, das tut auch ihr ihnen ebenso» (Matthäus 7, 12; Lukas 6, 31). Dieser Satz kann als Zusammenfassung der fünf Gebote der Menschlichkeit gelesen werden. Er steht deshalb auch hier, am Ende unserer Überlegungen zur rechten Tafel, denn er weist darauf hin, dass wir uns bei allem, was wir tun, daran orientieren sollten. Wir finden für die Goldene Regel sehr ähnliche Formulierungen auch in anderen Religionen: Im Judentum heißt es «Tue nicht anderen, was du nicht willst, dass sie dir tun» (Sabbat 31a). Der Islam schreibt: «Keiner von euch ist ein Gläubiger, solange er nicht seinem Bruder wünscht, was er sich selber wünscht» (40 Hadithe von an-Nawawi 13). Im Buddhismus steht: «Ein Zustand, der nicht angenehm oder erfreulich für mich ist, soll es auch nicht für ihn sein; und ein Zustand, der nicht angenehm oder erfreulich für mich ist, wie kann ich ihn einem anderen zumuten?» (Samyutta Nikaya V, 353.35 – 354.2). Und im Hinduismus: «Man sollte sich gegenüber anderen nicht in einer Weise benehmen, die für einen selbst unangenehm ist; das ist das Wesen der Moral» (Mahabharata XIII. 114.8).

Die Goldene Regel wird durch die fünf Gebote der rechten Tafel unterstützt, die ich als die fünf grundlegenden Werte der Freiheit bezeichnen möchte:

1. Setz dich ein für eine Kultur der Gewaltlosigkeit; oder: Nicht morden!
2. Setz dich ein für eine Kultur des Vertrauens; oder: Nicht stehlen!

3. Setz dich ein für eine Kultur der Aufrichtigkeit; oder: Nicht lügen!

4. Setz dich ein für eine Kultur der Partnerschaft; oder: Nicht ehebrechen!

5. Setz dich ein für eine Kultur der Anerkennung; oder: Nicht begehren!

6. Vergöttern
oder: Keine anderen

Mit der linken Tafel kommt Gott ins Spiel. Die Gebote, die auf der linken Tafel stehen, sind eng mit dem Namen Mose verbunden, der bis heute zu einer der berühmtesten Persönlichkeiten der Welt gehört – nicht zuletzt, weil er für die Freiheit von Menschen gekämpft hat. In den «Fünf Büchern Mose» der hebräischen und christlichen Bibel ist seine Geschichte aufgeschrieben, und auch im Islam wird er verehrt. Für alle drei Religionen gilt er als Begründer des Glaubens an den einen Gott, den Monotheismus. Deshalb lautet das erste Gebot auf der linken Tafel: «Du sollst keine anderen Götter neben mir haben.» In der Bibel ist es das wichtigste Gebot, da es alle anderen Regeln für das Zusammenleben deutet: Denn streift man den Ring des Gyges über den Finger, entzieht man sich der Verbindung zu Gott, hängt sein Herz an etwas anderes oder leugnet einfach, dass es einen Gott gibt, dem gegenüber man sich verantworten muss.

Mose

Wer war der Mann «Mose»? Folgen wir den Geschichten in der Bibel über ihn, dann beginnt seine Abenteuerreise um 1300 v. Chr. Damals lebt – so wird erzählt – ein Volk in Ägypten, das nicht zu den Ägyptern gehört, die Hebräer. Sie sind Ausländer, die ins Land gekommen sind, weil bei ihnen – nach einer langen Dürreperiode – eine Hungersnot herrscht.

In Ägypten indes ist ein deutlicher Wirtschaftsaufschwung zu

spüren, und die Hebräer sind willkommene Gastarbeiter, um die
ehrgeizigen Bauprojekte des Pharao, des Königs von Ägypten, um-
zusetzen. Allerdings müssen sie unter menschenunwürdigen Bedingungen arbeiten: In speziellen Unterkünften werden sie wie Sklaven
gehalten, die ägyptischen Aufseher haben sogar das Recht, sie zu
schlagen. Freie Tage kennen sie nicht, nur Arbeit. Wer nicht mehr arbeiten kann, weil er krank oder aus Altersgründen nicht mehr dazu
fähig ist, steht in Gefahr zu verarmen. Hinzu kommt, dass die Arbeit
auf den Großbaustellen sehr gefährlich ist, nicht selten sterben die
Arbeiter bei Unfällen.

Die Hebräer sind vollkommen abhängig von den Beamten des
Pharao, sie haben nicht dieselben Rechte wie die Ägypter: So dürfen
sie z. B. auch kein Land besitzen oder ein Haus bauen. Wird ihnen etwas gestohlen, gibt es kein Gericht, vor dem sie den Dieb hätten anklagen können. Die Frauen leiden unter sexuellen Übergriffen durch
ägyptische Männer, die ihre Rechtlosigkeit ausnutzen.

In diese Zeit hinein wird Mose geboren, so wird es erzählt. Sein
Name hat zwei Bedeutungen, eine hebräische und eine ägyptische:
Die hebräische lautet «aus dem Wasser gezogen» und die ägyptische
«Kind». Bereits bei seiner Geburt geht es um Leben und Tod: Damit
die Zahl der Hebräer im Land nicht zu groß wird, befiehlt der Pharao
von Zeit zu Zeit den Hebammen, die neugeborenen Jungen der Hebräer zu töten. Zwar braucht er billige Arbeitskräfte, aber er hat Angst,
dass sich die Hebräer wegen der schlechten Lebensbedingungen auf-
lehnen. Dieser grausamen Form von Geburtenkontrolle soll auch der
neugeborene Mose zum Opfer fallen. Aber seine Mutter Jochebed
und sein Vater Amram wollen ihn nicht verlieren und verstecken ihn.
Dann setzen sie ihn in einem Körbchen auf dem Nil aus, in der Hoffnung, dass ihn jemand findet und sich des Säuglings annimmt. Und
tatsächlich: Eine Ägypterin von hohem gesellschaftlichem Rang, vermutlich eine der zahlreichen Töchter des Pharao, entdeckt den Korb

mit dem Kind und zieht den Säugling aus dem Wasser. So bleibt er am Leben, wird von der Ägypterin adoptiert und am Königshof großgezogen. Er erhält seinen ägyptischen Namen und wird am Hof des Pharao ausgebildet.

Wer am Hof des Pharao aufwächst, der steht auf der gesellschaftlichen Leiter ganz oben. Zur Zeit des Mose ist der Pharao der alleinige Herrscher über das Land; von seinem Einfluss und seiner Macht zeugen heute noch die Pyramiden. Er ist oberster Richter und Heerführer in einer Person, zugleich aber auch oberster Priester, der bestimmt, an welche Götter sein Volk glauben soll. Als einziger Mensch darf er den Namen «Abbild der Götter» tragen, und wenn ein Pharao stirbt, wird er, so glauben es die Ägypter, selbst zu einem Gott.

Obwohl Mose am Hofe des Pharao ein gutes Leben führt, plagen ihn Zweifel. In seinem Herz spürt er, dass er kein Ägypter ist. Als er eines Tages einen brutalen ägyptischen Aufseher dabei beobachtet, wie er einen hebräischen Arbeiter aus Willkür halb totprügelt, wird Mose zornig, greift ein und erschlägt den Ägypter im Affekt. Dabei wird er beobachtet. Schnell verbreitet sich die Nachricht in der Stadt, und Mose muss fliehen. Seine Flucht führt ihn in das wüstenreiche Nachbarland Midean, einem Ort auf der Halbinsel Sinai. Auf seinem Weg wird er wieder Zeuge eines Übergriffs: Die Töchter des Priesters Jitro werden von Hirten belästigt. Mose bewahrt die Frauen vor der Gewalt der groben Männer. Als Dank erlaubt ihm Jitro, bei ihnen zu bleiben. Mose fängt ein neues Leben an, verliebt sich in Zippora, eine Tochter des Priesters, und heiratet sie. Mit ihr hat er zwei Kinder.

Von hier an hätte sein weiteres Leben einen normalen Verlauf nehmen können, aber es kommt zu einer folgenschweren Begegnung, die Moses Leben völlig verändern wird.

Ich bin, der ich bin

Die Jahre ziehen ins Land, Mose arbeitet für seinen Schwiegervater als Hirte. Eigentlich ist es ein Tag wie viele andere, als Mose wie so oft seine Tiere zum Berg Horeb treibt, an einen Ort, der noch heute als heilige Stätte verehrt wird. Dort sieht er plötzlich etwas Erstaunliches: einen brennenden Dornbusch, der seltsamerweise aber nicht verbrennt! Das muss sich Mose genauer ansehen. Plötzlich ertönt eine Stimme: «Mose! Mose!», und Mose begegnet einem Gott, der ganz anders zu sein scheint als die Götter der Ägypter. Es ist der Gott der Hebräer, «der Gott Abrahams, Isaaks und Jakobs», wie es später heißen wird. Aber worin unterscheidet sich dieser von den Göttern der Ägypter?

Die Ägypter verehren viele Götter, nicht nur einen, wie die Hebräer. Ihr oberster Gott ist die Sonne, sein Name ist Re. Er bringt das lebenswichtige Licht. Der Gott Osiris ist der Herrscher über die Totenwelt und trägt eine Krone mit Straußenfedern. Osiris sorgt für die Auferstehung der Toten und die Erneuerung der Pflanzenwelt; er ist verheiratet mit seiner Schwester Isis. Ihr Sohn, der falkenköpfige Horus, gilt als Schutzgott der Pharaonen. Horus' Bruder ist der Gott Anubis, der mit schwarzem Hundekopf dargestellt wird und als der Gott der Mumifizierung und der Toten gilt. Der Mondgott Thot ist oberster Richter unter den Göttern und der Erfinder der Schrift. Er trägt einen Mond auf dem Kopf und hat einen langen Schnabel, manchmal wird er auch mit einem Affenkopf dargestellt. Thoeris ist die Göttin der Fruchtbarkeit, der Geburt und der Kinder. Sie sieht aus wie ein Nilpferd, nicht gerade hübsch, eher zum Fürchten. Hathor dagegen ist die Göttin der Musik, der Freude und der Liebe. Sie wird mit einem Kuhkopf abgebildet. Gefährlich und grausam ist die Göttin des Krieges, die Löwengöttin Sachmet. Sie ist die Tochter des Gottes Re. Dies ist nur eine kleine Auswahl – es gibt noch unzählige weitere Götter, die alle für verschiedene Aufgaben zuständig sind.

Der Gott im Dornbusch ist da ganz anders. Er trägt einen geheimnisvollen Namen: JHWH. Vielleicht kann man diesen Namen am ehesten mit «Ich bin, der ich bin» oder mit: «Ich bin da» übersetzen. Doch man kann diesen Gott nicht sehen. Er zeigt sich Mose weder in der Gestalt eines Mannes noch in der einer Frau, er trägt auch keinen Tierkopf oder sonst ein Symbol der Macht. JHWH lässt sich nicht durch ein Bild festlegen, er scheint als Abbild unverfügbar zu sein. Doch er macht Mose einen folgenreichen Vorschlag: Geh zurück nach Ägypten, und befreie deine Leute. Ich möchte nicht, dass sie weiter als Arbeitssklaven schuften müssen, sie sollen frei sein. Und ich will ihnen ein Land zeigen, in dem Milch und Honig fließen.

In diesem Moment wird Mose zu einem «Propheten»: Er hat mit Gott gesprochen, einen Auftrag von ihm bekommen, er kann sich seiner Unterstützung sicher sein. Für Mose ist sofort klar: Er wird tun, was Gott ihm gesagt hat. Er wagt sich also zurück nach Ägypten, in dem Wissen, dass JHWH ihm den Rücken stärkt. Und das ist auch bitter notwendig, wenn er vor den mächtigsten Mann der damaligen Welt, den Pharao treten will. Als Mose ihm von dem Willen Gottes erzählt und ihn auffordert, die Hebräer ziehen zu lassen, weigert der sich. Er kenne keinen JHWH, und deshalb sei er ihm auch in keiner Weise verpflichtet. Ein Wort gibt das andere, aber der Pharao bleibt hart.

Jetzt spitzt sich das Geschehen dramatisch zu, und JHWH zeigt in den folgenden Wochen, dass er als Gott der Freiheit mächtiger ist als der Pharao mit seiner Götterwelt. Das Land wird von zehn Plagen heimgesucht, das Wasser ist ungenießbar, die Viehpest tötet viele Tiere, riesige Heuschreckenherden fallen über das Land her und fressen alles, was grün ist. Doch der Pharao ist immer noch nicht bereit, die Hebräer ziehen zu lassen. Erst der Tod ägyptischer Kinder lässt den Pharao für kurze Zeit seine Meinung ändern. Da packen die Hebräer ihre Sachen. Aber sie haben noch immer Angst. Und das mit Recht: Der Pharao ist wütend! Als sie sich entschließen zu fliehen, jagt er seine Soldaten hinter ihnen her, denen es tatsächlich gelingt, die Hebräer am Meer einzuholen.

Dann wird von einem Wunder erzählt. JHWH sagt zu Mose: «Strecke deinen Arm aus!» Mose tut es, und da teilt sich plötzlich das Meer. Die Hebräer können durch das Wasser gehen und sicher ans andere Ufer gelangen. Bevor die Soldaten des Pharao hinter ihnen herstürmen können, fließt das Wasser zurück. Die Sklaven sind frei! Doch durch das harte Herz des Pharao sind seine Soldaten in den zurückströmenden Fluten ertrunken.

Bund der Freiheit

Nun liegt eine beschwerliche Wanderung durch die Wüste vor Mose und den Hebräern. Sie sind froh, als sie nach Kadesch gelangen, damals eine Oase und ein Ort des Rechts. Hier trifft Mose seinen Schwiegervater Jitro, der ihn in Rechtsprechung unterweist: Sie soll zu einer festen Grundlage der Gruppe um Moses werden. Es soll bei den Hebräern kein «Oben» und kein «Unten» mehr geben; jeder soll die gleichen Rechte besitzen und damit auch die gleichen Pflichten.

Nachdem Jitro sich sicher ist, dass er Mose gut unterrichtet hat, kehrt er in seinen Heimatort zurück. Mose zieht indes mit seinen Leuten zum Berg Sinai weiter; dort schließt JHWH mit ihnen einen Bund: Die Zehn Gebote sind dafür die Grundlage. Sie beginnen mit einer Einleitung, die bis heute an die Flucht der Hebräer aus Ägypten erinnert: «Ich bin JHWH, dein Gott, der dich aus Ägypten, dem Sklavenhaus, geführt hat». Damit ist zugleich der Zweck der Gebote geklärt: Sie sollen dazu beitragen, dass die Menschen sich nicht mehr gegenseitig unterdrücken, sondern gemeinsam in einer Freiheit leben, in der der Einzelne, sein Leben, seine Familie und sein Besitz vor der Willkür eines anderen geschützt sind. Weil die Mose-Gruppe selbst die Erfahrung der Abhängigkeit gemacht hat, sind die Zehn Gebote grundlegende kostbare Werte der Freiheit, damit kein Mensch den anderen unmenschlich behandelt. Damit erlischt auch der alleinige Machtanspruch eines Herrschers wie des Pharao oder aller ihm folgenden Tyrannen. Kein Mensch hat mehr das Recht, sich wie ein Gott aufzuspielen. Kein Mensch hat mehr das Recht zu behaupten, er allein sei das «Ebenbild Gottes». Denn er habe, so sagt JHWH, jeden Einzelnen zum «Bild Gottes» geschaffen. Das heißt, dass sich auch die Mächtigen vor Gott und den Gesetzen verantworten müssen. Verstoßen sie gegen die Zehn Gebote, verlieren sie ihre Autorität.

Wer sind heute unsere Götter, an die wir uns halten und die uns dabei unsere Freiheit nehmen?

Woran du dein Herz hängst

Martin Luther, der deutsche Reformator, hat das Gebot «Du sollst keinen anderen Gott neben mir haben» eindrucksvoll ausgelegt. Er schreibt: «Woran du nun dein Herz hängst und worauf du dich verlässt, das ist eigentlich dein Gott». So kann zum Beispiel Geld oder Besitz zu einem Gott werden: Etwa, wenn jemand nur noch darauf achtet, sein Geld zu vermehren, wenn er damit prahlt und glaubt, dass Geld das Wichtigste im Leben ist. «Wer Geld und Gut hat», sagt Luther, «der wähnt sich sicher, ist fröhlich und unerschrocken, als sitze er mitten im Paradies; und wiederum, wer keins hat, der zweifelt und verzagt, als wisse er von keinem Gott. Denn man wird gar wenige finden, die guten Mutes sind, nicht trauern noch klagen, wenn sie den Mammon nicht haben; es klebt und hängt der Natur an bis ins Grab.»

Neben Geld kann aber auch die Abhängigkeit zu einem anderen

Menschen, das Eingenommensein von sich selbst, die Faszination von der Gewalt, die man über andere Menschen ausüben kann, zu einem «Gott» werden: Das Streben danach wird zum Mittelpunkt des Lebens. Alle Gedanken sind nur noch darauf ausgerichtet, beinahe fanatisch verfolgt derjenige sein Ziel. Luther schreibt dazu: «Also auch, wer trotzig darauf vertraut, dass er große Kunst, Klugheit, Gewalt, Gunst, Freundschaft und Ehre hat, der hat auch einen Gott, aber nicht diesen rechten einzigen Gott. Darum sage ich noch einmal, dass die rechte Auslegung dieses Gebotes sei, dass einen Gott haben heißt: etwas haben, worauf das Herz gänzlich vertraut.»

Die 17-jährige Laura hat ihre ganz eigenen Erfahrungen damit gemacht, wie es ist, wenn jemand sein Herz zu sehr an Geld und Menschen hängt, die einem nicht gut tun. Sie erzählt: «Ich habe einen richtig guten Freund, Sven, dem ich alles anvertrauen kann. Mit all meinen Problemen kann ich zu ihm kommen. Er hilft mir, wenn ich wieder einmal Stress zu Hause habe oder wenn die Lehrer mich mit schlechten Zensuren und langen Hausaufgaben quälen. Kurz gesagt, ist er einfach immer für mich da! Doch eines Tages änderte sich alles, denn ein neues Mädchen trat in sein Leben. Sven fand Caro von Anfang an toll und fragte mich natürlich, was ich über sie denke. Ich gab ihm gleich Kontra und machte ihm klar, dass ich nicht so viel von ihr halte, denn sie hatte nicht gerade den besten Ruf bei uns im Ort. Viele sagten, sie hätten schon schlechte Erfahrungen mit ihr gemacht, da sie es nur auf das Geld ihrer Freunde abgesehen habe. Aber Sven hatte dies nie glauben wollen. Sie trafen sich ein paar Mal, und nach zwei, drei Wochen Kennenlernphase war allen klar: Er stand total auf Caro. Sven vertraute ihr sofort. Das nutzte sie schamlos aus und ging mit ihm in der nächsten Woche in die Stadt zum Einkaufen, denn schließlich hatte sie noch keine Röcke für den Sommer! Sven bezahlte alles, denn schließlich, sagte Caro, hätte er ja durch seinen Job bei der Bundeswehr mehr Geld als sie.

Bei diesem einen Mal blieb es aber nicht, immer wieder brauchte sie die neuesten, schicksten Klamotten. Sven hatte so lange für ein neues Auto gespart, doch allmählich schrumpften seine Ersparnisse immer mehr. Caro kaufte auch keine normalen Sachen, nein, es mussten schon Markenklamotten wie Diesel oder Esprit sein. Sie kam sich überhaupt nicht blöd dabei vor, sich alles von ihm bezahlen zu lassen und ihn total zu vereinnahmen. Svens Familie wurde schon stutzig, denn er kapselte sich immer mehr von Familie und Freunden ab. Wenn man ihn darauf ansprach, stritt er alles ab und verteidigte Caro: Wir würden seine neue Freundin nur nicht mögen und seien ja nur neidisch, dass wir nicht so glücklich seien wie er. Ich ignorierte seine Beschuldigungen erst einmal, denn ich war mir sicher, spätestens wenn sein Konto ganz leer sein würde, müsste er ja mal aufwachen.

Nach einiger Zeit reichte es mir dann doch, jetzt war Sven nämlich meiner Meinung nach zu weit gegangen: Er hatte sämtliche Versicherungen gekündigt, nur um wieder neue bei Caro abzuschließen. Als ob man bei der Versicherungen abschließen könnte! Die steckte sich doch das Geld in die eigene Tasche. Jetzt hatte sie es endgültig zu weit getrieben. Ich passte Caro auf einer ihrer Einkaufstouren ab und stellte sie zur Rede. Sie gab alles sofort zu und schämte sich noch nicht einmal dafür.

Am nächsten Tag ging ich gleich zu Sven, um ihm von meinem Gespräch mit Caro zu erzählen. Ich war gespannt, ob er mir nun endlich glauben würde. Und tatsächlich: Er erkannte, dass Caro ihn nur ausnutzte und entschuldigte sich, dass er nicht gleich auf seine gute Freundin gehört hatte. Ich war natürlich glücklich, dass er es eingesehen hatte. Caro übrigens ließ sich nie wieder blicken – und das war auch besser so! Am nächsten Tag unternahmen Sven und ich endlich einmal wieder etwas zusammen, denn das hatten wir schon ewig nicht mehr gemacht. Ich bin wirklich froh, dass es ihn gibt.»

Gott ist rund?!

Natürlich kann man nicht nur für einen Menschen schwärmen, sondern für viele Dinge – dann ist man ein richtiger Fan. Das Wort «Fan» stammt vom Lateinischen «fanaticus». Es beschreibt einen Menschen, der von einer Sache oder einer Person total begeistert ist, sein Herz daran hängt und ihm nacheifert. Welche Auswirkungen es haben kann, wenn man sein Leben bedingungslos einer einzigen Sache weiht, soll die folgende Geschichte eines Fußballfans illustrieren. Alle Namen, die ich in ihr verwende, sind fiktiv.

Wer erinnert sich nicht an das erste Mal mit seinem Vater im Stadion? Das war es, wovon auch Stephan die ganze Zeit geträumt hatte. Die Abendsonne schien tief in die Arena. Die Stimmung war großartig. Es roch nach Bratwurst, Bier und jeder Menge guter Laune. Es war sein großer Tag. Das erste Mal war Stephan bei einem Fußballspiel seiner Lieblingsmannschaft live mit dabei. Alle waren sie gekommen, alle trugen sie die gleichen Schals ihrer Mannschaft. Viele hatten sich die Gesichter mit den Vereinsfarben bemalt, einige trugen Westen, auf die Wappen gestickt waren. Stephan sah Familienväter, die mit leuchtenden Augen und voller Erwartung auf ihren Stühlen saßen. Ein kleiner Junge fragte seinen Papa: «Wann geht es denn endlich los?» Doch sein Vater antwortete nicht, denn er konnte es selbst gar nicht erwarten, dass das Spiel endlich beginnen würde. Stephan schaute sich um und entdeckte eine Gruppe Jugendlicher. Sie waren etwas angetrunken, umarmten sich gegenseitig. Dann begannen sie zu hüpfen. Einer von ihnen, ein blonder großer Junge, riss seinen Arm mit dem Bierbecher in der Hand hoch und begann zu singen: «Matze, wir lieben dich …!» Stephan wusste sofort, wer gemeint war: Matusz Krautzik, Stürmer, Fußballgott und polnischer Nationalspieler, kräftig, groß und schnell. Er kannte ihn aus der Zeitung, aus Radioshows, aus dem Fernsehen und natürlich von den Fußballsammelkarten.

«Matusz Krautzik, 1,90 m groß, 82 kg schwer, dreimaliger Torschützenkönig der polnischen Liga», wiederholte Stephan im Gedächtnis die Angaben auf der Sammelkarte.

Der Pole war ein sympathischer Typ, sehr gesprächig, und mit seinem blonden Haar und dem markanten Kinn außerdem gut aussehend, was ihn vor allem bei den Frauen äußerst beliebt machte. Der Verein hatte Krautzik letzte Saison aus Krakau geholt. Und nun war er drauf und dran, auch in Deutschland Torschützenkönig zu werden.

Auf einmal roch es nach Rauch. Stephan drehte sich um und sah, dass sich ein Mann, der schräg hinter ihm saß, genüsslich eine Pfeife angesteckt hatte. Er trug einen Schnurrbart und eine Baskenmütze. Laut erzählte er von seinem stressigen Job und wie froh er sei, hier beim Fußball mal etwas ausspannen zu können.

Drei Plätze weiter unterhielten sich zwei Rentner darüber, dass die Fußballer heute viel zu viel Geld verdienen und angeblich nur noch Weicheier und keine richtige Kerle mehr in der Mannschaft seien. «Was hier für unterschiedliche Leute sitzen!», dachte sich Stephan. Aber alle wünschten sich dasselbe: dass ihr Verein auch nach diesem Spiel wieder als Sieger vom Platz gehen würde.

Gleich sollte die Partie gegen den Kontrahenten um den deutschen Meistertitel losgehen. Drei Stunden Fahrt hatte Stephan mit seinem Vater, der sich nun auch eine Vereinsmütze aufgesetzt hatte und neben ihm saß, auf sich genommen, um hier dabei zu sein. Dann auf einmal erhob sich das Publikum, die Menge brüllte. Tröten wurden geblasen. Man verstand kaum noch etwas. Aus den Lautsprechern erklangen die Vereinshymnen, «Echte Freunde …» und «Football's coming home». Dynamisch, aber konzentriert sprinteten nun die beiden Mannschaften aus der Kabine. Als Letzter betrat Krautzik den Platz. Stephan kannte sie alle. Das Mannschaftsposter hing zu Hause über seinem Bett. Die Aufstellung wurde verlesen. Der

Stadionsprecher las die Rückennummern mit den Vornamen vor, die
Zuschauer schrien die Nachnamen mit einer solchen Begeisterung
und Verehrung hinterher, dass Stephan eine Gänsehaut bekam. Ein
Fan rollte ein Plakat mit der Aufschrift ‹die Zeugen Krautziks› aus.

Es war eine hart umkämpfte Partie. Die Mannschaften schenk-
ten sich nichts. Und dann kam die 36. Minute. Konrad Felgenhauer
kriegte einen guten Pass, lief mit dem Ball am Fuß Richtung Eckfahne
und flankte. Die Zuschauer waren längst aufgestanden. Als der Ball
auf einmal im Netz zappelte, lagen sich alle in den Armen. Stephan
drückte seinen Vater so heftig, dass dem die Mütze vom Kopf fiel. Der
Stadionsprecher las den Torschützen vor. Es war wieder einmal Matusz Krautzik. Der Anwalt aus der Reihe hinter ihnen ballte strahlend
die Faust und sagte nur: «Hab ich doch gewusst. Der Pole spielt wie
ein junger Gott.»

Einen solchen Zusammenhalt, eine solche Identifikation und Begeisterung hatte Stephan noch nie erlebt. Würde er es auch einmal
schaffen, so berühmt zu werden wie der Fußballgott Matusz Krautzik,
fragte er sich damals.

Seit diesem ersten Stadionbesuch waren einige Jahre vergangen,
und Stephans Fußballleidenschaft war größer denn je. Seit sechs
Jahren spielte er mittlerweile Fußball im Verein seiner Heimatstadt.
Dreimal die Woche ging es zum Training. Laufen, Kraft- und Schuss-
übungen standen auf dem Programm. Sein Trainer war Herr Kohlmann, ein dicker Mann mit zufriedenem Gesicht. Er arbeitete eigentlich als Mathelehrer und kannte Stephan auch aus dem Unterricht.
Die beiden verstanden sich gut. Stets versuchte der Trainer auch die
schwächeren Spieler mit einzubeziehen. Es gab keine Außenseiter.
Einmal lud Herr Kohlmann alle zu sich nach Hause ein. «Kolly», so
nannten ihn alle, hatte damals schon gesagt, dass das Wichtigste am
Sport immer der Spaß sei und nicht der Erfolg. Dieser ganze Ruhm
sei doch nicht echt und eine vergängliche Geschichte.

Stephan entwickelte sich immer weiter, stand als Mannschaftskapitän auch häufig in der Zeitung. Für seine 17 Jahre war er weit gekommen. Auch die Mädchen in seiner Klasse wurden auf ihn aufmerksam, aber so richtig Zeit für eine Freundschaft hatte er nicht. Der Sport ging einfach vor.

An einem Nachmittag im März, als das Team von Herrn Kohlmann wieder trainierte, kam ein Mann auf Stephan zu. Er war vielleicht Ende zwanzig, hatte das Haar mit Gel zurückgekämmt und blickte mit euphorischen blauen Augen über das Trainingsgelände. Er stellte sich als Markus Renoschek vor. «Hast du mal einen Augenblick Zeit?», fragte er den überraschten Jungen und gab ihm die Hand. Sie gingen gemeinsam in das Vereinsgebäude. Herr Kohlmann unterbrach das Training und schritt ruhig hinterher. Er wusste schon, dass der engagierte Mann ein Spielervermittler war.

In einem langen und ernsten Gespräch am kleinen Tisch im Vereinsheim machte Herr Renoschek Stephan das einmalige Angebot, ab sofort für einen sehr erfolgreichen Club zu spielen, dessen erste Mannschaft in der Zweiten Liga spielte. Er kannte die Spieler aus den Fußballmagazinen.

Am Abend saß Markus Renoschek bei Stephans Eltern im Wohnzimmer. Er faltete einen Stadtplan und Prospekte aus. In diesem Sportinternat sollte Stephan wohnen, hier sollte er trainieren, da war der U-Bahnhof und dort ein gutes Restaurant. Stephans Vater verschüttete vor Aufregung eine Tasse Tee. Seine Mutter hatte Bedenken. Was sollte aus dem Abi werden? Es gebe doch Sachen, die wichtiger seien als Sport? Stephan hingegen war überglücklich. Jetzt hatte er die Chance, doch noch Profifußballer zu werden. Irgendwann würde er dann auch auf Matusz Krautzik treffen, seinen Fußballgott.

Als Herr Renoschek schon gegangen war, beriet sich die Familie noch lange. Stephan wollte das Angebot unbedingt annehmen, und auch sein Vater meinte, er solle es probieren. Die Mutter stimmte zu, weil sie die glänzenden Augen ihres Sohnes sah. Nach Ostern sollte es losgehen.

Mit einer kleinen Party verabschiedete sich Stephan von seinen Freunden. In der Schule waren sie traurig, einen guten Kumpel zu verlieren, und die Zeitung sah in ihm schon den künftigen Torschützenkönig der Zweiten Liga.

Stephans Mutter fing an zu weinen, als ihr Sohn mit gepackten Koffern an der Haustür stand. Sie winkte ihm noch lange hinterher, bis das Auto schließlich um die Straßenecke verschwand.

Stephan freute sich riesig, war aber auch etwas nervös. Gut, dass sein Vater ihn mit dem Auto brachte. Nach einer langen Fahrt kamen sie schließlich beim Sportinternat ‹Herrmannshöhe› an. Morgen würde das erste Training losgehen. Also beeilten sie sich mit dem Auspacken. In der ersten Nacht in seinem neuen, noch sehr sparsam eingerichteten Zimmer schlief Stephan sehr schlecht. Er war weg von zu Hause und kannte seine neuen Mannschaftskameraden noch nicht. Würden sie ihn akzeptieren? Ob die wohl besser spielen können als er?

Am nächsten Tag wurde er seiner neuen Klasse vorgestellt. «Wieder ein Fußballer», sagte die Klassenlehrerin schmunzelnd. Davon hatte sie ja schon einige. Stephan war hier nun einer von vielen, nichts Besonderes mehr. Er hatte das Gefühl, dass sie sich auch nicht groß wundern würde, wenn er bald wieder weg wäre.

In den Pausen drehte sich alles nur um Sport: Handball, Boxen, Fechten, Schwimmen und natürlich Fußball. Stephan stand mit einem Judoka auf dem Schulhof. Die Luft war noch kalt, und der kleine, kräftige Junge prahlte mit seinen Erfolgen, zeigte die Embleme auf seiner Jacke und zählte seine Titel auf. Ob er denn auch im Nationalkader sei, fragte er Stephan.

Irgendwie war das hier alles ganz anders als zu Hause – doch Stephan hatte kaum Zeit, sich darüber Gedanken zu machen; nach dem

Unterricht musste er schnell weiter, bloß das erste Training nicht verpassen. Auf dem Weg dorthin bekam er einen trockenen Mund und ein flaues Gefühl in der Magengegend. Stumm schaute er aus dem Busfenster. Alles schien so neu, so schnell, so groß. Würde er dem Druck gewachsen sein?

Stephan betrat das Trainingsgelände. Es war in mehrere Plätze aufgeteilt, hohe Zäune begrenzten sie. Ein langer Betonweg führte zur Umkleidekabine. Schon beim Umziehen wurde der Neue von den anderen kritisch beäugt, keiner ging aber auf ihn zu oder fragte ihn etwas. Der Mann, der an diesem verregneten Tag im April auf einem der gemähten Plätze stand und seine Mannschaft zum Training erwartete, kam Stephan bekannt vor. Es war Alfons Zinkelhuber. Vor dreiundzwanzig Jahren, erinnerte sich Stephan, sollte der zur Weltmeisterschaft fahren, zog sich aber kurz davor einen Wadenbeinbruch zu, von dem er sich nie erholte. Zinkelhuber galt schon als Spieler als extrem ehrgeizig, wollte werden wie die großen Stars, schaffte es aber nie. Trotz seines Alters sah er sportlich aus. Kräftige Schultern zeichneten sich unter der blauen Wetterjacke ab, die Hände waren groß, um den Hals baumelte eine Stoppuhr. Zinkelhuber hatte viele tiefe Falten auf der Stirn, die ihn, zusammen mit den buschigen Augenbrauen, sehr streng wirken ließen. Außerdem kniff er ständig die Augen zusammen und zog verächtlich die Mundwinkel herunter, wenn bei den Jungs mal etwas nicht auf Anhieb klappte.

Zinkelhuber begrüßte ihn knapp und begann dann gleich das Training. Erst musste sich die Truppe warmlaufen, dann trainierte sie Kraft und Ausdauer, schließlich übte sie schießen. Schnell merkte Stephan, dass er im Rückstand war. Die anderen waren in allem besser als er. Keuchend ließ er sich zwischendurch neben den Spielfeldrand fallen. Zinkelhuber schaute ihn abschätzig an. Nach dem Training kam ein Junge aus der Mannschaft zu ihm: «Ich dachte, du bist besser», sagte er nur und ging mit arrogantem Lächeln weiter.

Die nächsten Ligaspiele saß Stephan auf der Bank. Er musste anerkennen, dass seine Zeit noch nicht gekommen war und schaute
traurig zu. In seiner Mannschaft waren viele gute Fußballer, doch die
Stimmung war schlecht: Die Spieler redeten schlecht übereinander
und gönnten sich nichts. Zinkelhuber schürte die Konkurrenz zwischen den Jungen auch noch, indem er sie gegeneinander aufhetzte,
um sie noch leistungsbereiter zu machen.

Stephan dachte, wenn er sich beim nächsten Krafttraining so
richtig reinhängen würde, dürfte er auch endlich spielen. In der
Schule konnte er sich schon gar nicht mehr konzentrieren, so sehr
beschäftigte ihn seine Rolle in der Mannschaft.

Zinkelhuber startete die nächste Einheit gewohnt streng und sagte: «Jetzt trennt sich die Spreu vom Weizen.» Die Übungen mussten
in einer bestimmten Reihenfolge absolviert werden: erst Liegestütz,
dann Bankdrücken, Sit-ups und zum Schluss Klimmzüge. Stephan
ging als Dritter ins Rennen. Der Neue atmete tief durch, er konnte die
Blicke richtig fühlen, die einen Fehler von ihm erwarteten. Stephan
ging es viel zu schnell an, vor lauter Anstrengung bekam er einen
ganz roten Kopf, er war bereits nach kurzer Zeit völlig außer Atem,
und jeder Muskel tat ihm weh. Doch er trieb sich innerlich weiter an:
«Los, nun mach schon, nur keine Schwäche zeigen, nicht aufgeben,
jetzt nur noch die Klimmzüge!» Nach dem zehnten Klimmzug hatte
Stephan keinen Sauerstoff mehr, die Arme schmerzten, ihm wurde
schwindelig. Plötzlich brach er zusammen und übergab sich. «So
ein Mist! Was bist du denn für'n Weichei!», schrie Zinkelhuber. Zwei
Kameraden stützten Stephan aus der Turnhalle. Er musste erst mal
duschen. Allein stand er in der Kabine. In der Halle ging der Betrieb
weiter. Das Wasser war kalt, ihm war immer noch schlecht. Als er sich
abtrocknete, starrte er bestimmt zehn Minuten auf den Kachelfuß-
boden der Umkleidekabine.

Im Internatszimmer angekommen, warf er sich frustriert auf sein

Bett und dachte an zu Hause. Stephan schaltete das Radio ein. Mit Erschrecken hörte er, dass sein Fußballgott, der seit fünf Spielen nicht getroffen hatte, im letzten Spiel wegen einer Gehirnerschütterung ausgewechselt werden musste. Sein Verein stand nicht mehr an der Tabellenspitze. Ein anderer war vorbeigezogen. Der Radiosender machte eine Umfrage zu den schlechten Spielen der Mannschaft. Ein Mann sagte: «Den Polen soll man nicht so viel Geld geben. Die laufen sonst nicht mehr.» Entsetzt schaltete Stephan aus. War das alles nur ein Trugschluss? Dieser unglaubliche Zusammenhalt, die Stimmung und das Gefühl, Teil einer großen Fangemeinde zu sein, die Krautzik bewundert? Eben noch wurde sein Star gefeiert und jetzt einfach ausgebuht.

Stephan lag immer noch auf seinem Bett. Er sah nun die Fußballkarten, die Poster und Schals mit ganz anderen Augen und beschloss, wieder in seine Heimatstadt zurückzukehren.

Wenn man nur nach seiner Leistung und dem Profit für den Verein beurteilt wird, dann ist man doch kein Mensch mehr, dachte Stephan. Bist du gut, wirst du angehimmelt, bringst du keine Leistung, wirst du fallengelassen. Der Fußball bekam bei Zinkelhuber etwas Absolutes. Konkurrenz, Durchsetzungsvermögen und Leistung waren für ihn das Wichtigste im Leben. Stephan hatte keine Lust mehr, sein ganzes Leben daran zu hängen, ein Fußballstar zu werden. Er sehnte sich nach seiner alten Mannschaft zurück. Eine Mannschaft, die Spaß am Spielen hat, in der es auch Freundschaften gab, egal, ob du auf der Ersatzbank sitzt oder der Torkönig bist. Er erinnerte sich erst jetzt, wie Menschen an ihrem Personenkult zerbrochen sind. Jan Simak, der Stürmer von Hannover 96, oder der Nationalspieler Sebastian Deissler mussten ihre Karriere unter anderem wegen psychischer Probleme beenden.

«Woran du dein Herz hängst, das ist dein Gott!» Es gibt Menschen, für die ist der Fußball ihr Ein und Alles. Fußball kann religiöse Züge tragen, wenn er zum Lebensmittelpunkt wird: Das Stadion wird zum Versammlungsort wie eine Kirche, in der Gemeinschaft der Gleichgesinnten fühlt man sich zu Hause und angenommen. Das Spiel mit dem Ball setzt unglaubliche Emotionen frei: Ehrfurcht, Tränen, Freudensprünge. Hier darf man den Gefühlen freien Lauf lassen. Wildfremde Menschen umarmen sich gegenseitig, sie alle sind Mitglied derselben Fangemeinde. Die Spieler werden verehrt wie Heilige, die Fangesänge kommen Kirchenliedern gleich, manchmal sind sie Gebete. Gewinnt die eigene Mannschaft, fühlt es sich an wie der Himmel auf Erden. Fußballgötter werden geboren, und nach einiger Zeit sterben sie wieder, um neuen Idolen Platz zu machen. In die Schalke-Arena wurde eine Kapelle eingebaut. Beten für den Fußball oder für die Fußballer und ihre Fans? Eine Hochzeit in blau-weiß?

Aber es gibt auch Fußballer, die den Fußballkult nicht so wichtig nehmen. Die es ablehnen, über alle Maßen verehrt zu werden, zum Beispiel Mehmet Scholl. Es gibt auch Fußballer wie Gerald Asamoah, Cacau, Lucio, Giovanne Elber, Du-Ri Cha und Ze' Roberto, die sich öffentlich zu ihrem Glauben an Gott bekennen. Der Glaube an Gott ist ihnen wichtiger als ihre Karriere. Cacau hat nach seinem ersten Tor sein Vereinstrikot hochgezogen und darunter sein Jesus-T-Shirt gezeigt: «Jesus liebt dich!» Die FIFA war davon nicht begeistert, und ihm wurde schließlich untersagt, dies wieder zu tun. Dennoch: Cacau hatte gezeigt, dass es für ihn etwas Wichtigeres gibt als seinen Verein. Ähnlich wie Du-Ri Cha, der in einem Interview äußerte: «Ich danke Gott für das Tor und dafür, dass sich so viele mit mir freuen.»

Wissenschaft

Das erste Gebot geht von der Existenz (!) Gottes aus. Doch in den letzten zwei Jahrhunderten ist gerade in Deutschland durch die Philosophen Feuerbach, Nietzsche und Marx und den Psychologen Freud die Existenz Gottes in Frage gestellt worden. Das mechanistische Weltbild des 19. Jahrhunderts schien keinen Platz mehr zu lassen für einen Gott, der das Universum geschaffen hat und die Entwicklung des Kosmos begleitet. So stellt sich heute vielen die Frage: Ist es heute in einem aufgeklärten Deutschland überhaupt noch möglich, an Gott zu glauben? Ja! Auch als Wissenschaftler? Unbedingt! Denn Wissenschaft hat immer mit Staunen zu tun, mit Dankbarkeit, mit Empfänglichkeit für das Schöne. Und es waren überwiegend religiös überzeugte Wissenschaftler wie Nikolaus Kopernikus, Johannes Kepler, Gottfried Wilhelm von Leibniz, Immanuel Kant, Charles Darwin, Albert Einstein, Max Planck und Werner Heisenberg, denen wir unser heutiges Weltbild verdanken, auch wenn die Kirche als Institution nicht immer von den Ergebnissen dieser Wissenschaftler begeistert war.

Albert Einstein war einer der bedeutendsten Wissenschaftler des 20. Jahrhunderts und zugleich ein tief religiöser Mensch. Er war fasziniert von den Gesetzmäßigkeiten der Natur, die er entdeckt hat, von ihrer mathematischen Schönheit und Harmonie. Für ihn war klar, dass sich hinter diesen wunderbaren Strukturen des Universums eine Vernunft verbirgt. Einstein glaubte an Gott. Er betrachtete seinen Glauben an Gott als die «edelste Triebfeder wissenschaftlicher Forschung», «als kosmische Religiosität» und hatte wenig Verständnis für Wissenschaftler, die die Eleganz der Mathematik und die zugleich komplexen und großartig einfachen Gesetze der Naturwissenschaft für zufällige Erscheinungen hielten. Ihnen entgegnete er: «Wissenschaft ohne Religion ist lahm, Religion ohne Wissenschaft blind.» Einstein hat die Wissenschaft der Physik revolutioniert. Vor ihm waren «Raum» und «Zeit» feststehende Größen und unveränderbar. Vor ihm war Geschwindigkeit unendlich steigerbar. Einstein aber definierte die Lichtgeschwindigkeit als die absolute Geschwindigkeit. Raum und Zeit wurden veränderbare Größen, die voneinander und von der Geschwindigkeit, von Masse und Schwerkraft abhängig wurden. Einstein machte auch Aussagen über Gott, die er von seinen wissenschaftlichen Erkenntnissen ableitete: Seine Aussage «Gott würfelt nicht» bedeutet zum Beispiel, dass dem Universum eine vernünftige Ordnung zugrunde liegt, die der Mensch auch erkennen kann. Mit dem Satz «Gott trägt sein Herz nicht auf der Zunge» wollte Einstein zum Ausdruck bringen, dass Gott zwar da, jedoch innerhalb dieser Ordnung nicht immer klar erkennbar ist.

Einstein ist zeit seines Lebens ein Mensch geblieben, der staunen konnte; ja, er stellte das Staunen sogar ins Zentrum seines naturwissenschaftlichen Denkens. Für die Einsicht, dass es sogar in der Physik logische Widersprüche gibt, die man nicht auflösen kann, bekam Einstein den Nobelpreis verliehen: Er erkannte, dass sich die Eigenschaften von Licht nur erklären lassen, wenn man akzeptiert, dass Licht sowohl aus Teilchen als auch aus Wellen besteht. «Das Schönste, was wir erleben können, ist das Geheimnisvolle. Es ist das Grundgefühl, das an der Wiege von wahrer Wissenschaft und Kunst steht. Wer es nicht kennt und sich nicht mehr wundern, nicht mehr staunen kann, der ist sozusagen tot, und sein Auge ist erloschen.»

Auch von philosophischer Seite wird die Gegenwart Gottes mit großem Ernst vertreten. Der Münchner Philosophieprofessor Robert Spaemann wird zu den herausragenden Philosophen unserer Zeit gerechnet. Er kommentiert das Thema Religion und Wissenschaft mit den Worten des Dichters Gottfried Benn: «Ich habe mich oft gefragt und keine Antwort gefunden, woher das Sanfte und das Gute kommt, weiß es auch jetzt noch nicht und muss nun gehen.»

Spaemann erzählt dazu eine persönliche Geschichte: «Was irgendwelche Diebe in Italien neulich veranlasste, mir mein Portemonnaie mit allen Papieren zu stehlen, ist leicht erklärbar. Aber wieso kaufte mir ein italienischer Pilot, der mich am Flughafen ratlos sah, für 390 Euro ein neues Flugticket – ohne mich zu kennen – mit der Bemerkung: ‹Sie werden es mir schon wiederschicken.› Woher die grundlose Freundlichkeit?»

Spaemann beschäftigt die grundlose Freundlichkeit eines Menschen, und die Erfahrung des Schönen und der Freude am Leben. Er fragt: «Woher kommt das Schöne, das uns überwältigt, obwohl es uns nichts nützt? Woher stammt all das, was allen Nutzen übersteigt?» Die Antwort findet er im ersten Satz der Bibel: «Im Anfang schuf Gott den Himmel und die Erde.» Denn wer an Gott als den Schöpfer glaubt, sieht in dem Schönen, dem Sanften und dem Guten den Grund, warum die Welt existiert. Die Welt hat einen tiefen Sinn, das Leben ist ein Geschenk. Wer den ersten Satz der Bibel nicht glauben kann, der muss sich damit abfinden, dass sein Leben völlig zufällig entstanden ist. Er wird keinen Sinn im Leben vorfinden, er muss sich seinen Sinn für die Zeit seines Daseins selbst erfinden. Wer dem Satz glaubt, der sieht im Schönen und in jeder selbstlosen Freude eine Spur des Anfangs. Der erste Satz der Bibel sagt, dass das Gute grundlegender und mächtiger ist als das Böse. Dass Unsinn Sinn voraussetzt. Spaemann, der Philosoph, sieht im Leben etwas zutiefst Sinnvolles und Geordnetes. Er vergleicht die Gegenwart Gottes mit einem Filmprojektor: «Wenn wir uns das Weltgeschehen wie einen Film vorstellen, dann wäre Gott nicht das erste Bild des Films, sondern der Projektor. Der Projektor kommt im Film nicht vor, aber ohne dessen Licht würde der ganze Film sofort verschwinden.»

Auch von Seiten der Mathematik gibt es Hinweise auf Gott. So schreibt z. B. Günter Ewald, Professor für Mathematik, in seinem Buch «Gibt es ein Jenseits?», wie in den letzten Jahrzehnten das Gespräch zwischen Naturwissenschaft und Religion immer dichter und fruchtbarer wurde. Ewald erläutert, dass die Geschwindigkeit der Ausdehnung des Universums nach dem Urknall für die spätere Entstehung des Lebens von grundsätzlicher Bedeutung war. Wäre sie eine Sekunde nach dem Urknall nur ein Billionstel geringer gewesen als sie war, gäbe es heute kein Universum mehr, das Weltall wäre schon nach 50 Millionen Jahren wieder in sich zusammengefallen. Umgekehrt wäre es bei einer zu schnellen Ausdehnung des Weltalls überhaupt nicht zur Bildung von Galaxien gekommen. Sollte es wirklich nur ein Zufall gewesen sein, dass genau die «richtige» Ausdehnung stattgefunden hat, sodass die Welt heute noch existiert?

In diesem Zusammenhang erläutert der englische Professor für mathematische Physik Sir John Polkinghorne: Hätte die Temperatur im Urknall nicht genau 1032 Kelvin betragen und wäre die Dichte nur gering abgewichen, wäre kein Universum entstanden. Die physikalischen, chemischen und biologischen Grundlagen des menschlichen Daseins wären ausgeblieben. «Wir leben in einer Welt», sagt Polkinghorne, «deren Existenz man entweder durch einen außerordentlichen Zufall erklären kann oder durch einen Schöpfungsakt». Polkinghorne selbst hält die Existenz Gottes als Begründung für die zielgerichtete Hervorbringung von Leben für rational (!) befriedigender als den sinnlosen Zufall.

Beide, Wissenschaft und Glaube, müssen sich allerdings der Grenzen bewusst sein, die ihnen der menschliche Verstand setzt. Dr. Ernst Peter Fischer, Professor für Wissenschaftsgeschichte an der Uni Konstanz verweist in seinem Buch «Die Andere Bildung» auf die Grenzen der naturwissenschaftlichen Erkenntnisse: Im 20. Jahrhundert wurden die Physiker «zu der Einsicht gezwungen, dass es Fragen gibt, die ohne Antwort bleiben – die Frage nach der Natur des Lichtes zum Beispiel oder die Frage nach dem Ort, den ein Elektron einnimmt. So seltsam es auch klingt, aber selbst die Welt der Zahlen steckt voll von

Unbeweisbarkeiten, wie man es sich zum Ende des 19. Jahrhunderts nicht hat träumen lassen […] Die Natur enthüllt den Forschern schon länger keine Wahrheiten mehr, sondern Erzählungen.»

Die Aussage mancher Menschen: «Ich glaube nicht an Gott, ich glaube an den Urknall» ist näher betrachtet eine unlogische Vermischung von Wissenschaft und Religion. Die «Urknalltheorie» entspricht dem derzeitigen naturwissenschaftlichen Weltbild. Sie macht keine Aussagen darüber, ob es einen Schöpfer gibt, der «es hat knallen lassen», oder ob es zufällig «geknallt» hat. Hier wird die Wissenschaft selbst zur obersten Instanz gemacht, die dem Leben Sinn geben soll (und es doch nicht kann).

Genauso unlogisch ist aber auch die umgekehrte Variante: «Ich glaube nicht an die Evolution, ich glaube an Gott.» Denn das durchaus wissenschaftliche Weltbild der Bibel entspricht dem wissenschaftlichen Weltbild der Antike. Mittlerweile hat es mehrere Paradigmenwechsel gegeben, also wissenschaftliche Revolutionen, die neue Weltmodelle hervorbrachten. Die Lehre von der Evolution und die Urknalltheorie entsprechen unseren heutigen Erklärungsmodellen der Entstehung des Universums, in der Zukunft wird es vielleicht andere geben. Das heißt, dass es unserem heutigen wissenschaftlichen Verständnis entspricht, dass es den Urknall gegeben hat und dass Pflanzen, Tiere und auch Menschen durch Evolution entstanden sind. Völlig ungeklärt ist in unserem Zusammenhang aber die Frage, ob Urknall und Evolution zufällig stattgefunden haben oder von einer schöpferischen Kraft angestoßen worden sind und begleitet werden.

Die Wissenschaft erkennt zunehmend die Grenzen dessen, was messbar ist. Der Glaube an Gott wird sich immer wieder der Herausforderung stellen, in sich wandelnden wissenschaftlichen Weltbildern die Gegenwart Gottes verständlich zu machen.

Es ist aber nicht gleichgültig, ob wir an Gott glauben oder nicht, das können wir vom Philosophen Spaemann lernen. Je nachdem, wie

ich die Frage nach Gott für mich beantworte, verstehe ich mich als
ein Zufallsprodukt, das sich selbst Werte und seinen Sinn geben muss,
oder als Geschöpf, von Gott mit Hilfe der Evolution hervorgebracht
und gewollt. Wissenschaft und Religion sind keine Gegensätze mehr,
sie ergänzen sich und suchen verstärkt den Austausch.

Nichts ist absolut – außer Gott

Was diese Geschichten zeigen sollen – die Erzählung von Mose und
dem Pharao, die von Laura und ihrem Freund Sven, die von Stephan
und seinem Star Matusz Krautzik, die Diskussionen darum, ob Gott
die Welt erschaffen hat oder der Zufall – ist, dass der Ring des Gyges
immer dort zum Einsatz kommt, wo jemand oder etwas zum Ab-
soluten, allein glücklich Machenden, einzig Richtigen erhoben wird.
Das kann in der Wissenschaft als Verabsolutierung einer Theorie geschehen, aber auch in der Politik bei Herrschern wie dem Pharao, bei
der Verehrung eines Stars oder auch bei der Verabsolutierung einer
Religion. Deshalb lautet das erste Gebot «Du sollst keine anderen
Götter neben mir haben».

Das wirkt zunächst wie ein Widerspruch. Indem Gott sagt: Ich bin
dein Gott, verhindert er, dass wir uns an etwas anderes binden, er
setzt sich selbst absolut. Er hat den Anspruch, dass das Herz des Menschen ihm gehört. Das aber ermöglicht – nach biblischem Verständnis
– dem Menschen gerade die größtmögliche Freiheit in der Welt. Was
es bedeutet, dieses Gebot anzuerkennen, umschreibt Paulus im Neu-
en Testament: «Alles ist mir erlaubt, aber es soll mich nichts gefangen
nehmen!» Wir sind frei, und wir können nicht mehr besessen werden,
weil wir an einem Punkt schon gebunden sind. Freiheit besteht nicht
darin, im luftleeren Raum zu schweben, sondern in einer Verbindung

zu stehen – zu Gott. Der Glaube an ihn verleiht mir Sicherheit, weil ich weiß, dass Gott zu mir eine Beziehung hat.

So nah sich Gott und Mensch auch kommen mögen, Gott wahrt sein «Geheimnis» und seine eigene Freiheit. Deshalb achtet er auch genau darauf, dass man sich kein Bild von ihm macht. Denn Bilder engen die Freiheit ein, sie versuchen, etwas festzulegen. Doch der Gott des Mose will sich nicht festlegen lassen: Ich bin da!, aber: Ich bin, der *ich* bin …

7. Täuschen
oder: Kein Bildnis

«Was wir über unsere Gesellschaft, ja über die Welt, in der wir leben, wis-sen, wissen wir durch die Massenmedien», schreibt Niklas Luhmann in seinem Buch über «Die Realität der Massenmedien». Die bewegten Bilder sind überall. Ständig werden wir mit ihnen konfrontiert, ob im Fernsehen, im Internet oder auf dem Handy. Schließen wir die Augen, sehen wir die Bilder, die bei uns hängengeblieben sind – wir denken in Bildern. Die Sprache der Bilder ist international. Bilder haben eine suggestive Kraft, sie haben z. B. die Macht, aus dem Schüler Bill Kaulitz einen Star zu machen, der mit der Band «Tokio Hotel» die Charts stürmt; Bilder prägen unsere Auffassung von den Ereignissen der Geschichte, zum Beispiel dem Terroranschlag des 11. Septembers 2001 in New York, bei dem zwei Flugzeuge von Attentätern in die Türme des World Trade Center gelenkt wurden. Bilder erzählen uns von Ereignissen in Teilen der Welt, die wir niemals selbst zu Gesicht bekommen werden, wie den Regenwald oder Afrika.

In fast jeder Wohnung stehen heute mehrere Fernseher, die Handys lassen uns die Bilderwelten am Körper tragen, und große Werbeplakate buhlen um unsere Aufmerksamkeit. Dabei ist die Fotografie kaum 200 Jahre alt. Von dem Moment an, als die ersten Fotos veröffentlicht wurden, traute man ihnen zu, die Realität zu beschreiben. Das Foto wurde zum Zeugen, zum Beweisstück einer Trauung, eines Unglücks oder einer Reise. Es veränderte die Zeitungen und Zeitschriften. Die Menschen fingen an, die Zeitungen wegen der Bilder zu kaufen. Dem Bild vertraute man mehr als dem Text: Es ist ein Foto, also muss das Abgebildete wahr sein. «Bilder lügen nicht!» Aber sagen sie deshalb immer auch die Wahrheit?

Wag the Dog

Wie die Medien politische Entscheidungen manipulieren können,
veranschaulicht der Roman «American Hero» des Autors Larry Beinhart, der 1993 veröffentlicht wurde. Das Buch von Beinhart wurde mit
bekannten Schauspielern wie Dustin Hoffman und Robert De Niro als
Komödie verfilmt und kam 1997 ins Kino. «Wag the Dog», zu deutsch:
«Wenn der Schwanz mit dem Hund wedelt!», führt vor Augen, dass
es nur ein Filmstudio braucht, um eine ganze Nation zu täuschen.
Die Story: Die Wahlen stehen kurz bevor, und der amerikanische Präsident fürchtet um Wählerstimmen, da er eine minderjährige Schüle-
rin belästigt hat. Die einzige Möglichkeit, den Skandal zu vertuschen,
sieht der Präsident darin, einen Krieg anzuzetteln. In den Nachrichten
wird nun verbreitet, dass die USA gegen Albanien in den Krieg ziehen
würden. Die engste Beraterin des Präsidenten inszeniert zusammen
mit einem Medienberater und einem Regisseur – im wahrsten Sin-
ne des Wortes – einen digitalen Krieg: Sie zeigen brennende Städte,
flüchtende Frauen, tote Kinder, kurz, ein Kriegsgeschehen, das es in
Wirklichkeit gar nicht gibt und mit Schauspielern nachgestellt wird.
Täglich werden neue Schreckensmeldungen und -bilder über die
Fernsehbildschirme verbreitet. Was zählt der sexuelle Fehltritt eines
Präsidenten, wenn das Land einen Krieg führen muss?

Robert De Niro verkörpert Conrad Brean, den Medienberater
und Mann fürs Grobe, der die Idee hat, auf einer Pressekonferenz
die Kriegserklärung gegen Albanien zu verkünden und sofort wieder
zu dementieren. Dustin Hoffman spielt den Hollywoodregisseur, der
den Auftrag hat, die Aufmerksamkeit der Menschen vom Skandal im
Weißen Haus durch seine Bilder abzulenken. Die Zuschauer sollen
davon abgelenkt werden, was wirklich passiert. Es ist faszinierend,
wie real die virtuelle Inszenierung des Krieges in diesem Film wirkt,
wie machtvoll die Medien auf politische Entscheidungen Einfluss

nehmen können. Besonders brisant war der Film, weil er in die Kinos kam, als Bill Clinton Präsident in Amerika war. Clinton wurde 1998 beschuldigt, die Praktikantin Monika Lewinsky sexuell belästigt zu haben. Während der ersten Anhörung zu der Affäre wurde der Irak bombardiert. Ein Ablenkungsmanöver?

Menschen beschäftigen sich mit der Macht der Bilder, seit es Bilder gibt. Schon im alten Ägypten und in Rom ließen die Pharaonen und römischen Kaiser Steinskulpturen mit ihrem Bildnis aufstellen und sich als Götter verehren. Die Bilder standen an den Straßenkreuzungen und waren mehrere Meter hoch. Ihre Kraft wurde früh erkannt und eingesetzt: die Bilder und Statuen anderer Herrscher wurden zerstört, in der Hoffnung, sie so aus dem Gedächtnis der Menschen zu verbannen. Dafür gibt es ein prominentes Beispiel aus dem alten Ägypten: Die Nachfolger des Pharaos Echnaton ließen seinen Namen und sein Bild mit dem Namen und dem Bild seiner Gattin Nofretete nachträglich auslöschen, indem sie die Bilder, Statuen und Schriftzeichen, die ihren Namen beschrieben, zerstörten. Deshalb wissen wir nur wenig über die Zeit in Ägypten, in der nur ein Gott verehrt wurde, der Gott Aton. Sein Symbol war die Sonnenscheibe. Zum Glück ist die Büste der Nofretete gefunden worden und sind einige Wandmalereien erhalten, sodass wir heute wissen, dass die beiden gelebt haben und – wie Mose für Israel – als Begründer des Glaubens an eine einzige Gottheit in Ägypten gelten.

Bis heute setzen Politiker auf die Wirkung überlebensgroßer Abbildungen, um ihre Herrschaft zu festigen und von ihrer Größe zu zeugen. Auch die beiden größten Diktatoren des 20. Jahrhunderts, Adolf Hitler und Josef Stalin, nutzten die Macht der Bilder. In jedem Haus hatte ein Bild des «Führers» zu hängen, und die großen Statuen von Stalin sollten den Menschen seinen Einfluss und seine Stärke verdeutlichen.

Der Glaube an die Bilder verleitet dazu, Bilder zu benutzen, um bestimmte Ziele zu erreichen. Dafür werden sie manipuliert. Bei Bewerbungsfotos ist es inzwischen selbstverständlich, dass die Bilder verschönert werden, um sich selbst auch optisch in bestem Licht darzustellen: Das Licht bei der Aufnahme spielt eine Rolle, abgekaute Fingernägel, unschöne Pickel, eine wirre Haarsträhne oder ein störender Hintergrund werden einfach wegretuschiert. Auch wichtige Familienfotos wie Hochzeitsbilder werden inszeniert, damit sie gut aussehen. Wer darf auf dem Foto drauf sein? Manchmal ist es Absicht, dass jemand nicht mit abgebildet wird. Manchmal ist es nur Zufall. So oder so: Wer später die Bilder sieht, muss davon ausgehen, dass derjenige gar nicht anwesend gewesen ist.

Noch deutlicher wird die Manipulation von Bildern bei den schönen Models auf den Titelbildern der Modezeitschriften: sowieso vorteilhaft geschminkt, wird dann noch die Hautfarbe positiv verändert, Falten oder Rötungen werden entfernt, die Haarfarbe wird aufgehellt oder nachgedunkelt, klarere Kontraste bei den Kleidungsstücken herbeigeführt, die Beine noch schlanker gemacht, das kleine Doppelkinn etwas wegretuschiert … Möglichkeiten gibt es viele. Fatal ist nur, dass viele junge Menschen davon ausgehen, die Models, Schauspieler und Stars sähen in Wirklichkeit so aus – und deswegen ganz unglücklich über ihr eigenes Aussehen werden.

Doch wer die Möglichkeiten kennt, Bilder nachträglich technisch zu manipulieren, wird auch Bildern gegenüber skeptisch: In dem Spielfilm «Forrest Gump» sehen wir, wie der Schauspieler Tom Hanks dem amerikanischen Präsidenten John F. Kennedy die Hand schüttelt; sie sprechen sogar einige Sätze miteinander. Doch John F. Kennedy ist bereits vor vielen Jahren gestorben, allein der Computer macht es möglich, dass Hanks und Kennedy sich begegnen. Die Täuschung fällt dem Betrachter nicht auf. Nur wer einmal die Originaldokumente gesehen hat und sich ein wenig mit Geschichte auskennt, merkt, dass da etwas nicht stimmen kann.

Manche haben die Bildmanipulation sogar zu ihrem Hobby gemacht: Auf der Internetseite www.worth1000.com trifft sich die Fangemeinde der Täuschung. Hier findet man z. B. ein Foto, auf dem sich ein junger Mann mit einem Pilzkopf einfach zwischen die Beatles eingefügt hat. Und es sieht echt aus.

Heute ist es kein Problem mehr, das eigene Bild in historische Aufnahmen zu montieren – oder aber auch mit Hilfe von Fotomontagen völlig neue Bilder zu schaffen. Ein bekanntes Beispiel dafür sind die Titelbilder auf Illustrierten wie «Das neue Blatt», «Frau mit Herz» und «Die Aktuelle» im Jahr 1992. Prinzessin Stephanie von Monaco erwartete ein Kind, aber die Schwangerschaft zog sich hin. Weil die Illustrierten unbedingt Stephanie mit ihrem Neugeborenen zeigen wollten, manipulierten sie ein Foto von ihr kurzerhand so, dass sie ihr ein Baby in den Arm legten, das je nach Zeitschrift dunkle oder blonde Haare hatte. Stephanie hatte jedoch noch gar nicht entbunden! Als eine der Frauenzeitschriften mit diesem gefälschten Foto erschien, zogen die anderen nach: Die Leserinnen, so behaupteten die Verantwortlichen, warteten auf das Bild der glücklichen Mutter – und sie bekamen es, um den Verkauf der Illustrierten zu steigern, unabhängig davon, ob es den Tatsachen entsprach oder nicht.

Die digitale Bearbeitung ist in den Bildredaktionen der Zeitungen und Zeitschriften auch heute noch üblich, wenn auch der Fall Stephanie schon ein sehr unverschämtes Beispiel ist. Dennoch: Bilder werden gedreht oder seitenverkehrt dargestellt, Personen näher zueinandergerückt oder weiter voneinander weggestellt, um die gewünschte Aussage zu erzielen. So erschien z. B. kurz vor dem tödlichen Unfall von Lady Diana und ihrem Freund Dodi Al-Fayed ein Bild, auf dem sich beide in einem Motorboot küssen. Der Originalkopf von Dodi Al-Fayed war dafür einfach von rechts nach links gedreht worden. Es war ein Bild, das «alle wollten» und dann auch in Deutschland bekamen, nachdem die englische Zeitschrift «The Mirror» das manipulierte Bild auf der Titelseite abgedruckt hatte.

Man möchte Symbolbilder schaffen, macht die Manipulation aber nicht kenntlich. Auch das Kino arbeitet heute so, aus Kostengründen: Für Massenszenen werden sogenannte CGIs (Computer Generated Images) verwandt: Die Geisterarmee im dritten Teil von «Herr der Ringe», die Kampfszenen in «Chroniken von Narnia» oder die Roboterheere im letzten Teil der «Star-Wars»-Trilogie wären ohne Computeranimation nicht denkbar – und bezahlbar. Doch ist das Kino ohnehin der Raum der Illusionen. Anders sieht es dagegen mit Bildern in Nachrichten, Zeitungen und Zeitschriften aus, von denen wir erwarten, dass sie «die Wahrheit» zeigen und denen wir deshalb glauben – und die dennoch nur einen Ausschnitt der Wirklichkeit zeigen und mitunter sogar manipuliert sind, damit sie zu dem passen, was die Redakteure, Politiker und Lobbyisten aussagen wollen.

Einem Wort kannst du widersprechen ...

Aber haben wir ernsthaft das kritische Bewusstsein, wenn wir diese «bunten Blätter» aufschlagen, dass hier manipuliert wird? Bilder suggerieren uns Zusammenhänge, die wir als gegeben, als wahr hinnehmen. Auf keinem anderen Prinzip beruht auch die Propaganda-Maschine der politischen Manipulation. Einem Wort widerspricht man. Wir wissen, dass ein Mensch hinter dem Geschriebenen steckt, und wir wissen auch, dass ein Mensch unrecht haben kann. Aber wer kann Bildern schon widersprechen? Ein Bild scheint echt. Wahr und unverfälscht. Der 1932 in Paris geborene französische Philosoph und Medienkritiker Paul Virilio hat den ersten Golfkrieg von 1991 als den «ersten Fernsehkrieg» der Geschichte bezeichnet. Virilio hatte von Januar bis Juni 1991 nachts vor dem Fernsehen sitzend ein televisuelles Kriegstagebuch geschrieben. In seinem Buch «Krieg und Fernsehen» beschreibt er, dass die Zuschauer durch die Überflutung mit Bildern nicht in der Lage waren, sich eine eigene Meinung zum Geschehen zu machen. Kann Krieg ein Unterhaltungsprogramm sein? Waffen und Medien, so Virilio, verschmelzen mehr und mehr. Damit wird der gezielte Einsatz von Bildern selbst zu einem Mittel der Kriegsführung.

Der französische Soziologe Jean Baudrillard vertrat in einem Essay die provokante These, der Golfkrieg habe «nicht stattgefunden», da er eine reine Medieninszenierung gewesen sei. Die Kriegsbegeisterung in Amerika sei mit Hightech-Bildern hervorgerufen worden, die an Spezialeffekte in Hollywoodfilmen und Computerkriegsspielen erinnere. Die Zuschauer hätten allein digitale Bilder von Abschuss und Zielvorgängen gesehen, die so auch in Videospielen verwendet würden. Damit seien die Zuschauer direkt an den Kriegshandlungen beteiligt gewesen, die als hochtechnisierter «Cyberkrieg» inszeniert worden seien, ohne die realen Opfer des Krieges zu zeigen. Allein die Überlegenheit und Faszination der Technik bleibe im Gedächtnis der Menschen haften.

Das erinnert doch sehr an den Film «Wag the Dog», von dem wir vorhin sprachen. Aber wer wedelt nun mit wem? Die Medien mit der Politik, die Politik mit den Medien? Die Politik ist heute vom Fernsehen nicht mehr zu trennen und das Fernsehen nicht mehr von der Politik. Mit Bildern wird Politik gemacht und durch Bilder Kriege geführt. Wir leben in einem medialen Zeitalter. Bilder sollen erklären, was der Kopf nicht verstehen will. Bilder gehen näher als jeder Radiobericht. Bilder brennen sich in unser Hirn ein. Wovon es keine Bilder gibt, das scheint nicht stattgefunden zu haben.

Auch wenn die Medien heute unter einem enormen Zeitdruck arbeiten, müssen sich die Medienmacher ihrer Verantwortung wieder neu bewusst werden: In einer Welt der unbegrenzten digitalen Manipulationsmöglichkeiten wird die Glaubwürdigkeit derer, die die Bilder aufnehmen, auswählen, bearbeiten und veröffentlichen immer wichtiger.

Journalisten sollen uns die Bilder und die Welt deuten, das ist ihre Aufgabe. Doch längst arbeiten sie selbst in virtuellen Studios, deren Hintergrund von einem Computer simuliert wird, in der «Blue box». Selbst die Wetterfee steht am Ende der Nachrichten vor einer blauen Fläche, die Wetterkarte sieht nur der Zuschauer. Wag the dog!

Getäuschte Sinne

Auch die Bilder, die wir mit unseren Sinnen einfangen, können uns täuschen. Ein kleiner Abendspaziergang verdeutlicht eine Sinnestäuschung, die fest in unserem Wortschatz verankert ist: Es ist Abend, ich stehe am Wasser und sehe die Sonne untergehen. «Die Sonne geht unter» – ist das nicht auch ein Bild, das täuscht? Obwohl ich sehe, wie die «Sonne untergeht», weiß ich doch, dass nicht die Sonne sich bewegt, sondern die Erde sich dreht und dadurch die Sonne aus unserem Blickfeld verschwindet. Aber wer sagt schon: «Wie schön! Die Erde hat sich gedreht, deshalb können wir die Sonne nicht mehr sehen»?

Eine weitere Sinnestäuschung zeigt ein kleines Experiment: Ich liege im Freibad auf der Liegewiese, schaue in den Himmel und schließe die Augen. Und öffne sie. Ich schließe die Augen und öffne sie. Wieder und wieder. Auf einmal sehe ich ganz helle Flecken, wenn ich die Augen geschlossen habe, und wenn ich sie öffne, wird das, was eben noch hell war, dunkel und das, was dunkel war, hell. Wie kommt das? Elektromagnetische Strahlung mit einer Wellenlänge von 350 nm bis zu 750 nm erreicht das Auge. Die Strahlung bewirkt augenblicklich einen Reiz, dieser tritt sofort in die Sehbahn ein und wird dann blitzschnell bis zum Gehirn, zum visuellen Cortex, weitergeleitet. Im Gehirn wird dann der Reiz zur Empfindung von Licht und Farbe verarbeitet. Es entsteht ein Bild «vor unseren Augen», das es so nicht gibt. Die Bilder, die durch die Reize entstehen, sind nicht bei jedem gleich: Ein Schimpanse sieht mehr Farben als wir, und die Bienen können – im Gegensatz zum Menschen – das sogenannte «ultraviolette Licht» sehen, dafür aber kein Rot. Auch Menschen, die als «farbenblind» bezeichnet werden, können kein Rot sehen oder kein Grün. Schwer vorstellbar, dass man im Dunkeln vor einer Ampel steht und nicht weiß, welche Farbe gerade leuchtet …

Werbebilder

Über den Einfluss von Marken und Werbung haben wir ja schon in dem Kapitel über das Begehren nachgedacht. Hier nur so viel: Die Bilder, die wir sehen, prägen sich ein – von klein auf. Auch die Bilder, die wir im Fernsehen sehen. Was geht in dem kleinen Jungen vor, der einen Bauernhof malt, auf dem die Kühe lila sind und die Mäuse orange? Seit wann sind Elefanten blau und haben Füchse etwas mit Waschmittel zu tun? Und wieso möchten alle Vierjährigen wie «Bob der Baumeister» aussehen und die Mädchen wie «Prinzessin Lillifee»? Es sind die Marken, die sich in den Köpfen der Kinder festsetzen sollen, damit sie ihre Eltern anbetteln, unbedingt dieses und kein anderes Spielzeug zu kaufen. «Branding» lautet dafür das Wort. Natürlich ist es unromantisch, sein Parfum auf Alkohol, Wasser, Duftstoffe, Ethylhexyl Methoxycinnamate und Benzophenone-3 zu reduzieren. Eben weil es doch der Duft der großen weiten Welt sein soll, verführerisch und sexy. Und ich bin stolz, wenn ich den neuen

Nano-I-Pod besitze! Weil coole Tracks mich selbst zu einem coolen Typen machen, der noch cooler wird, wenn die coolen Tracks von einem coolen MP3-Player gespielt werden. Das zeigt jedenfalls die Werbung von Apple. Und so wird ein angebissener Apfel zum Garant dafür, dass ich in meiner Clique anerkannt und akzeptiert bin oder sich Geschäftspartner bewundernd zu mir drehen, weil ich schon das neue I-Phone aus Amerika besitze. Ist das, was ich besitze, eng mit dem verbunden, wer ich bin? Wie ist das mit dem Bild von mir selbst? Eifere ich fremden Bildern nach, oder habe ich die Freiheit, ich selbst zu sein?

«Star search»

Die Band «Tokio Hotel» hat es geschafft, eine der erfolgreichsten deutschen Jugendbands zu werden. Ihre Fotos und Poster haben sich einen festen Platz in der «Bravo» und damit auch an den Zimmerwänden vieler Fans ergattert und dabei glatt US-Stars wie die amerikanische Sängerin Gwen Stefani verdrängt. Unbändig cool und lässig stehen die vier Jungen da. Ihre We-rule-the-world-Pose wirkt perfekt einstudiert. Jeder weiß, dass Bill und Tom Kaulitz, Gustav Klaus, Wolfgang Schäfer und Georg Moritz Hagen Listing ein Produkt sind, so wie Bands in den letzten Jahren eben von der Musikindustrie kurzlebig produziert werden. Handelt es sich bei «Tokio Hotel» zwar um eine «echte» Band, die schon vor dem Casting seit 2002 als Devilish bestand, ist sie doch erst durch die Plattenkonzerne zu dem geworden, was sie heute ist. Dass die Mitglieder von «Tokio Hotel» früher schon zusammen Musik gemacht haben, wird von der Plattenfirma als zusätzliches Argument genutzt, um das Bild der «echten» Band zu stützen.

Heute sind die Castings im Gegensatz zu früher öffentlich: Sender wie Sat.1 verdienen bereits an den Casting-Shows, zu denen Tausende junge Menschen aus allen Teilen Deutschlands reisen, um ein «Star» zu werden. Dafür sind die Jugendlichen bereit, viel auf sich zu nehmen. Bereit, zu einem erfolgreichen Produkt zu werden, zu lernen, zu dem zu werden, was der Produzent und der größte Teil der Zuschauer wollen – unabhängig davon, was sie selbst vielleicht wollen.

Das Mädchen mit der Nummer 6945 schaut in die Kamera und sagt, dass sie Natalie heiße und ziemlich aufgeregt sei. Natalie ist morgens um 6.30 Uhr von ihrer Mutter geweckt worden. Zusammen mit ihrer besten Freundin Steffi und ihren Eltern ist sie mit dem Auto nach Köln aufgebrochen. Trotz des liebevollen Frühstücks und den Mutmachversuchen ihres daheimgebliebenen Bruders konnte sie noch keinen Bissen herunterbekommen. Das kennt Natalie, das ist immer so, wenn etwas Wichtiges bevorsteht. Ihre Freundin Steffi macht sie da eher noch nervöser. Ob sie aufgeregt sei? Sie bejaht heftig, in ihrem Bauch kribbelt es unangenehm. Steffi sagt, die Jury sei sicher nett und würde sie bestimmt zu einem Star machen. Und ob sie dann noch mit ihr befreundet bleibe? Der Vater entgegnet nur, dass die Superstars von heute auch nicht mehr die Superstars von gestern sind. Niemand im Auto weiß so recht etwas mit dieser Aussage anzufangen, aber wenn er damit meint, dass das Showgeschäft schnelllebiger geworden ist, so hat er sicherlich recht.

In Köln angekommen, kennt die Aufregung keine Grenzen. Dicht gedrängt stehen die Bewerberinnen und Bewerber. Manche nehmen nur zum Spaß teil, manche haben ernsthafte Ambitionen, für manche ist es eine Mutprobe, manche wollen einfach ins Fernsehen kommen.

Steffi summt die Eingangsmelodie der Casting-Show absichtlich schräg nach, um Natalie zum Lachen zu bringen. Es bleibt aber eine schlechte Kopie, und wirklich witzig kommt es auch nicht rüber. Das alles, denkt Natalie, mussten die großen Stars aus den Zeitschriften auch durchmachen. Sie geht noch einmal den Text durch. Sie hat sich «Durch den Monsun» von ihrer Lieblingsband «Tokio Hotel» ausgesucht. «Warum diesen Song?», wird sie bestimmt von der Jury gefragt werden. «Weil», nimmt sich Natalie vor zu antworten, «weil dieser Song zu mir passt. Ich muss zwar nicht durch einen Monsun, sondern nur durch diese schwere braune Tür vor die Jury, aber aufregend ist das schon.» Oder soll sie sagen: «Der Song ist einfach geil!» Kommt das besser an? Egal. Steffi drängt zu den Vorbereitungen zum letzten Gefecht: Jetzt heißt es Schminken, was das Zeug hält. Schließlich soll Natalie nicht nur so singen wie Bill von Tokio Hotel, sondern auch so aussehen. Dafür hat sie extra ein Foto von ihm in der Tasche. Blonde Strähnen hat sie schon, fehlt noch der Lidschatten und die Wimperntusche. Wenn Steffi schielt und den Kopf ein wenig zur Seite neigt, sieht Natalie tatsächlich ein wenig aus wie eine japanische Manga-Figur.

Nun geht alles sehr schnell. Die Nummer 6945 wird aufgerufen, die braune schwere Tür schließt sich, nur um sich nach weniger als 5 Minuten wieder zu öffnen und Natalie in die Arme ihrer Eltern und ihrer besten Freundin auszuspucken.

Vielleicht hat sie nicht gut genug gesungen. Vielleicht entsprach sie aber auch einfach nicht dem Bild, das sie vorgegeben hatte zu sein, oder passte nicht in das Bild, das die Produzenten suchten. Auf jeden Fall war sie abgelehnt worden. Sie würde es noch einmal in Berlin versuchen, beteuerte sie sofort. Steffi meint, sie hätte etwas Besseres verdient. «Überhaupt diese ganze Verstellung! Wenn du nur du selbst bist, Natalie, gefällst du mir viel besser.»

Natalie ist völlig aufgelöst. Tränen sammeln sich in ihren Augen. Die Wimperntusche verschmiert langsam aber sicher zu einem dunklen Fleck unter ihren Augen. So hatte sie sich das nicht vorgestellt. Der Lippenstift hatte ihren Mund merkwürdig verklebt. Ihr Mund war trocken gewesen. Die Nachahmung der rockigen Tanzbewegungen des Frontsängers Bill hat vor der Jury wohl eher lächerlich gewirkt. Ihre Imitation ist nicht gelungen. Das Bild von Bill an Natalies Zimmerwand und in ihrer Tasche ist ein Bild geblieben. Die Verwandlung vom Fan zum Superstar ist nicht geglückt.

Auch Bill Kaulitz war bei einer bekannten Casting-Show und ist ebenso durchgefallen wie Natalie. Heute wird er von vielen Jugendlichen imitiert und als Pop/Rock-Ikone gefeiert. Zahlreiche Poster, Bilder und Plakate zeugen von dieser Verehrung. Die Bilder zeigen einen dünnen Jungen, dessen Erscheinung sich zwischen den Geschlechtern tummelt. Das Image von Bill Kaulitz ist extra für den in Deutschland stetig wachsenden Manga- und Animé-Markt erschaffen worden, der zunehmend Fans unter deutschen Jugendlichen gewinnt. Das Aussehen einer japanischen Manga-Figur lässt Bill hervorstechen aus der Masse der anderen – gecasteten – Bands. Ein Starbild, das mit dem wirklichen Jungen Bill Kaulitz nicht viel zu tun hat, dem der öffentliche Star aber immer stärker gleicht.

Der deutsche Hip-Hopper Jan Delay hat die Oberflächlichkeit des Popmarktes in einem Interview kurz nach dem Bundesvision-Songcontest 2007 ziemlich gut auf den Punkt gebracht: Im Leben, sagte er, drehe sich alles nur um Style, sprich um die Frage, wie man singt, wie man sich bewegt und wie man bestimmte Dinge eben auf eine ganz bestimmte Weise tut und nicht anders. Die Welt der Musikindustrie bewertet einen nach dem, was man nach außen darstellt, nach dem Style, nach dem Schein und nicht nach dem Sein.

Für einen lieben Rocker wird sich wohl keiner so recht begeistern, also muss ich bei jeder Gelegenheit den «bösen» raushängen lassen. Wer dauerhaft Erfolg haben will, muss in der Öffentlichkeit für Überraschungen sorgen.

Nimmt man einmal das Image von Robbie Williams unter die Lupe, könnte man vielleicht sagen, dass sein Image darin besteht, es dauernd zu wechseln. Er ist jemand, der mit der Öffentlichkeit ein ständiges Verwirrspiel spielt. Verblüffen und schocken als Lebensaufgabe. Dazu gehört auch, ständig den Musikstil zu wechseln: Mal singt Robbie Williams jazzig-swingig, mal so wie Madonna, dann wieder etwas rockiger. Er erfindet sich ständig neu, gibt Gerüchten Anlass, er, der Frauenschwarm, sei homosexuell. So oder so: Robbie Williams ist ein Profi, ein Produkt der Musikindustrie, dessen Auftrittstermine bereits bis 2012 feststehen. Auf die Frage, wer er denn wirklich sei, antwortete er: «Eigentlich bin ich ein schüchterner Mensch.»

Was früher Stars vorbehalten war, nämlich sich ein Image zu geben, wird heute für jeden jungen Menschen als erstrebenswertes Ziel verkauft. Du bist, was du darstellst. Viele Jugendliche sehen sich selbst immer mehr als «Marke»: Wer kauft mir mein Image ab? Wer glaubt mir und hält mich für smart, völlig authentisch, clever, stylish, eben für etwas Besonderes? Oder gebe ich mir lieber ein abgrundtief böses, rockiges, verbrauchtes, gefährliches Image? Was für Freunde passen zu diesem Image? Mit wem kann ich mich blicken lassen, wen lasse ich lieber nicht in meine Nähe? Was für Kunden kann ich für mein Ich-Produkt begeistern?

Ein Bild von mir zu machen, das bedeutet, mir ein Sammelsurium von Charaktereigenschaften zuzulegen, die ich gerne vorweise. Es legt mich fest auf bestimmte Eigenschaften, die fortan zu meiner Person gehören. Das Bild gibt mir zwar einerseits Schutz, denn es bewahrt mich davor, anderen mein wirkliches Ich zu zeigen und dadurch vielleicht verletzlich zu werden. Andererseits kann es zur Fessel werden: Wenn ich dauernd jemand sein muss, mich wie jemand verhalten und geben muss, der ich in Wirklichkeit gar nicht bin oder nicht mehr sein will. Und das Sarkastische daran ist wohl, dass wir nicht – wie von der Werbung – gefesselt werden, sondern dass wir uns selbst bereitwillig fesseln. Das Resultat ist nicht nur eine eingeschränkte Sicht, sondern auch eine eingeschränkte Handlungsfähigkeit. Jan Delay würde sagen: ein eingeschränkter Style. Jeder weiß, wie schwer es ist, sich Dinge abzugewöhnen, die erst einmal einstudiert sind. Insofern sollte man versuchen, nicht nur hinter das nach außen gezeigte Image seines Umfelds zu schauen, sondern auch einmal bei sich selbst zu prüfen: Bin ich wirklich der, der ich sein will? Oder versuche ich einem Bild zu entsprechen, von dem ich weiß, dass andere es gut finden?

Macht Liebe blind?

Es gibt einen Zustand, der weiter reicht als alles Fan-Gehabe. Dieser Zustand ist einer der schönsten, in dem man sich befinden kann. Manche fühlen ihn ständig, manche sind seinetwegen unglücklich, manche fühlen ihn nie. Wenn man in diesem Zustand ist, scheint alles außer Rand und Band zu sein. Es ist ein Ausnahmezustand der Gefühle. Wir könnten die ganze Welt umarmen, fühlen uns unverwundbar, alles wirkt intensiver, bunter, es kommt einem so vor, als könnte man wie der Schimpanse tatsächlich eine Farbe mehr sehen. Es ist der Zustand des Verliebtseins.

Warst du schon einmal verliebt? Kennst du das Gefühl, sich dem anderen ganz nahe zu fühlen? Oder hattest du schon einmal das Glück, dass dein Gegenüber genauso empfunden hat? Häufig läuft das folgendermaßen ab: 1. Man lernt sich kennen; 2. Man ist nicht abgeneigt; 3. Man verknallt sich so sehr, dass man in unpassenden Momenten rot wird; 4. Man verliebt sich und hat ein Heer von Schmetterlingen im Bauch; und: 5. Man liebt, obwohl man die andere oder den anderen genauer kennenlernt, oder aber, gerade weil man ihn besser kennengelernt hat.

Doch was passiert eigentlich dazwischen, zwischen dem bloßen

Zur-Kenntnis-Nehmen und dem Nicht-genug-voneinander-Kriegen? Solch ein Gefühl zu entzaubern gleicht doch schon fast der Sünde, eine Folge von «Gilmore Girls» zu verpassen. Was Verliebte so denken, erzählt die folgende Geschichte von Katrin und Arthur:

Arthur steht senkrecht im Bett. Heute, an diesem Tag, trifft er seine Flamme. Er hat sie vor einer Woche kennengelernt. In der Großdisco in der Innenstadt. «Sie», das ist Katrin. Die steht aber nicht senkrecht im Bett, sondern hat sich gerade dafür entschieden, sich noch einmal umzudrehen, den Wecker und das Gezeter ihrer Geschwister und den alltäglichen morgendlichen Lärm zu ignorieren. Katrin hängt noch ein paar Träumen nach, die sich um einen gewissen Jungen drehen, der nun aufgeregt aufsteht.

Es ist das merkwürdige Gefühl des Verliebtseins, was beide umgibt und miteinander verbindet. Ein Gefühl, so Katrin, das sie wissen lässt, der andere fühlt genauso wie sie jetzt. «Und es ist einfach fantastisch. Es ist, als ob ich Arthur schon ewig kenne. So als wären wir seelenverwandt. Oder Geschwister, oder hätten uns schon im Sandkasten kennengelernt. Natürlich glaube ich nicht an so etwas wie Seelenverwandtschaft, aber vielleicht ein bisschen. Ich genieße die Zeit einfach so mit Arthur, wir quatschen endlos, einfach über alles. Ob wir Gemeinsamkeiten haben? Na klar, wir gehen beide gerne weg, machen beide viel Sport, haben den gleichen Musikgeschmack und sind total auf einer Wellenlänge. Arthur ist immer so hilfsbereit, ehrlich, sensibel, beschützt mich aber auch und überhaupt: Er ist ja so süß!»

Verliebtsein ist schön! Alles ist perfekt. Und diese Gefühle sollte man einfach genießen. Die ideale Partnerin oder den idealen Partner: Man glaubte ihn gefunden zu haben. Es schien alles so einfach, so füreinander bestimmt. Aber wie oft scheitert eine Beziehung daran, dass der Partner nach einiger Zeit die in ihn gesetzten Erwartungen nicht erfüllen kann, dem Bild des anderen nicht entspricht – wir haben uns darüber ja auch schon im zweiten Kapitel Gedanken gemacht.

Katrin und Arthur scheint nichts mehr auseinanderbringen zu können, und doch: Irgendwann ist die Phase des Verliebtseins vorbei und das Bild, das sich Arthur von Katrin gemacht hatte, steht auf dem Prüfstand. Die Frage für Katrin, ob sie Arthurs Bartstoppeln im Waschbecken sexy findet oder nicht, ist hierbei noch die harmloseste. Die Vorstellung, dass der andere genauso denkt, fühlt und ist wie man selbst, bewahrheitet sich oft nicht, und man fragt sich, ob man sich im anderen getäuscht hat. In den meisten Fällen sicherlich nicht. Das wäre wohl zu einfach. War man etwa blind? Oder waren die Verliebtheitshormone daran schuld? Sicher macht sich jeder, wenn er verliebt ist, ein Bild von dem anderen. Das geht auch gar nicht anders. Wie sollen wir uns auch in jemanden verlieben, von dem wir uns noch nicht einmal ausmalen dürfen, wie er ist! Die Phantasie ist da doch sehr aktiv. Plötzlich bedeutet selbst der Rat der besten Freundin nichts. Man weiß es einfach besser: «Du, der Arthur, der ist gar nicht so, wie du denkst, du kennst ihn nur nicht richtig!» Ganze Freundschaften können an der Partnerwahl auf die Probe gestellt werden.

Schlimm nur, wenn man plötzlich vor einem Scherbenhaufen dieses Bildes steht und sich die Frage stellt: Kann ich mit dem Menschen hinter meinen Träumereien, Projektionen und Wünschen überhaupt noch etwas anfangen? Kann ich damit umgehen, wenn mein Freund oder meine Freundin sich nach monatelanger Beziehung plötzlich verändert hat und nun nicht mehr in das Bild passt, welches ich mir anfangs gemacht habe?

«Du sollst dir kein Bildnis machen» schließt auch diese Situation mit ein: Es bedeutet, dass man versuchen soll, den anderen so zu sehen, anzuerkennen und zu lieben, wie er ist – und ihn nicht in ein Bild zu pressen, das wir selbst vielleicht bevorzugen würden.

Sieht Frodo wirklich so aus?

Wumm! Manchmal prallen meine – aus nächtlichen Buchlektüren gespeisten – Bilder unweigerlich mit den 70-mm-Vorstellungen der Filmregisseure in den schweren roten Kinosesseln zusammen! Die Regel «Du sollst dir kein Bildnis machen» sollten auch die Filmemacher stärker beherzigen. Wissen sie eigentlich, was sie da tun, wenn sie die Helden meiner Jugend auf die Leinwand bringen? Ich wusste nie, wie Frodo wirklich aussieht. Jedenfalls nicht genau. Gut, klein war er in meiner Vorstellung, aber irgendwie wirkte er witziger, tapferer und weniger leidend als in der Verfilmung. Als erstes Buch habe ich «Der kleine Hobbit» gelesen. Meine «erste Liebe» hat es mir geschenkt, und ich besitze es noch heute als Andenken an meine Jugendzeit. Irgendwie dachte ich immer, Bilbo Beutlin und Frodo sind Zwillingsbrüder. Aber das stimmt natürlich nicht. Die «Herr der Ringe»-Trilogie habe ich erst später verschlungen. Aber niemals hätte ich gedacht, dass Arwen hübscher sein kann als Galadriel, die Königin der Elben. Na gut, darüber ließe sich gewiss streiten. Schlage ich nun aber die Trilogie «Herr der Ringe» wieder auf, drängen sich unweigerlich die Bilder des Filmes auf. Meine einstigen Bilder sind verschwunden. Und auch das Marketing weiß: Das Buch mit dem Filmmotiv auf dem Cover verkauft sich besser als das mit dem alten. Warum gewinnt das Bild eigentlich immer gegen den Text? Kino im Kopf ist doch viel schöner, vor allem beim nächtlichen Lesen, wenn die Zeit aufhört zu fließen und die Welt des Buches realer wird als die Welt des Alltags.

Und was bilden sich die Filmemacher ein, dass sie den Roman einfach so verändern können? Welches Filmende bei «Stolz und Vorurteil» auch vorzuziehen wäre, eines ist gewiss: Das bessere ist das, wie es im Buche steht. Da bin ich wie ein kleines Kind, kein Wort darf abgeändert werden. Ich will alles so sehen, wie es im Buch steht. Aber – das geht wohl nicht. Deshalb prallen alle Beteuerungsversuche sämtlicher Regisseure seit jeher an mir ab: «Ich wollte nicht einfach das Buch verfilmen. Ich wollte etwas Eigenes produzieren, das Buch lediglich als Vorlage verwenden. Mein Film hat eine eigene und andere Aussage als die Buchvorlage. Und außerdem sind die Medien Buch und Film grundverschieden: anderes Medium, andere Voraussetzungen, andere Möglichkeiten.» Vergebens sind diese Erklärungen. Ich trenne mich eben ungern von selbstgemachten Bildern. Welcher Film ist schon besser als das Buch? Keiner! Stundenlang kann ich mich darüber empören, welche Szenen nicht buchgetreu auf die Leinwand gebannt wurden und welche ausgespart oder schlichtweg – und das ist nun wirklich das Schlimmste – «falsch» sind. Schließlich gehe ich ja mit dem Anspruch ins Kino, mit meinen selbstgemachten Bildern auf der Leinwand ein fröhliches Wiedersehen zu feiern! Aber ich habe dazugelernt: Es macht keinen Sinn mehr. Ich werde in Kino 2 nicht noch einmal auf die Gefühle stoßen, die das richtig gute Buch bei mir geweckt hat. Die Schauspieler werden in meinen Augen wieder nicht gut genug sein, der Plot verfälscht, die Nebenfiguren einfach ausgespart. Vom Filmschluss ganz zu schweigen. In Kino 2 wartet nur der Vergleich auf mich und macht zwei Stunden lang den Film zur Tortur. Und das Buch ein zweites Mal unlesbar. Na gut: Ich fand den Film «Das Parfum» gut. Aber ich muss gestehen, ich habe das Buch auch nicht gelesen. Manche Geschichten sehe ich dann doch lieber im Film, weil ich das Buch nach fünf Seiten wieder zugeschlagen habe. Unlesbar. Bilder legen nun einmal fest. Und solche, die vierundzwanzigmal in der Sekunde auf unser Auge treffen, behindern unsere Phantasie. Sich kein Bildnis zu machen kann hier auch bedeuten, Regisseur eines Filmes zu werden, dessen Schauspieler von der eigenen Phantasie engagiert werden. Machen wir doch unser eigenes Programmkino im Kopf auf und gehen dann ins Kino, um uns Anregungen für die nächste Produktion zu holen. Denn warum sollen sich eigentlich alle Menschen dasselbe Bild von «Frodo» machen?

Kein Bildnis machen

Wie die vorangegangenen Beispiele gezeigt haben, sind Bilder nicht unwichtig in unserer Welt. Problematisch werden sie dann, wenn sie einfangen und festlegen wollen. Deshalb heißt es in der Bibel: «Du sollst dir kein Bildnis noch irgendein Gleichnis machen, weder von dem, was oben im Himmel, noch von dem, was unten auf der Erde ist, noch von dem, was im Wasser unter der Erde ist: Bete sie nicht an und diene ihnen nicht!»

Was für eine Rolle spielen Bilder in der Religion? Marketingstrategisch betrachtet stellt das Christentum ein sehr erfolgreiches Produkt dar, das Kunden überall in der Welt hat. Die erste Missionswelle kurz nach unserer Zeitrechnung brachte einen Boom dieser Religion in Gang, der noch heute – gerade in den afrikanischen Ländern – anhält. Das Kreuz findet sich dort überall. Mit dem Kruzifix hat das Christentum sicherlich einen Werbeträger, der seinesgleichen sucht. Das Kreuz des Christentums wirbt für Werte, die Jesus Christus vor über 2000 Jahren geformt hat. Dazu zählt vor allen Dingen das Gebot der Liebe: Liebe Gott und liebe deinen Nächsten wie dich selbst.

Wenn Christen davon ausgehen, dass sich Gott in dem Menschen Jesus gezeigt hat, dann kann für sie die Abbildung Jesu eine Abbildung Gottes sein. Aber ist damit das Kreuz nicht so ein Bild, das das Gebot anprangert? «Du sollst dir kein Bildnis machen von dem, was oben im Himmel ist.» Muss man das Kreuz dann nicht auch verbieten? Und nicht nur das Kreuz verstößt augenscheinlich gegen das Bilderverbot. In den Kirchen – besonders in den Ostkirchen – wimmelt es nur so von Heiligenbildern, sogenannten Ikonographien. Die Bilder, die Heilige abbilden, werden geküsst und angebetet. Die Diskussion darum gibt es bereits seit vielen hundert Jahren, um 700 n. Chr. ist sie als «Bilderstreit» in die Geschichte eingegangen. Eine alte Frage also.

Doch sind nun Bilder tatsächlich etwas so Schlimmes, dass man sie verbieten sollte?

Bilder üben eine Macht aus, der wir uns schwerlich entziehen können. Die Werbung ist nur ein Beispiel. Andererseits: Eine Welt ohne Bilder ist nicht auszumalen. Allein die unzähligen Fotos, die unser Leben auf Glanzpapier festhalten, wer möchte darauf verzichten? Gerade jetzt, wo die Digitalfotos die Festplatten erobern, zeigt sich, wie wichtig uns Bilder sind. Nie war es so einfach, Bilder zu machen, wo wir die Kamera in Form unseres Handys immer bei uns tragen. Nie wurden mehr Bilder produziert als heute.

Was für Gefühle erzeugen in uns die Fotos von Freunden oder der Familie, wenn wir sie uns an den Spiegel kleben oder ihnen in silbernen Rahmen einen gebührenden Platz im Zimmer zukommen lassen! Häufig sind genau diese Bilder es, die eine letzte Verbindung zu einem Menschen herstellen können. Die einzige Erinnerung, die Harry Potter noch von seinen Eltern besitzt, ist ein Bild, auf dem sich seine Eltern umarmen.

Wir brauchen Bilder zum Leben und zum Überleben! Wir brauchen sie, weil sie auf etwas zeigen. Das Bild mit seinen Eltern zeigt Harry Potter, dass seine Eltern sich geliebt haben. Es weist auf die Liebe, die sie für ihn empfinden.

Diese Sprache der Bilder ist dem Menschen angemessen. Bilder sind als Ausdruck des Menschen nicht wegzudenken. Bilder sind Phantasie.

Was als Aufgabe bleibt, ist ein richtiger Umgang mit den Bildern. Die Bilder müssen sorgfältig geprüft sein, dürfen nicht einfach angebetet werden, ohne dass sie der Realität entsprechen. Wenn Christen ein Kruzifix aufhängen, dann müssen auch sie prüfen, ob sie dieses Bild als Bild begreifen oder ob es für sie eine Realität darstellt. Das Bild des Kruzifixes mit dem Korpus sollte der Ausdruck für den Inhalt der christlichen Botschaft sein: Das ist nicht Jesus, aber dieses

Bild verweist auf Jesus. Bilder dienen in der Religion zum Verstehen des Göttlichen, aber es muss stets das Göttliche hinter den Bildern gesehen werden. Nicht die Bilder selbst dürfen verehrt werden. «Du sollst dir kein Bildnis machen», ist somit ein Gebot, das uns von aller Festlegung und Manipulation befreit.

Mach dir kein Bildnis! kann heute übersetzt werden mit: Schaut euch die Bilder an, aber glaubt ihnen nicht. Verehrt kein Bild, macht euch von keinem Bild abhängig, und: Lasst euch von keinem Bild einschüchtern! Macht euch die Bilder aus eigener Anschauung. Und widersprecht den Bildern durch Bilder. Zeigt die andere Wirklichkeit, über die nicht berichtet wird. Stellt Bild gegen Bild, um zu zeigen, dass *die* Realität nicht abbildbar ist!

8. Missbrauchen
oder: Namenlos

Zu den wichtigsten Merkmalen eines Menschen gehört sein Name. Er steht in Geburtsanzeigen, im Personalausweis, auf Klingelschildern, Visitenkarten, Buchdeckeln, in Internetforen und auch auf den Grabsteinen der Friedhöfe. Der eigene Name begleitet uns unser ganzes Leben und in der Erinnerung von anderen auch über den Tod hinaus. Selbst wenn ein Mensch nicht anwesend ist, kann er durch seinen Namen präsent sein. Wir identifizieren uns mit unserem Namen, fühlen uns mit ihm verbunden, so sehr, dass wir aufschauen, wenn jemand unseren Namen ruft, auch wenn jemand anderes gemeint war.

Es ist immer wieder ein besonderer Moment, wenn Menschen sich einander vorstellen. Denn nur wer den Namen eines Menschen kennt, kann auch eine Beziehung zu ihm aufbauen. Um ihn nicht zu vergessen, schreibt man sich den Namen des anderen manchmal sogar in die Hand. Wird man mit seinem Namen angesprochen, freut man sich, dass sich der andere gemerkt hat, wie man heißt. Richtig peinlich kann es hingegen werden, wenn man den Namen des Gegenübers vergessen hat oder es mit dem falschen anspricht.

Wenn ich längere Strecken mit dem Zug fahre und mit einem fremden Menschen ins Gespräch gekommen bin, tausche ich mit ihm oft kurz vor dem Aussteigen die Namen, manchmal sogar die Adressen aus. Ich möchte gern wissen, wer der nette Gesprächspartner war – vielleicht ergibt sich ja noch einmal die Möglichkeit, an die Begegnung anzuknüpfen. Will mir ein Mensch nicht sagen, wie er heißt, ist das ein deutliches Zeichen, dass er keinen weiteren Kontakt wünscht. Viele zögern aber auch, ihren Namen preiszugeben, weil sie die Erfahrung gemacht haben, wie riskant das sein kann. Denn: Wer den Namen eines anderen kennt, kann ihn auch missbrauchen, indem er den Ring des Gyges überstreift.

Hosenrock ... Eierstock ...

Die Wahl des Namens ist keine einfache Aufgabe: Viele werdende Eltern verraten bis zur Geburt ihres Kindes nicht, wie sie es nennen wollen, damit sie ihre Entscheidung eigenständig treffen können. Früher wurde der Name des Kindes sogar erst bei der Taufe bekannt gegeben, aus Angst, dass böse Kräfte dem Kind zuvor schaden könnten.

Ab dem Moment, wo sich Eltern nach der Geburt dafür entscheiden, wie ihr Kind heißen soll, wird es von seinem Umfeld mit diesem bestimmten Namen verbunden. Das geht mitunter sehr weit: Wenn man einen sympathischen «Andreas» kennt, findet man auch den Namen sympathisch, kann man eine «Simone» nicht leiden, würde man sein Kind nie so nennen. Viele Eltern geben ihren Kindern Namen, weil sie eine bestimmte positive Bedeutung haben. So verheißt der Name «Eva» Leben und «Beate» Glück.

Problematisch kann es indes werden, wenn Eltern ihren Kindern die Namen bekannter Persönlichkeiten geben, weil sie sie bewundern oder gar wollen, dass ihre Kinder so werden wie diese. Wer in den dreißiger Jahren geboren wurde und den Vornamen «Adolf» erhielt, hatte nach dem Ende der nationalsozialistischen Gewaltherrschaft mitunter schwer daran zu tragen, nach dem «Führer» Adolf Hitler benannt zu sein.

Und selbst wenn manche Eltern es in den sechziger Jahren schön fanden, ihr Kind nach dem King of Rock 'n' Roll «Elvis» zu nennen, weil sie aus ihm einen berühmten Sänger machen oder ihm in den

Achtzigern mit «Boris» eine erfolgreiche Sportlerkarriere eröffnen wollten, haben sie ihren Kindern damit oft keinen Gefallen getan. Diese Form der Namenswahl ruft Erwartungen hervor, die nicht immer eingelöst werden können: Aus «Elvis» ist zwar ein hervorragender Heimwerker geworden, er hat sich aber als völlig unmusikalischer Tanzmuffel herausgestellt. Und «Boris» befasst sich lieber mit seinem Schachcomputer, als auf dem Tennisplatz seinen Aufschlag zu trainieren. Manchmal leiden die Kinder richtiggehend unter ihren berühmten Namen, weil natürlich jeder immer an die bekannten Persönlichkeiten denkt.

Spätestens wenn man in den Kindergarten oder die Grundschule kommt, erfährt man, dass man mit seinem Namen auch gehänselt werden kann: Aus meinem Namen «Rosenstock» kann man wunderbar «Nelkenstängel», «Hosenrock» oder «Eierstock» machen. Doch das war noch harmlos gegenüber den Mitschülern, die mit den Nachnamen «Koch», «Niemand» oder «Fallapfel» die Phantasie ihrer Klassenkameraden beflügelten oder den Vornamen «Kasper» oder «Nikolaus» trugen. Das kann sehr verletzend sein, weil wir uns mit unserem Namen identifizieren: Wir möchten nicht, dass er verschandelt oder in den Schmutz gezogen wird.

Nennt mich jemand jedoch in einem positiven Zusammenhang bei meinem Namen, kann das ein wundervoller und sehr bewegender Moment sein: Etwa, wenn er mir sagt, dass er mich liebt, an mich denkt, für mich betet, mich segnet oder mich mag. Betroffen macht es mich, wenn er mir zu verstehen gibt, dass er mich hasst, von mir enttäuscht ist, sich von mir trennen möchte oder mich nicht sehen will. Am schlimmsten aber ist es, wenn jemand heimlich meinen Namen benutzt, um ein Stück Macht über mein Leben zu gewinnen. Denn: Wer lässt schon gern seinen Namen missbrauchen?

eBay-Missbrauch

An vielen Stellen im Internet kann man seinen Namen eintragen: Ob auf Ehemaligenseiten von Schulen, in Mannschaftslisten von Sportvereinen, auf Familienhomepages oder im digitalen Telefonbuch – die persönlichen Daten sind heute schnell zu finden. Auch in den Steckbriefen von Freundschaftsseiten werden Name, Adresse, Geburtsdatum und Hobbys veröffentlicht. Doch im Internet gibt es zunehmend schwarze Schafe, die diese Informationen für ihre dubiosen Zwecke nutzen: zum Beispiel, indem sie sich bei eBay unter falschen Namen anmelden und Käufer und Verkäufer über den Tisch ziehen.

Der Fachinformatiker Daniel R. hat das selbst erlebt. Auf seiner Homepage erzählt er, wie seine persönlichen Daten missbraucht wurden und er dadurch eine Menge Ärger bekam. Wie viele andere junge Menschen hatte sich Daniel bei eBay registrieren lassen: Um einen Account zu eröffnen, muss man seinen Namen und sein Geburtsdatum eintragen. Beides fand sich allerdings auch auf seiner privaten Homepage wieder, sodass es jedem Besucher von Daniels Internetseite theoretisch möglich war, unter seinem Namen auf eBay Ware zu kaufen oder zu verkaufen.

«Als ich heute ein Päckchen von der Post bekam, war ich doch ein wenig überrascht, denn ich hatte nichts bestellt. Auf dem Päckchen standen ein mir unbekannter Absender und eine Telefonnummer […]. Es stellte sich heraus, dass der Absender des Pakets einen Palm bei eBay ersteigert und auch bezahlt hatte. Allerdings bekam er statt der gewünschten Neuware einen gebrauchten Palm, zudem auch noch den falschen. Er vereinbarte mit dem Verkäufer, dass er die Ware zurückschicken und dieser ihm die richtige Ware zusenden würde. Doch jetzt kommt es: Der Verkäufer gab sich als Daniel R. aus, mit meiner vollständigen Anschrift. Deshalb schickte der Käufer die falsche Ware auch wieder an mich zurück.»

Und das Schlimmste: Nun musste Daniel R. beweisen, dass er es gar nicht war, der bei eBay einen (falschen) Palm verkauft und den Käufer betrogen hatte. Sein Fall ist leider keine Ausnahme.

Wer den Namen eines anderen benutzt, ob im Internet oder wie Mr. Ripley (siehe Kapitel 5), möchte sich hinter diesem Namen verstecken, um unentdeckt etwas Verbotenes tun zu können. Erst wenn man den echten Namen des Betrügers kennt, ist seine Macht gebrochen, man kann ihn zur Rechenschaft ziehen, ihn verklagen. Unser Gesetz hilft dabei, denn es schützt unseren Namen: Es verbietet, einen anderen Namen missbräuchlich zu verwenden und damit die Integrität eines Menschen zu verletzten.

Gebrandmarkt

Manche nutzen den Namen eines Menschen, um ihn öffentlich fertig zu machen. Besonders bei rechtsextremen Gruppen ist es Praxis, unliebsame Kritiker an den Pranger zu stellen, um sie einzuschüchtern. Die Opfer haben dann häufig das Gefühl, dass ihr Name gebrandmarkt, beschmutzt ist, weil er in der rechten Szene dazu verwendet wird, gegen sie zu hetzen. Ein aktuelles Beispiel dafür ist der Fall von Benjamin S. Der Student bereitete eine Ausstellung über Judendeportationen zur Zeit des Nationalsozialismus in Norddeutschland vor. Dafür recherchierte er im Internet und stieß auf rechtsradikale Webseiten. Benjamin wendete sich an die Polizei und erstattete Anzeige gegen die Betreiber der Seiten, da sie darauf zu Gewalttaten gegen Juden aufriefen.

Sechs Wochen nach seiner Anzeige bekam Benjamin plötzlich Briefe und Anrufe, die massive Drohungen enthielten. «Mit dir machen wir kurzen Prozess», muss er sich am Telefon anhören. Die

Briefe, die in seinen Postkasten flattern, sind mit Hakenkreuzen verziert oder mit «Heil Hitler» und SS-Runen unterschrieben. Sie enthalten sein «Todesurteil» oder «Anweisungen zur Deportation» in ein Arbeitslager. Eines Nachts steht eine Gruppe schwarz gekleideter Männer vor seinem Haus. Auch wenn sie nur zwanzig Minuten auf die Eingangstür starren und dann wieder verschwinden, ist dies eine eindeutige Botschaft: Wir wissen, wo du wohnst. Und: Irgendwann kriegen wir dich schon. Du bist nicht mehr sicher.

Während der Prozessvorbereitung sind die Betreiber der Seiten an Benjamins persönliche Daten gekommen. Daraufhin veröffentlichten sie seinen vollen Namen, seine Anschrift und seine E-Mail-Adresse im Internet. Sogar ein Bild von ihm stellten sie ins Netz. Von nun an galt er als erklärter Feind der rechten Szene, und sein Name wurde in immer mehr Foren Ziel von Hassattacken, um ihn mürbe zu machen. Die Botschaft ist klar: Durch die öffentliche Verbreitung des Namens versuchen die von Benjamin S. überführten Seitenbetreiber Macht über ihn zu erlangen, ihn so einzuschüchtern, dass er vielleicht sogar seine Anzeige zurücknimmt. Glücklicherweise gelingt ihnen das nicht, auch deshalb, weil Benjamin Menschen in seinem Umfeld hat, die ihn unterstützen. Doch viele würden sich vielleicht nicht mehr trauen, gegen die Propaganda von Neonazis vorzugehen, wenn sie wüssten, dass ihr Name nicht geschützt werden kann und sie damit den Anfeindungen der Szene ausgesetzt wären. Wer will sich und seinen Namen derart in den Schmutz gezogen und bedroht sehen? Da wird uns zu Recht mulmig zumute.

Auch islamische Fanatiker benutzen eine ähnliche Strategie, wenn sie Kritiker wie den britisch-indischen Schriftsteller Salman Rushdie öffentlich mit dem Tode bedrohen und so seinen Namen brandmarken.

Namenlos

Manchmal hat ein Mensch uns so verletzt, dass man seinen Namen nicht mehr hören möchte, ihn am liebsten ganz aus dem Gedächtnis streichen würde. Wenn man von einem Freund enttäuscht wird und nichts mehr mit ihm zu tun haben will, redet man schlichtweg nicht mehr über ihn – das ist fast so, als sei mit dem Namen auch die Person selbst ausgelöscht. Über wen man nicht spricht, der existiert auch nicht mehr.

Es kann aber auch sein, dass man den Namen eines anderen meidet, weil man Angst vor ihm hat. So ist das zum Beispiel bei Harry Potter mit dem Namen des «schwarzen Lords» Voldemort. Sein Name wird nicht genannt, weil er Angst und Schrecken verbreitet. Man fürchtet Voldemorts Macht, deshalb wird er nur als: «Du weißt schon wer …», oder: «Der, dessen Name nicht genannt werden darf» bezeichnet. Nur Harry Potter selbst und der Orden des Phönix haben den Mut und die Kraft, Voldemort beim Namen zu nennen.

An diesem Beispiel zeigt sich eine bestimmte Form der Ehrfurcht vor einem Namen, allerdings in einem negativen Sinn! Bei Gott und dem Gebot «Du sollst den Namen des Herrn, deines Gottes, nicht missbrauchen» geht es nicht darum, dass man vor Gottes Namen Angst haben muss. Eher geht es um Respekt vor dem Unterschied, der zwischen Gott und den Menschen besteht. Gott ist eben kein Mensch, weder Mann noch Frau. Er hat zwar Mose seinen Namen genannt (siehe Kapitel 6), aber es ist ein geheimnisvoller Name, denn Gott will sich nicht festlegen oder für menschliche Ziele einspannen lassen. Von seinem Namen geht dennoch eine große Kraft aus: Im Namen Gottes befreit Mose die Menschen aus der Unterdrückung.

In Kapitel 6 habe ich von dem biblischen Gebrauch des Namens geschrieben. Der Name «JHWH» (Jahwe) gilt als der ursprüngliche Name des jüdisch-christlichen Gottes. Doch spricht ein Jude aus Respekt vor dem Unterschied zwischen Gott und ihm diesen Namen nicht aus, sondern umschreibt ihn: Er wird in der Regel mit Adonai bezeichnet, was mit «der Höchste» oder «der Ewige» übersetzt werden kann.

Auch das deutsche Wort Gott wird manchmal ohne Vokal geschrieben: Dann findet man die Schreibweise «G'tt». Dadurch soll man wieder sensibel werden, worum es eigentlich geht, wenn wir Gottes Namen verwenden. Denn er ist so weit in unsere Alltagssprache eingegangen, dass es überhaupt nicht mehr auffällt, wenn er gedankenlos gebraucht wird, er ist zu einer Floskel verkümmert: «Ach Gott!» (wenn man sich an etwas erinnert) oder «Ach Gottchen!» (wenn man etwas nicht so wichtig nimmt) oder «Um Gottes willen!» (wenn etwas Schlimmes eingetreten ist) oder «Gott sei Dank!» (wenn das Wetter besser geworden ist). Auch beim Fluchen – «Herrgott nochmal» – benutzt man den Gottesnamen für die eigenen Zwecke.

Diese Beispiele wirken an sich harmlos. Doch wenn Eltern den Ring des Gyges überziehen und den Respekt vor dem Namen Gottes verloren haben und ihn sogar benutzen, um ihre Kinder unter Druck zu setzen, findet ein deutlicher Missbrauch statt. Ein Freund von mir, nennen wir ihn Martin, um seinen Namen zu schützen, ist der Sohn eines Pfarrers. Sein Vater war zunächst überzeugter Nationalsozialist und sah in Adolf Hitler den Retter der Welt. Nach dem verlorenen Krieg wetterte der Vater gegen die Kommunisten. Er erzog seinen Sohn mit aller Härte. Als der dreijährige Martin einmal in die Hosen gemacht hatte, zog ihm der Vater die nasse Hose runter und verhaute dem Jungen den nackten Po mit den Worten: «Gott will, dass du nicht mehr in die Hose machst!» Kam Martin zehn Minuten zu spät nach Hause, bekam er kein Abendessen mehr, denn «Gott will, dass du pünktlich bist». Sagte er «Scheiße», musste er seinen Mund mit Seifenwasser ausspülen: «Gott will nicht, dass du so schmutzige Worte sagst!» Begann der Sohn den Vater zu kritisieren, kniete der Vater nieder und betete: «Gott hilf, dass mein ungehorsamer Sohn endlich vernünftig wird!» In der Kriegsgeneration hat es eine ganze Anzahl von Pfarrern gegeben, die nicht nur ihre Kinder, sondern auch ihre Konfirmanden im Namen Gottes geschlagen haben. Der Psychologe Tilmann Moser nennt diese Form der körperlichen und seelischen Gewalt «Gottesvergiftung». Mein Freund Martin wurde so vergiftet, dass er bis heute an einer psychischen Erkrankung leidet. So kann in der Erziehung der Name Gottes missbraucht werden.

Ein beliebtes Mittel der Politik ist es, eigene Ziele religiös aufzuladen oder Gott als Beschützer einer bestimmten Nation darzustellen. Das «Gott mit uns» auf den Gürtelschnallen der deutschen Soldaten im Ersten Weltkrieg war nicht minder ein politischer Missbrauch wie der Ruf «Gott will es» der Kreuzritterheere. Und das Segnen von todbringenden Waffen oder atombetriebenen U-Booten ist ein ebenso eklatanter Missbrauch wie die Rechtfertigung von Gewalt im Namen eines «heiligen Krieges». Die Taten muslimischer Extremisten in den letzten Jahren bis hin zu den Anschlägen vom 11. September 2001 auf das World Trade Center in New York haben bei vielen den Eindruck hinterlassen, als seien Muslime aufgrund ihres Glaubens an Gott gewaltbereit. Doch der Islam, vom Koran bis zum islamischen Recht, erlaubt keinen Terrorismus, es gibt hier klare Vorschriften zum Schutz von Unbeteiligten und zur Verhältnismäßigkeit von Kriegshandlungen.

Sakrileg

Ein «Sakrileg» ist ein respektloser Umgang mit Orten, Gegenständen und Menschen, die einen hohen religiösen Wert besitzen. Der Begriff markiert eine Grenze: zwischen der Freiheit der Meinung und dem Schutz religiöser Gefühle. Wer den Respekt vor den religiösen Gefühlen anderer verliert, indem er ihre heiligen Orte, Gegenstände oder wichtige Personen vorsätzlich in falschen Zusammenhängen darstellt, der begeht ein Sakrileg. Ist Dan Browns berühmter Bestseller «Sakrileg. The Da Vinci Code» vielleicht selbst ein Sakrileg?

«In der Grande Galerie stürzte Jacques Saunière, der Museumsdirektor, zu einem der kostbaren alten Meister, einem Caravaggio, klammerte sich an den schweren Goldrahmen und hängte sich mit seinem ganzen Gewicht daran, bis das Gemälde sich von seiner Aufhängung löste. Die Leinwand beulte sich aus, als sie den rückwärts fallenden siebenundsechzigjährigen Gelehrten unter sich begrub. [...] Trotz aller Vorkehrungen, trotz aller Vorsichtsmaßnahmen war Jacques Saunière unvermutet zum letzten Glied der Kette geworden, der letzte Wahrer eines der mächtigsten Geheimnisse, die es je gegeben hat.»

«Sakrileg» beginnt mit einer packenden Anfangsszene, die nichts weniger verheißt, als das größte Geheimnis des Christentums zu entschlüsseln. Dafür muss Jacques Saunière, der «letzte Wahrer» dieses Geheimnisses, gleich zu Beginn sterben – aber nicht ohne den entscheidenden Hinweis zu hinterlassen, mit dem die Suche nach der Lösung des Rätsels – quer durch Frankreich, England und Italien – beginnen kann.

Das Buch wurde bislang acht Millionen Mal verkauft, und auch die Verfilmung mit Tom Hanks und Audrey Tautou zog Millionen Zuschauer in den Bann. Bei vielen Kinogängern und Buchlesern veränderte Dan Browns Geschichte die Annahmen über Jesus, sein Wirken und Leben. Viele glaubten nun, dass Jesus gar nicht gestorben und wieder auferweckt worden sei, sondern Maria Magdalena geheiratet und mit ihr eine Tochter gezeugt habe. Marias Körper, ihr «Schoß», sei der legendäre Heilige Gral, ein heiliger Gegenstand, um den sich viele Legenden ranken und nach dem die Menschen seit Jahrtausenden gesucht haben. Einen versteckten Hinweis darauf würde

Leonardo da Vinci in seinem berühmten Gemälde «Das Abendmahl» geben: Das Bild zeigt Jesus mit seinen Jüngern beim letzten Abendmahl. In «Sakrileg» legt Dan Brown allerdings nahe, dass es sich bei der Person neben Jesus nicht um den Jünger Johannes, sondern um Maria Magdalena handele. Ursprünglich sei sie es gewesen, die eine Glaubensgemeinschaft gründen sollte. Erst Kaiser Konstantin habe Jesus zu Gottes Sohn erklärt. Diese Tatsachen seien jahrelang von der Kirche verheimlicht worden – und in der Geschichte von Dan Brown kommen der Harvard-Professor Robert Langdon und die Polizistin hinter dieses wohlgehütete Geheimnis.

Was sich für einen packenden Thriller und einen erfolgreichen Kinofilm als eine ausgezeichnete Story erweist, stößt in der Realität an religiöse Grenzen: Dan Brown vermischt Fiktion und Wahrheit derart überzeugend, dass man sich fragt, ob es ihm beim Schreiben nur um gute Unterhaltung gegangen ist oder ob er nicht vielleicht auch den christlichen Glauben in ein zwielichtiges Licht rücken wollte.

Browns Thriller stellt die These auf, Jesus habe mit Maria Magdalena eine Tochter gezeugt, deren Nachkommen es nach Frankreich verschlagen habe. Völlig haltlos schienen diese Annahmen nicht zu sein, tauchten doch Archivdokumente auf, die die Existenz einer sogenannten «Bruderschaft von Sion» zu belegen schienen, eines Geheimbundes, der die Aufgabe gehabt haben soll, das «anstößige» Wissen um Jesus und Maria zu bewahren. Außerdem fand man die Stammbäume der Nachkommen von Jesus und von Maria Magdala. Doch die angeblichen Archivdokumente stellten sich bald als eine dreiste Fälschung des Franzosen Pierre Plantard heraus, der die sensationellen Dokumente in den sechziger Jahren Museen untergeschoben und mit gefälschten Echtheitszertifikaten versehen hatte.

Für Christen bestünde gar nicht unbedingt ein Problem darin, wenn Jesus tatsächlich ein Kind mit Maria Magdalena gehabt hätte. Der Name Jesu Christi wird aber in dem Moment missbraucht, wo die

Zeugung einer Tochter anstelle der Bedeutung seines Todes gestellt wird. Denn für einen Christen ist der Tod Jesu am Kreuz nicht nur der Tod eines Menschen, der bis zuletzt zu seiner Sache gestanden hat, obwohl er von römischen Soldaten auf brutalste Weise gefoltert wurde, was schon an sich Respekt verdient. Sondern er besitzt auch deshalb Symbolkraft, weil der brutale Tod nicht das letzte Wort behält: Gott rückt Jesu Sterben ins rechte Licht; Jesus wurde wieder auferweckt.

Nun wird in «Sakrileg» gerade die Auferstehung als eine kirchliche Täuschung dargestellt. Der christliche Glaube wird als eine Lüge aus Verschwörung und Betrug beschrieben und das Besondere an der Person Jesu allein im Verschweigen seiner sexuellen Beziehung zu Maria Magdalena gedeutet.

Natürlich ist es eine spannende Frage, was aus dem Christentum geworden wäre, wenn Jesus vor seinem Tod mit Maria Magdalena ein Kind gezeugt hätte. Bei Dan Brown vermischt sich diese Frage aber mit Theorien von Lüge und Verschwörung, Gotteslästerung und seitenweise Missbrauch von Namen; Vermutungen werden als Tatsachen hingestellt: Der Autor macht nicht deutlich, dass es allein um Unterhaltung, um Fiktion geht und nicht um die Darstellung historischer Fakten. Wenn er die Botschaft verbreitet, nicht das Christentum, sondern die Sexualität sei die «wahre Religion», verletzt er die Gefühle vieler Gläubigen, und die Grenze zum Missbrauch von Gottes Namen ist überschritten.

Der Rostocker Professor Thomas Klie fasst in drei Punkten das «Boulevard-Klischee» zusammen, nachdem die Erfolgsstory «Sakrileg» gestrickt ist:

1. *Die katholische Kirche wird als über alle Maßen reich, mächtig und korrupt dargestellt.*
2. *Sie hält ihre Gläubigen von der großen Wahrheit fern und speist sie ab mit kleinen Lügen.*

3. *Und schreckt selbst vor Mord und Gewalt nicht zurück. Dafür*
   braucht sie einen kirchlichen Geheimdienst – einen päpstlichen
   CIA. Was im finsteren Mittelalter die Inquisition erledigte, erledigt
   heute ein militärisch organisierter Orden: das «Opus Dei».

Ich weiß nicht, ob Dan Brown den Namen Jesu allein aus kommer-
ziellem Interesse missbraucht hat oder um den Christen zu schaden.
Vielleicht ist er auch selbst seinen «Beweisen» aufgesessen, oder er
hat sich einfach keine Gedanken darüber gemacht, was er mit seiner Darstellung bei Christen auslösen kann – am Versuch der katho-
lischen Kirche, einige Szenen des Films zu verbieten, wird deutlich,
dass Dan Brown hier die Schmerzgrenze für viele Gläubige überschritten hat. Das Spiel mit «Codes», das Dan Brown betreibt, ist ja an
sich unterhaltsam, mitunter sogar spannend. Nur sollte es auch als
Spiel gekennzeichnet sein und nicht für sich in Anspruch nehmen,
historische Wahrheiten abzubilden.

Denn plötzlich sahen auch andere die Möglichkeiten, mit sensationellen Enthüllungen an die Öffentlichkeit zu treten: Es war kein
anderer als der kanadische Regisseur James Cameron, der in einer
äußerst professionell gemachten Dokumentation zu Ostern 2007 das
vermeintliche Grab der Familie Jesu präsentierte und damit die Grenze des Missbrauchs endgültig überschritt. Die antiken Sarkophage
waren zuvor medienwirksam in der New York Public Library aus-
gestellt worden und wurden von den Pressefotografen für die großen
Publikumszeitungen auf der ganzen Welt abgelichtet.

Im Zentrum des Dokumentarfilms stand allerdings ein Grab, das
bereits 1980 bei Bauarbeiten in einem Jerusalemer Vorort gefunden
wurde. Es enthielt zehn Knochenkisten, sogenannte Ossuare, mit den
sterblichen Überresten von etwa 17 Personen. Sechs von ihnen wiesen Buchstabenritzungen auf, die als Namensangaben entschlüsselt
wurden: u.a. «Yoseh», also Josef, «Yeshua», Jesus, «Mariamene (ge-

nannt) Mara» und «Yehudah». Die Namensgleichheit der bestatteten Menschen mit den biblischen Personen wurde zwar von der Wissenschaft als zufällig angesehen, weil diese Namen zu den häufigsten der damaligen Zeit gehörten. Camerons Team verbreitete aber trotzdem die These, dass es sich um die Überreste der Familie Jesu handeln müsste und beruft sich dabei auf den Thriller von Dan Brown als historische «Quelle».

In einem Beitrag für die Zeitschrift «Welt und Umwelt der Bibel» hat Jürgen Zangenberg, Professor an der Universität Leiden (NL), die Thesen des Cameron-Teams aus Sicht der Archäologie dann auch eindeutig widerlegt. Er kommt zu dem Schluss: Was hier zu einer handfesten Sensation aufgeblasen wurde, hat mit Wissenschaft nichts mehr zu tun.

Gottes Tattoo

Den Namen Gottes kann man missbrauchen, indem man ihn für die eigenen Ziele benutzt oder aber indem man seine Existenz leugnet. Wie Gott selbst mit Namen umgeht, kann im Buch des Propheten Jesaja nachgelesen werden: Dort heißt es im 43. Kapitel: «Ich habe dich bei deinem Namen gerufen. Du bist mein!» Das Aussprechen des Namens schafft eine Beziehung zwischen Gott und Mensch, die unter der Hoffnung steht, dass sie nicht missbraucht wird. Später erfährt man sogar, dass Gott sich den Namen auf seine beiden Handflächen «eingräbt», heute würde man sagen, eintätowiert.

Das erinnert mich an die 14-jährige Sabine, die sich mit einem Kuli den Namen und die Telefonnummer eines Jungen auf die Hand schreibt, den sie gerade kennengelernt hat. Die beiden wollen sich unbedingt noch einmal treffen und wissen jetzt: Mein Name steht auf seiner Hand und sein Name auf meiner. Wir werden uns wiedersehen.

Bei Jesaja geht es aber um Zeichnungen, die in die Haut eingegraben sind, also um richtige Tattoos, die nicht so einfach zu entfernen sind. Wie bei Liebenden, die sich das Bild oder den Namen ihres Geliebten tätowieren lassen – für immer. So wie z. B. die Schauspielerin Angelina Jolie, die sich den Namen ihres ersten Mannes, des Musikers «Billy Bob», auf ihren linken Oberarm tätowieren ließ. Nachdem die Hollywood-Schauspielerin sich von ihm getrennt hatte, versuchte sie jedoch, mit dem Tattoo auf ihrer Haut auch die Erinnerungen an diese Beziehung auszumerzen.

Tätowierungen lösen ganz unterschiedliche Assoziationen aus: Auch Sklaven mussten sich früher den Namen ihres Herrn auf die Hände oder Arme tätowieren lassen. Und wir kennen die eintätowierten Nummern von KZ-Häftlingen, deren Namen aus der Erinnerung gelöscht werden sollten.

Doch in der Geschichte des Jesaja geht es um das Gegenteil, um das Erinnern und nicht das Vergessen, um Verbundenheit und nicht um Abhängigkeit. Tattoos sind sicher nicht jedermanns Geschmack, aber wer den Namen des anderen auf die eigene Haut geschrieben hat, will ihn nicht mehr vergessen. Denn sein eigenes Geschick ist auf immer mit dem anderen verbunden: *Siehe in die Hände habe ich dich gezeichnet, ich habe deinen Namen auf meine Hände geschrieben (Jesaja 49, 16).*

Was gehen wir nun aber mit unserem Namen und den Namen Gottes um, wo der Missbrauch gar nicht so abwegig ist?

1. Keine Ansammlungen von Buchstaben

Als Erstes sollte man sich bewusst machen, dass ein Name nicht nur eine Ansammlung von Buchstaben ist. Er ist viel mehr: Wir identifizieren uns mit ihm. Hinter dem Namen verbirgt sich unsere Identität. Und wer seinen Namen preisgibt, der gibt ein Stück von sich selbst preis und macht sich verletzlich. Deshalb sollten wir immer achtsam mit dem Namen anderer umgehen. Erst, wenn ich den Namen eines anderen Menschen kenne, dann stehe ich auch in einer Beziehung zu ihm. Ansonsten ist er anonym für mich. Auch bei Gott geht es um eine Beziehung, in der er zum Menschen steht.

2. Man darf den Namen gebrauchen, aber nicht missbrauchen

In der Bibel steht, dass es – zumindest aus der Sicht Gottes – um eine sehr enge Beziehung zwischen ihm und den Menschen geht. In engen Beziehungen darf man den Namen des anderen auch benutzen. Zum Beispiel um ihn anzurufen, wenn man von schönen Erlebnissen erzählen möchte oder Trost sucht.

Doch auch im Verhältnis zwischen zwei Menschen hat es einen schalen Beigeschmack, wenn man den Namen eines anderen missbraucht, indem man über ihn schlecht redet, seinen Namen als Schimpfwort verwendet oder ihn nicht mehr erwähnt, weil man ihn aus der Erinnerung streichen möchte. So wird auch von Gott erzählt, dass er richtig ärgerlich werden kann, wenn die Menschen ihn für ihre eigenen Ziele missbrauchen wollen. Natürlich steht man in der Öffentlichkeit gut da, wenn man erzählt, dass Gott die eigene Meinung teilt. Aber das ist eine der schlimmsten Formen des Missbrauchs, vor allem wenn es Politiker oder Gewalttäter tun.

3. Grenzen ausloten

Natürlich darf man über Gott auch Witze machen, Romane schreiben und sich einen spannenden Thriller ausdenken. Wer als religiöser Mensch nicht über sich selbst lachen kann, die eigene Kirche auch in einem kritischen Licht sieht und seine eigene Person nicht so wichtig nimmt, hat wenig von der Freiheit eines Christenmenschen begriffen. Doch auch hier gibt es Grenzen. Und diese Grenzen müssen heute wieder neu ausgehandelt werden. Denn wer die religiösen Überzeugungen seiner Mitmenschen nicht mehr achten kann, der braucht Nachhilfeunterricht in gutem Benehmen, einen Knigge für leichtfertige Gottesleugner sozusagen.

4. Respekt zeigen

Nicht nur wenn wir mit Christen, sondern vor allem auch wenn wir mit Muslimen aus den arabischen Ländern und der Türkei zusammentreffen, erleben wir, dass Gott eine Macht ist, vor der man Ehrfurcht hat. Muslimische Männer beten zum Beispiel auch während ihrer Arbeit zu Gott, auch wenn das für uns komisch wirkt. Man muss selbst nicht religiös sein, um die religiösen Empfindungen anderer Menschen zu respektieren. Zum Respekt gehört zu verstehen, was den Mitmenschen heilig ist. Wir können nicht selbst von den muslimischen Mitbürgern Toleranz für die Rechte der Frauen fordern, wenn wir ihre Formen der Religiosität gleich in die Nähe von Gewalttätern bringen. Es ist besser, einmal eine Moschee im Stadtteil zu besuchen, als die Muslime unter Generalverdacht zu stellen. Wer sich von Muslimen ihre Religion erklären lässt, erfährt mehr davon als durch jeden Bericht im Fernsehen – so wie man auch von Christen am besten im Gespräch erfahren kann, was ihnen wichtig ist.

Auch wenn der Millionenerfolg von Sakrileg einen anderen Eindruck vermittelt: Wir befinden uns mitten in der Diskussion darüber, was uns heilig ist. Dazu wäre es gut, wenn wir nach einem literarischen und einem philosophischen Quartett, nach Marcel Reich-Ranicki und Peter Sloterdijk auch ein religiöses Format hätten, wo genau darüber offen diskutiert werden kann.

9. Chillout
oder: Die Ruhe heiligen

Was macht man eigentlich am Sonntag? Glaubt man den Großeltern, hat man sich früher an diesem Tag in der Familie getroffen. Oft kamen Tanten und Onkel oder Cousinen zu Besuch. Es gab Pflaumen- oder Streuselkuchen, und die Kinder spielten zusammen im Hinterhof. Mehrere Generationen saßen zusammen, um zu plaudern und in Ruhe den Tag zu genießen. Irgendwann wurde die Spielesammlung herausgeholt, und die ganze Familie spielte Halma oder «Mensch ärgere dich nicht». Später hat man einen Verdauungsspaziergang gemacht – im Wald, auf der Stadtpromenade oder in einem Park. Dort konnte man weitere Bekannte treffen. Im Sommer fuhr man ans Wasser, an einen See oder ans Meer, um sich zu erholen und bei einem Picknick die Sonne zu genießen.

Und heute? Man zieht durch das verwirrende Labyrinth der IKEA-Gassen, um sich über die neusten Bezüge des Ecktorp Sofas auszutauschen. Und irgendwann werden die Kinder in der Spielecke aufgesammelt, um den Tag mit einem echten Schwedischen Hotdog zu krönen. Oder man flaniert am verkaufsoffenen Sonntag in den Geschäften der Einkaufspassagen. Versucht noch schnell ein tolles Auto zu gewinnen, ohne zu ahnen, dass die Adresse auf der Karte, die man gerade durch das offene Fenster des Traumautos geworfen hat, für teures Geld weiter verkauft wird. Und vergnügt sich in der Innenstadt, die selten mehr Besucher als an diesem Tag zählt. Brauchen wir den freien Sonntag noch? Ist er langweilig geworden? Wo finden wir Stille, um zu uns zu finden? Und was hat der Ring des Gyges mit den Kettenrauchern von der Zeitsparkasse zu tun?

Ein dösiger Dusel mit einer Matschbirne

Für viele Berufsgruppen ist der Sonntag ein ganz normaler Arbeitstag: Ärzte, Verkäuferinnen, Journalisten, Köche, Taxifahrer und viele andere Berufe, die im Schichtdienst oder in der Tourismusbranche arbeiten müssen. Etwa 20 % + x aller Berufsgruppen arbeiten offiziell an Sonn- und Feiertagen – mit steigender Tendenz. Der Sonntag als Ruhetag mit dem Recht auf Nichtstun ist in Gefahr. Vielen ist dieses Recht genommen. Manche müssen auch von selbst darauf verzichten, weil sie in der Woche zu wenig Geld verdienen. Eine Friseuse zum Beispiel, die mit fünf Euro Stundenlohn – trotz einer vollen Stelle – nicht ihren Lebensunterhalt zusammenbekommt und deshalb am Wochenende Freunden und Bekannten noch die Haare schneidet. Und das ist die Unbekannte bei den 20 % + x: Menschen, die den Sonntag nutzen, um sich etwas dazuzuverdienen, weil sie arbeitslos sind oder das Geld sonst nicht reicht.

Der Sonntag ist begehrt: Stadträte müssen über den Antrag entscheiden, Autowaschanlagen auch am Sonntag zu öffnen. Die Einzelhandelsverbände wollen mehr verkaufsoffene Sonntage. Die Bürgermeister möchten gern mehr Touristen in die Städte ziehen. Im Einkaufs-Center auf dem Bahnhof und den Service-Centern in den Tankstellen brummt das Geschäft.

Der Sonntag ist auch auf der anderen Seite begehrt: Er ist oft der einzige Tag in der Woche, wo die Familie füreinander Zeit hat, ein ausgiebiges Frühstück möglich oder ein Ausflug oder totales Faulenzen angesagt ist. Mit der Clique kann man in die Berge oder an den See ziehen, und auch die Kirchen haben am Sonntag geöffnet, zum Singen, Ruhe tanken und um Gott zu danken.

Für mich ist der Sonntag allerdings in erster Linie ein Arbeitstag: Ich halte wie viele meiner Kollegen Gottesdienste oder Wochenend-seminare, schreibe an Manuskriptseiten oder sitze in einem Rundfunkstudio, um auf Sendung zu gehen. Und wenn ich am Sonntag mal zu Hause bin, klingelt bestimmt das Handy, weil irgendjemand den freien Tag nutzt, um noch eine ganz wichtige Frage loszuwerden oder eine Abmachung zu treffen. Bei dem ganzen Stress merke ich selbst zuletzt, dass mir etwas fehlt. Selbst wenn ich völlig erschöpft bin, sage ich mir, dass doch noch etwas geht. Ich lebe auf Verschleiß und denke immer, wenn ich dies und jenes noch gemacht habe, dann mache ich mal richtig Pause. Aber Pustekuchen. Schon stehen die neuen Aufgaben vor der Tür. Ohnehin gehöre ich zu den Menschen, die schlecht «Nein» sagen können. Und ich habe den Verdacht, dass auch das «Nein»-sagen-Können etwas mit dem Sonntag zu tun hat.

Oft sind es erst die Kinder, die den Erwachsenen die Wahrheit ins Gesicht sagen. Mein siebenjähriger Sohn traf den Nagel auf den Kopf, als er sich neulich vor mir aufbaute und mit resoluter Stimme sagte: «Papa, du erzählst immer, dass man einen Tag in der Woche ganz frei machen und nicht arbeiten soll. Aber selber hast du nie Zeit für uns.»

Zur Ruhe zu kommen kann anstrengend sein, ist auch Arbeit, eine andere Form von Arbeit. Meinen Ruhetag muss ich verteidigen, gegen andere, gegen mich selbst, meine Ansprüche, das Nichterledigte noch zu tun, das Achtzigprozentige noch auf hundert Prozent zu bringen. Also habe ich beschlossen, dass ich einen festen freien Tag in der Woche einhalte. Meistens ist der Tag der Samstag. Manchmal auch der Montag. Mein Sohn hat mir schon angekündigt, dass ich an diesem Tag über kurz oder lang auch das Handy abgeben muss. Die langen Telefonate nerven ihn nämlich, weil immer etwas dazwischenkommt, wenn wir dann endlich mal was zusammen unternehmen wollen. Recht hat er, denke ich.

Als ich meinem Zwillingsbruder, der selbst als Pfarrer arbeitet, von meinen Schwierigkeiten erzähle, einen Tag in der Woche freizumachen, mailt er mir einen Brief, den ihm seine achtjährige Tochter geschrieben hat.

«Lieber Vater,

Du bist immer am Arbeiten. Ich schreibe Dir nun einen Brief, warum es wichtig ist, nicht immer zu arbeiten:

1.   Damit Du auch mal zu Hause bist!
2.   Damit Du dich nicht überanstrengst!
3.   Damit Du kein dösiger Dusel mit einer Matschbirne wirst!
4.   Damit Du nicht gestresst bist!
5.   Damit Du zu Hause nicht der Schrecken der Familie bist!

Jeder muss mal eine Pause machen. Das allein fällt vielen schwer: Aber ewig etwas machen, ist das nicht noch schwerer? Meistens ist man zu spät da. Man überarbeitet sich oft. Ist es denn richtig, pausenlos zu arbeiten? Rastlos im Büro zu stehen: Einfach schrecklich! Man bekommt Stress, und Schweißperlen kullern über die Stirn! Ist das nicht eine Plage? Sollte man dann keine Pause machen? Zehn Stunden jeden Tag arbeiten!

Was tun die Erwachsenen, die sich doch so viel freinehmen könnten? Sie arbeiten wie Sklaven. Und dann werden sie auch noch von ihren Familien angemeckert, dass sie zu viel arbeiten. Was für ein Stress! Wie kann man «Pause machen» lernen? Na klar, von seinen Kindern! Denn Kinder sind manchmal viel klüger als die Erwachsenen.

Stell dir vor, du wärst ein Bauarbeiter und du wärst krank. Und dein Chef sagt zu dir, dass du trotzdem zur Arbeit kommen musst, weil ein Haus fertig gebaut werden soll. Er ermuntert dich und ruft: Ja! Ja! Ja! Aber da kommt dein Kind, und es sagt, dass du es nicht tun sollst, versucht, dich davon abzubringen. Es ruft: Nein! Nein! Nein! Mancher wird sagen: «Mein Chef hat gesagt, ich soll es machen, also mache ich es! Die Arbeit ist wichtig!» Aber dein Kind? Es wird denken: Ist die Arbeit wichtiger als die Gesundheit? Die richtige Antwort müsste lauten: «Nein, ich bleibe zu Hause, denn ich kann erst wieder arbeiten, wenn ich gesund bin.»

Alles Liebe, Deine Tochter!

Unsere Kinder haben recht! Wir Erwachsenen müssen mehr auf die Kinder hören. Von ihnen lernen wir, wie man sinnvoll mit der Zeit umgeht. Sie lassen sich nicht hetzen und können noch zeitvergessen spielen.

Zeitdiebe

Wer sich nicht mehr erholen kann, wird krank oder – vielleicht noch schlimmer – ein dösiger Dusel mit Matschbirne, der nur noch rastlos durch die Gegend hetzt, weil er keine Zeit mehr hat. Vielleicht sind wir sogar auf dem Weg dazu, eine ganze Gesellschaft von dösigen Duseln mit Matschbirnen zu werden. Diese Befürchtung hatte jedenfalls der Schriftsteller Michael Ende, als er ein Buch über Zeitdiebe schrieb. Darin beschreibt er, was passiert, wenn Gyges sich die Gestalt von grauen Herren, die Zigarren auf Kette rauchen, gibt und sein Ring als Zeitsparkasse daherkommt.

Es ist eine «seltsame Geschichte von den Zeitdieben», die der 1995 verstorbene Michael Ende meisterhaft in seinem Buch «Momo» erzählt. Momo ist ein Mädchen mit schwarzen Haaren und schwarzen Augen; und: Sie hat die Ruhe weg. Sie ist fröhlich, spielt oft in einem alten Amphitheater mit den Kindern einer namenlosen Stadt selbstvergessene aufregende Spiele. Gigi Fremdenführer und Beppo Straßenkehrer sind Momos Freunde. Und da gibt es noch eine geheimnisvolle alte Schildkröte, die auf den Namen Kassiopeia hört und eine halbe Stunde in die Zukunft schauen kann.

Übrigens: Seit ich Kassiopeia in der Momoverfilmung im Kino gesehen habe, nehme ich manchmal ein Schneckenhaus mit zu meiner Arbeit und schreibe dann auf einen Zettel: Langsamer werden heißt Zeit gewinnen!

Momo hat eine besondere Begabung: Sie kann sehr gut zuhören. Sie kann sogar so gut zuhören, dass sie den anderen überhaupt keine Ratschläge geben muss. Denn wer ihr von seinen Problemen erzählt, dem wird allein durch ihre zugewandte Ruhe klar, was er verändern muss. Momo kann den Moment der Stille zwischen zwei Menschen aushalten, sie nimmt sich Zeit für andere Menschen und sie besitzt die Fähigkeit zu trösten. Tiere sind für sie Geschöpfe, die den Menschen wichtige Botschaften geben können, obwohl sie nicht sprechen und ihr ganz eigenes Empfinden haben für die Zeit.

Um Momo herum sind die grauen Herren mit ihren Zigarren am Werk. Sie sehen gehetzt aus, sind dabei elegant, aber ganz in Grau gekleidet und vertreten eine Sparkasse, genauer gesagt eine Zeitsparkasse. Dabei haben sie keine eigene Persönlichkeit, besitzen auch keinen eigenen Namen, sondern nur Buchstaben und Nummern. Als unermüdliche Vertreter ihrer Bank bringen sie die Erwachsenen dazu, einen Teil ihrer Zeit zu sparen. Je mehr Lebenszeit die Menschen sparen, desto kürzer werden die Tage und Wochen. Dafür wird ihnen ein Gewinn in Aussicht gestellt, der in der Zukunft liegt, das Glück, in Zukunft einmal mehr Zeit zu haben. Nach dem Besuch der grauen Herren vergessen die Erwachsenen, dass sie nun Zeitsparkunden sind. Von nun an hetzen sie nur noch durch den Tag.

Als immer mehr Erwachsene den grauen Herren verfallen, holt Momo alle Kinder zu einer Demonstration zusammen, um mit ihnen die Erwachsenen über die grauen Herren aufzuklären. Aber die haben natürlich keine Zeit. Und es kommt noch schlimmer: Von nun an werden auch die Kinder von den grauen Herren besucht. Auch sie haben keine Zeit mehr zum Spielen, da sie den ganzen Tag nur noch lernen und am Nachmittag betreut werden.

Momo ist bald allein in ihrem Amphitheater. Kein Kind kommt mehr zu ihr, um zu spielen, und die grauen Herren kontrollieren die ganze Stadt. Bald haben sie es erreicht, dass jeder Einwohner zu ihren Kunden gehört. Was die Menschen aber nicht wissen ist, dass die grauen Herren ihre Zeit aufrauchen. Ihre Zigarre besteht nämlich aus der getrockneten Zeit der Zeitsparkunden. Und so wird es nie mehr freie Zeit geben, aber das ist nicht die einzige Veränderung für die Menschen: Weil die Einwohner der Stadt ihre Zeit den grauen Herren zur Verfügung stellen, verschwindet auch die Menschlichkeit, die Fähigkeit zuzuhören, das zwecklose Spielen und auch die Zeit für die Liebe, ja selbst für das Lachen.

Auch Gigi Fremdenführer wird bald ein Opfer der Zeitsparkasse. Die grauen Herren sorgen einfach dafür, dass er berühmt wird. Nur Beppo der Straßenkehrer lässt sich nicht blenden. Er hat seine Lebenserfahrung. Er erklärt Momo, dass man sich Auszeiten gönnen muss zum Innehalten, um etwas zu schaffen. Für ihn sind die Pausen das Wichtigste, um wieder Kraft zu schöpfen. Beppo ist ein Meister darin, Zeiträume richtig einzuschätzen und seinen Tag nicht zu voll zu packen. Michael Ende schreibt über ihn: «Beppo, der Straßenkehrer, tat seine Arbeit gern und gründlich. Er wusste, es war eine sehr notwendige Arbeit. Wenn er die Straßen kehrte, tat er es langsam, aber stetig: bei jedem Schritt einen Atemzug und bei jedem Atemzug einen Besenstrich. Schritt – Atemzug – Besenstrich. Schritt – Atemzug – Besenstrich. Dazwischen blieb er manchmal ein Weilchen stehen und blickte nachdenklich vor sich hin. Und dann ging es wieder weiter (…) Während er sich so dahinbewegte, vor sich die schmutzige Straße und hinter sich die saubere, kamen ihm die besten Gedanken. Nach der Arbeit, wenn er bei dem Mädchen Momo saß, erklärte er ihr seine großen Gedanken. (…)» Doch Beppo, der sich nicht auf die grauen Herren einlassen will, wird in ein psychiatrisches Krankenhaus gebracht.

Nur Momo gelingt es – mit Hilfe des alten Meisters Hora, einer Zeitblume und der Schildkröte Kassiopeia –, die Machenschaften der grauen Männer zu durchschauen und zu beenden. Momos Botschaft lautet: Lass dir deine Lebenszeit nicht stehlen. Lass dich nicht hetzen. Sondern nimm dir Zeit für deine Freunde und deine Familie. Leg deine Uhr ab, schalte das Handy aus, nimm dir Zeit zum Spielen und für die Schönheit der Natur. Schau dir die Dinge länger an und freu dich an der Schönheit der Blumen.

Vielleicht hätte Momo heute die Kinder zu einer Demonstration gegen die verlängerten Öffnungszeiten in das Amphitheater eingeladen. Ob es etwas genützt hätte?

Christin sitzt unruhig auf ihrem Stuhl und rutscht hin und her. In fünf Minuten ist die Unterrichtsstunde vorbei und sie kann endlich nach Hause gehen – nach Hause zu Mama, ihrem kleinen Hündchen und vor allem zu ihrem Papa – heute ist nämlich Freitag, und ihr Vater kommt endlich nach Hause.

Die ganze Woche über musste er arbeiten, in einem großen Kaufhaus ziemlich weit weg von ihrer Stadt. Weil es dort Arbeit gab. Darum hatte er sich dort auch eine Wohnung gemietet. Mama sagte, es würde zu teuer werden, wenn er jeden Tag nach Hause fahren würde, und auch zu anstrengend für Papa. Seitdem wohnten Christin und ihre Mutter allein in der 3-Zimmer-Wohnung. Doch an jedem Wochenende kam er sie besuchen, und darum waren diese Tage für Christin die wichtigsten der ganzen Woche.

Aber an diesem Wochenende ist etwas anders. Als Christin nach Hause kommt, wartet ihre Mutter schon mit dem Mittagessen auf sie und sieht gar nicht so glücklich aus wie sonst. «Papa kann heute nicht kommen, er muss auch am Sonntag noch arbeiten. Es würde sich nicht lohnen, nur für einen Tag den weiten Weg zu fahren. Sei nicht traurig.» Christin war verwirrt, das war das erste Mal, dass ihr Vater nicht nach Hause kam. «Aber wer arbeitet denn am Sonntag?», fragte sie, «da sind doch alle Läden geschlossen.» Ihre Mutter sieht sie traurig an: «Das ist irgendeine Aktion, die sich das Kaufhaus ausgedacht hat. Papas Chefs versprechen sich einen Haufen Umsatz davon. Es könnte sein, dass es in nächster Zeit mehrere solcher verkaufsoffenen Sonntage gibt und Papa öfter nicht nach Hause kommen kann. Aber wir brauchen das Geld, und darum muss er dort bleiben und arbeiten. Sei nicht traurig – wir werden dieses Wochenende einfach ganz viel unternehmen, einverstanden?» Christin geht enttäuscht in ihr Zimmer. Sie hat sich so auf ihren Vater gefreut. Viel zu selten konnten sie sich sehen, und nun wollte ihr irgendein Kaufhaus auch noch diese wenigen Stunden nehmen. Sie wusste, dass ihre Mutter versuchen würde, das Wochenende so schön wie möglich zu gestalten, aber es würde nicht das Gleiche sein.

Diese Geschichte zeigt, wie aktuell Michael Endes Buch auch heute noch ist: Die Menschen haben keine Zeit mehr füreinander, hetzen nur noch von einem Termin zum nächsten. Für die wirklich wichtigen Dinge im Leben fehlt ihnen die Zeit, zum Beispiel für ihre Familien, ihre Freunde, die Tiere und die Natur. Michael Ende glaubte, dass sich dadurch das Wesen des Menschen verändert, weil wir alles nur noch unter dem Aspekt des Nutzens ansehen: Die Tiere sind nur noch da, weil sie uns als Nahrung dienen oder als Objekte der Anschauung im Zoo. Eine Beziehung zu ihnen bauen wir nicht mehr auf, und deshalb können wir sie auch nicht mehr verstehen. In den Städten verwandeln wir die Hinterhöfe zu Parkplätzen und die Wiesen in Einkaufscenter. Schon längst haben die Kinder den Kampf gegen das Auto und den Beton verloren. Sie werden von den Schulen tagsüber verwahrt und zu Hause nach ihren Noten beurteilt, die sie für ihre Aufgaben bekommen. Das Recht auf eine Kindheit, die nicht unter Zeitdruck steht, wird ihnen oft nicht mehr zugestanden. Die Kinder müssen sich dem Zeittakt der Erwachsenen beugen. So verlernen sie das freie Spielen, haben selbst keine Zeit mehr für zufällige Bekanntschaften und zum Entdecken der Natur. Wer kann noch das Spiel mit den Murmeln einem anderen Kind zeigen? Statt jedes Kind in seiner individuellen Entwicklung zu fördern, werden sie nur betreut und durch unser Bildungssystem vereinheitlicht. Statt sich mit den Nachbarskindern Spiele auszudenken und verzauberte Orte aufzusuchen, an denen man Abenteuer erleben kann, werden die Kinder heute mit dem Auto von Termin zu Termin gebracht. Hausaufgaben sind wichtiger als Bewegung, Spaß und Spiel. Denn aus den Kindern soll ja etwas werden. Die Zeit wird zur Währung der modernen Gesellschaft. Und diese Währung wird wie Geld gespart. Aber was wird aus diesen Kindern, wenn sie einmal groß sind? Es werden Erwachsene aus ihnen, die gelernt haben, dass sie sechs Tage arbeiten müssen, um einen Tag ausruhen zu dürfen – wenn sie denn können.

Michael Endes Roman spricht auch unsere Sehnsucht nach mehr Zeit an und plädiert dafür, dass wir nicht den Blick für das Wesentliche verlieren, weil wir uns sonst überfordern und krank werden.

Burn-out

Das Gefühl, immer schneller leben zu müssen, macht uns langsam krank. Scheinbar erfolgreiche Menschen ticken im Minutentakt. Peter ist gerade sechsundzwanzig und leidet bereits unter dem Burn-out-Syndrom. Er ist ausgebrannt. Dabei lief alles so gut. Er war einer der Besten in seiner Firma, immer auf dem Laufenden, mehrere Projekte hatte er parallel geleitet und zum Erfolg geführt. Das Gehalt stimmte, aber seine Arbeit hatte auch ihren Preis: grenzenlose

Mobilität, 7-Tage-Woche, 14-Stunden-Tage, oft unterwegs. Der Stress, so hatte er sich immer gesagt, gehört dazu: Wer keinen Stress hat, hat auch keinen interessanten Beruf. Wie konnte es nur zu diesem Absturz kommen? Plötzlich schien nichts mehr eine Bedeutung zu haben. Wo er vorher noch so motiviert gearbeitet hatte, konnte er nun nur noch unter großer Anstrengung seiner Arbeit nachgehen. Immer mehr Anrufe blieben jetzt unerledigt. Peter hatte sich noch nie zuvor in seinem Leben so depressiv und erschöpft gefühlt. Dann hat ihn sogar sein Chef angesprochen und gesagt, dass er zu viele Fehler mache und sich nicht richtig konzentriere. Jahrelang hatte Peter all seine Kraft und Zeit in seine Ausbildung und seinen Beruf investiert, und nun passierte das. Alles schien gefährdet: seine Karriere, ja sein Job selbst stand auf der Kippe. Sein Chef hatte ihn sogar in Zwangsurlaub geschickt, ihn – den Workaholic der gesamten Abteilung.

Und als er seinen Arzt um Tabletten gegen seine Schlafstörungen gebeten hatte, da hat dieser ihm zu einer Therapie geraten, meinte, er leide unter dem Burn-out-Syndrom. Peter war enttäuscht, er hatte sich eine schnelle Besserung versprochen und wollte in spätestens drei Tagen wieder auf dem Damm sein. Nun hieß es, dass dieses Burn-out-Syndrom mehrere Monate der Behandlung bedürfe. Der Arzt hatte ihm geraten, sich selbst mehr Zeit und Raum zum Ausruhen und Regenerieren zu erlauben und sich ein neues Hobby zuzulegen. Es sei wichtig, wieder Distanz zu seiner Arbeit aufzubauen, um ihr aus einem neuen Blickwinkel zu begegnen. Doch Peter wusste gar nichts mit seiner neuen vielen freien Zeit anzufangen. Für einen Sportverein hatte ihm immer die Zeit gefehlt. Seine ehemaligen Freunde hatten inzwischen alle Familie, lebten weit weg; er wollte sich auch niemandem aufdrängen. Deprimiert saß er auf dem Sofa. Vielleicht hätte er sich schon eher einmal eine Auszeit gönnen sollen, dann wäre er jetzt wohl nicht ganz so ausgebrannt. Aber konnte es etwas Wichtigeres geben als seine Arbeit? Hatte er nicht seine ganze

Ausbildung davon geträumt, so einen Job zu bekommen, wie er ihn nun hatte? Doch irgendwas war mit ihm geschehen, was ihn langsam, aber stetig kaputt gemacht hatte: Wer sehr belastbar ist, wird oft immer weiter belastet, bis er schließlich zusammensackt.

Bei dem Gebot, den Ruhetag einzuhalten, geht es nicht nur um einen freien Tag in der Woche. Es geht um unseren Umgang mit der Zeit, der Zeit für Beziehungen, Familie und Freunde, für den Beruf oder die Schule, für Leistung und Anerkennung. Es geht auch um Erholung, Gesundheit und Lebensenergie und die Frage nach dem Sinn und der Bedeutung der Religion, ja, darum, was uns heilig ist. Und um das Recht auf Ruhepausen, im Kleinen und im Großen, geht es auch.

Aus und vorbei?

Er ist im Vorstand eines weltweiten Unternehmens. Er ist Anfang vierzig und hat es geschafft, ganz oben mitzuspielen. Klaus ist Topmanager, sein Vertrag kennt kein Stundenlimit. Aber er hat erreicht, wovon er schon als Schüler träumte. Ihm macht seine Arbeit Freude, er bezeichnet seinen Stress als «positiven Stress», denn er gehört zu den «Entscheidern», nicht zu den «Befehlsempfängern». Er hat eine wunderbare Frau und zwei Kinder, und er kann seiner Familie ein großes Haus mit viel Wald drum herum bieten. Außerdem ein Ferienhaus in Spanien. Er fährt sein Traumauto. Klaus fliegt wöchentlich in aller Herren Länder, er verdient monatlich das, was andere in einem Jahr verdienen. Er hat ein Familienhandy angeschafft, dessen Nummer nur seine Kinder und seine Frau kennen. Darüber können sie ihn erreichen, auf der ganzen Welt. Dennoch: Die Kinder kennen ihren Vater hauptsächlich aus der Urlaubszeit. Zwei bis drei Wochen im Jahr verbringen sie gemeinsam in Spanien. Und seine Frau hat sich damit abgefunden, ihren Mann nur am Wochenende zu sehen, manchmal nur für ein paar Stunden. Sie schätzt den Luxus und hofft darauf, dass ihr Mann sein Versprechen einlöst und mit 55 Jahren aufhört zu arbeiten, um sich ganz der Familie zu widmen.

Klaus hat in den letzten Wochen immer wieder starke Schmerzen im linken Brustbereich gespürt, auch einen Druck im Rücken. Er muss aber dieses wichtige Projekt noch fertig kriegen, dann wird er das Rauchen etwas reduzieren und den Sonntag zu Hause verbringen, um sich mal wieder richtig ausschlafen zu können. Plötzlich durchzieht ein stechender Schmerz seinen linken Arm, ihm wird übel, er möchte zur Toilette, er verliert das Gleichgewicht. Seine Sekretärin hat gleich den Notarztwagen gerufen. Als er wieder zu sich kommt, nach der Notoperation im Krankenhaus, will er sofort aufstehen und zurück ins Büro. Er schafft es aber nicht, ist zu schwach. Sein Herzinfarkt war so schwer, dass er mehrere Monate aussetzen muss. In der Reha denkt er über vieles nach. Dort trifft er Gerhard, der mit Anfang fünfzig einen Schlaganfall erlitten hat, seine Firma hat keine Verwendung mehr für ihn. Und er trifft Kurt, von dem sich seine Frau nach seinem Herzinfarkt getrennt hat, denn sie wollte keinen Krüppel als Mann. Klaus hat Glück gehabt. Sein Unternehmen ist flexibel genug, seine Arbeitszeit zu reduzieren, seine Familie hält zu ihm, ja, sie genießt es, jetzt öfter mit ihm zusammen zu sein. Aber die Angst vor dem nächsten Herzinfarkt bleibt.

Kleine Geschichte des Sonntags

Lange gibt es den Sonntag noch nicht, jedenfalls nicht in der Form, wie wir ihn kennen. Unter dem Titel: «Am siebten Tag. Geschichte des

Sonntags» fand vom Oktober 2002 bis April 2003 eine aufschlussreiche Ausstellung im «Haus der Geschichte der Bundesrepublik Deutschland» in Bonn statt. Hier habe ich gelernt, dass es erst seit 1891 ein allgemeines Verbot für die Sonntagsarbeit gibt. Heute finden wir eine Formulierung im Grundgesetz, die aus der Weimarer Reichsverfassung von 1919 übernommen worden ist. Da heißt es: «Der Sonntag und die staatlich anerkannten Feiertage bleiben als Tage der Arbeitsruhe und der seelischen Erhebung gesetzlich geschützt» (§140).

Der Familiensonntag, das Fußballwochenende und natürlich das «Saturday Night Fever» in Gaststätten und Discotheken kann auf keine lange Geschichte zurückblicken und ist auch heute ständig in Gefahr, sich dem ökonomischen Druck durch die Debatte um Ladenöffnungszeiten und Wochenendarbeit zu beugen.

Zum allgemeinen Verbot der Sonntagsarbeit kam es erst nach lauten Protesten aus der Bevölkerung. Eine sechs- bis siebentägige Arbeitswoche mit zehn- bis zwölfstündigen Arbeitstagen war die Realität für die überwiegende Mehrheit der Deutschen im 19. Jahrhundert. Die Industrialisierung hatte nicht nur die Menschen vom Land in die Städte gelockt und eine Mobilitätswelle ohnegleichen ausgelöst, sondern auch die Arbeitszeit an die Maschinenlaufzeiten angepasst. Und die konnten ja bekanntlich rund um die Uhr ackern. In sechzig Prozent der Betriebe mussten deshalb 42 Prozent der Beschäftigten am Sonntag arbeiten. Hinzu kam noch die Landwirtschaft, die aufgrund der Tierhaltung und der Wetterabhängigkeit für die Knechte und Mägde ohnehin keinen freien Tag kannte. Beim allgemeinen Verbot waren all jene Berufe ausgenommen, die dem Allgemeinwohl dienen, zum Beispiel die Feuerwehr, Krankenschwestern, Straßenbahnfahrer, Polizisten usw.

Natürlich hat der Sonntag selbst eine viel längere Geschichte: Sie beginnt mit der Schöpfungsgeschichte: Gott ruhte am siebten Tage der Schöpfung, und dann sollte dies auch für den Menschen gelten.

Das schloss, zumindest im jüdischen Glauben, auch die Sklaven, die Diener, ja selbst die Tiere mit ein. Alle hatten das Recht – ja die Pflicht – zum Müßiggang. In der Bibel heißt es dazu:

«Und so vollendete Gott am siebenten Tage seine Werke, die er machte, und ruhte am siebenten Tage von allen seinen Werken, die er gemacht hatte. Und Gott segnete den siebenten Tag und heiligte ihn, weil er an ihm ruhte von allen seinen Werken, die Gott geschaffen und gemacht hatte» (1. Mose 2, 2–3).

Gott vollendete am siebenten Tag die Schöpfung. Das bedeutet, dass dieser Tag Teil der Schöpfung ist und auch an diesem Tag etwas erschaffen wurde. Nicht der Mensch ist die Krone der Schöpfung – wie man so sagt –, sondern der siebte Tag, der Ruhetag, ist das Sahnehäubchen unserer wunderbaren Welt. Ein Tag der Ruhe für alle Lebewesen auf der Erde. Ein Tag, an dem wir in Frieden miteinander die Beine baumeln, die Hände ruhen lassen und die Gedanken auslüften können. Ein Tag, an dem nichts geschieht. Überhaupt nichts! Kein Axtschlag am Baum, kein Ochse vor dem Pflug, keine Sense im Korn. In der Ruhe liegt die Kraft. Gott nimmt sich Zeit zum Genießen seiner Schöpfung. Der siebte Tag ist eine Zeit des Genusses. Gott hat hier vorgemacht, wie es geht: sich einen Ruhetag nehmen, einen Perspektivwechsel ermöglichen, sich selbst und das eigene Schaffen betrachten. Aufmerksam werden für das, was ist. Neues entdecken und Lust bekommen auf die Welt um einen herum. Und dafür haben alle frei. Man kann auch einen Tag vorher schon alles beisammenhaben, was man an diesem Tag braucht. Und der Abwasch kann ebenfalls ruhig bis zum nächsten Tag warten.

Zum Rhythmus der Woche gehört ein freier Tag: der Sabbat. Da viele Christen aus den jüdischen Gemeinden kamen, feierten auch sie zu Beginn den Sabbat in ihren Häusern. Dann trennten sich die Wege zwischen Christen und Juden, und die Christen trafen sich nicht am Sabbat, sondern einen Tag später. Sie kamen am ersten Arbeitstag der Woche – am Abend – zum Essen zusammen und feierten so Jesu Auferweckung. Dieser Tag sollte unser Sonntag werden.

Durch die Verehrung Christi als «wahres Licht» und «Sonne des Heils» wurde der Name Sonntag auf den ersten Tag der Woche übertragen, da am ersten Tag der Schöpfung das Licht geschaffen wurde: «Und Gott sprach, es werde Licht. Und es wurde Licht. Es wurde Abend, und es wurde Morgen: der erste Tag». Der Sonntag erhielt so seinen Rang als ersten Tag der Woche.

Der Sabbat galt von nun an als Ruhetag der jüdischen Gemeinde, der Sonntag als Feiertag der Christen. Im Islam kam dann später der Freitag, der Ramadan, als Ruhetag hinzu, sodass jede der großen monotheistischen Religionen auch einen eigenen Ruhetag für sich beanspruchen kann. Ihre Mitglieder erkennt man bis heute auch daran, welchen Tag sie als Ruhetag feiern.

Heiligung

In den christlichen Gemeinden wurden die Bedeutungen, die in den jüdischen Gemeinden dem Sabbat zukamen, auf den ersten Tag der Woche, den Sonntag, übertragen. Dazu gehörte vor allem das Gebot der «Heiligung» des Ruhetages, das wir in der Überlieferung der Zehn Gebote finden. In der Lutherübersetzung von 1985 lautet das Ruhetagsgebot folgendermaßen:

«Gedenke des Sabbattags, dass du ihn heiligest.

Sechs Tage sollst du arbeiten und alle deine Werke tun.

Aber am *siebenten* Tage ist der Sabbat des Herrn, deines Gottes. Da sollst du keine Arbeit tun, auch nicht dein Sohn, deine Tochter, dein Knecht, deine Magd, dein Vieh, auch nicht dein Fremdling, der in deiner Stadt lebt.

Denn in sechs Tagen hat der Herr Himmel und Erde gemacht und das Meer und alles, was darinnen ist, und ruhte am *siebenten* Tage. Darum segnete der Herr den Sabbattag und heiligte ihn» (2. Mose 20, 8–11).

Gott segnete den siebten Tag und heiligte ihn. Das Wort «segnen», das Luther hier gebraucht, kommt von dem lateinischen Begriff «signare». In der deutschen Sprache kennen wir ja das Wort «signieren» oder «ein Zeichen machen». Segnen ist oft mit einem Zeichen verbunden, mit dem Auflegen der Hände auf den Kopf, mit dem Ausbreiten der Arme oder – in der christlichen Tradition – mit dem Andeuten eines Kreuzes.

Jeden Abend, wenn ich meine Kinder ins Bett bringe, «segnen» wir uns. Ich male ihnen mit meinem Zeigefinger ein Segenskreuz auf die Stirn und küsse sie. Dann malen sie mir ein Kreuz auf die Stirn und segnen mich. Das ist ein schönes Zeichen, um ruhig einschlafen zu können. Nicht nur für meine Kinder – auch für mich. Mit dem Segen sind gute Worte verbunden, er ist ein Zeichen für Schutz, Gesundheit, Wohlergehen und einen guten Schlaf.

Ein solches Zeichen, eine Signatur, gibt Gott in der Erzählung von der Schöpfung auch diesem einen Tag, dem Tag der Ruhe. Dieser Tag soll für jeden Menschen ein Zeichen von Glück, Frieden, Atempause und Freude sein. Der Segen, den Gott auf den siebenten Tag legt, überträgt sich auf den Ruhenden und schenkt ihm Kraft.

Das Wort «heiligen» ist abgeleitet von «Heil» und meint ganz schlicht «zu Gott gehörend». Wenn etwas heilig ist, dann ist es ein Teil von Gott. Dann ist es keine Nebensache, sondern etwas ganz Besonderes. Der Sonntag hat sein eigenes Recht, seine eigene Würde, ist eine Gegen-Kraft gegen den Burn-out, das Ausgebranntsein und die Logik der Zeitdiebe. Wir sind mehr als die Summe dessen, was wir tun. Das Alte Testament geht sogar so weit, dass jedes siebte Jahr ein Sabbatjahr sein soll, ein Jahr, in dem der Mensch sich selbst eine

Auszeit schenkt. Oder mit den Worten eines bekannten Buchautoren gesprochen: «Ich bin dann mal weg».

Bestreitungen

Es hat auch Versuche gegeben, die religiöse Bedeutung des Ruhetages abzuschaffen. Nach der Französischen Revolution wurde die Siebentagewoche kurzzeitig durch ein Zehnersystem, die sogenannten Dekaden, ersetzt. Damit sollte die «religiöse Narretei» des Sonntags unterbunden werden. Der russische Diktator Stalin versuchte sogar, eine Sechstagewoche einzuführen, um den Tag der Arbeitsruhe nicht auf einen Sonntag fallen zu lassen und die Christen daran zu hindern, den Gottesdienst zu besuchen. Doch all diese Bemühungen waren vergebens: Sie wurden nicht von der Bevölkerung akzeptiert.

Auch die Regierung der DDR wollte die christliche Bedeutung des Sonntags aushebeln. Rund 20 % der Beschäftigten leisteten in der DDR Wochenenddienst. Und die FDJ rief am Sonntag die Jugend und die Werktätigen zu besonderen Freizeitaktivitäten auf, damit sie bloß nicht auf den Gedanken kamen, in einen Gottesdienst zu gehen.

Und heute? Viele Berufsgruppen müssen am Sonntag arbeiten, wie z. B. Ärzte. Gleichzeitig weichen die veränderten Arbeitszeiten und Ladenschlussgesetze den Ruhetag für fast alle allmählich auf. Der siebte Tag zählt als Teil der Arbeitswoche: Man arbeitet fünf oder sechs Tage, um dann endlich einen Tag freizuhaben; man erholt sich, um wieder arbeitsfähig zu sein.

Aber der Sonntag ist nicht dazu da, um wieder für die Woche fit zu werden. Der Sonntag ist mehr und auch anders: Er ist zumindest ein Tag des Müßiganges, ein Tag der Familie. Deshalb fängt für den Christen auch die Woche mit dem Sonntag an, fern aller Wirtschaftslogik. Er ist der erste Tag der Woche, der Tag der Auferweckung des Herrn, der Tag, an dem man Gottes Kraft spüren kann.

Gott spüren

Wer Gott spüren möchte, kann ein paar einfache Regeln beherzigen, die ich hier zusammengestellt habe:

1. Du darfst ab und zu ungepflegt und unattraktiv aussehen. Perfektionismus macht krank.
2. Gönne dir genügend Schlaf. Suche die Entspannung.
3. Geh den Tag ruhig an. Du brauchst dich nicht zu Tode hetzen!
4. Gönn dir regelmäßig einen freien Tag. Keine Kompromisse!
5. Erlaub dir an Sonn- und Feiertagen, mit der Arbeit kürzerzutreten.
6. Verschenke deine Zeit an deine Familie und Freunde: Zuhören. Hinsehen. Mitspielen.
7. Feier Feste und sei fröhlich. Lachen ist ein Geschenk Gottes.
8. Erleb einmal am Tag Stille. Setz dich dafür in eine Kirche oder such die Natur auf, auch wenn es nur wenige Minuten sind.
9. Hab keine Angst vor der Einsamkeit. Übe das Schweigen.
10. Suche die Entspannung. Blick in den Sternenhimmel und fühle die Nacht. Spüre das Leben!

Meine Lieblingswerbung zum Thema Chillout ist der Werbespot, in dem sich ein gut aussehender junger Mann mit ausgebreiteten Armen in die Dünen fallen lässt. «Keine Staus. Keine Termine. Keine Hektik. Keine Kompromisse» lautet der Slogan dazu. So sollte für mich jeder Ruhetag beginnen.

Stille

Ist Stille auch Arbeit? Wer in den französischen Ort Taizé fährt, kann diesen Eindruck gewinnen. Auch nach dem Mord an Roger Schütz, dem Begründer der einzigartigen ökumenischen Gemeinschaft «Communauté de Taizé», ist Taizé selbst ein Ort geblieben, zu dem jedes Jahr Hunderttausende Jugendliche aller Konfessionen pilgern, um gemeinsam zu beten, Gottesdienst zu feiern und die Stille zu suchen. Bevor man die findet, muss man jedoch erst einmal mit tausend anderen Gästen bei der Essensausgabe Schlange stehen, dreimal am Tag an einem Gottesdienst teilnehmen und zwischendurch verschiedene Aufgaben in der Gruppe erfüllen.

Eine der Aufgaben lautet allerdings auch, sich ein ruhiges Plätzchen zu suchen, um dort allein eine halbe oder dreiviertel Stunde in Stille zu verbringen. Wer dieses Experiment mitmacht, kann erfahren, wie plötzlich die inneren Stimmen laut werden. Nach einiger Zeit beginnt der Körper langsam zu entspannen, und wir sind einzig auf uns und unsere Gedanken konzentriert.

Aber wie kommt man zur Ruhe? Wie kann man die Stille genießen? Ich habe keine ultimative Antwort auf diese Frage, aber eventuell ein paar Vorschläge, die auf dem Weg dorthin helfen können:

1. Die Stille suchen

Für die meisten Menschen bedeutet Ruhe zu finden, Abstand vom Alltag zu gewinnen, alle viere von sich zu strecken, vor sich hinzudösen, Musik zu hören, Naturgeräuschen zu lauschen, seinen eigenen Gedanken nachzuhängen und die alltäglichen Sorgen und Probleme hinter sich zu lassen. Und so wie man sich dazu zwingt, jeden Morgen aufs Neue früh aufzustehen, seine Familie zu versorgen und seiner

Arbeit nachzugehen, so sollte man sich auch dazu zwingen, einmal am Tag die Stille zu suchen.

In Taizé sind es die täglichen Gottesdienste, die für jeden Besucher Pflicht sind. Das gefällt nicht jedem. Doch im Laufe der Zeit bemerkt man eine Veränderung: Jeder Gottesdienst beinhaltet zehn Minuten der Stille. Während die Stille der ersten Tage immer wieder durch ein Rascheln, Husten und Tuscheln der Neuankommenden unterbrochen wird, werden die Störungen im Laufe einer Woche immer weniger, finden nach einiger Zeit viertausend Menschen zueinander, um die zehn Minuten Stille miteinander auszuhalten. Diese zehn Minuten kommen einem am Anfang wie eine Ewigkeit vor. Aber mit der Zeit lernen die Menschen, sich auf die Stille einzulassen, sie für sich zu nutzen, sei es im Gebet oder um einfach zu entspannen. Es funktioniert also: Wer die Stille sucht, wird sie finden. Und auch in Deutschland sollte es keinen Gottesdienst mehr geben ohne einen Moment der Stille. Es müssen ja nicht gleich zehn Minuten sein.

2. Die Stille finden

Unser Leben besteht ständig aus Warten: an der Bushaltestelle, beim Arzt, vor der roten Ampel. Warum sollte man diese Zeit nicht für sich nutzen, anstatt sich darüber zu ärgern? Bis vor kurzem gab es in meinem Heimatort Greifswald eine Bahnschranke, an der man immer mehrere Minuten warten musste, wenn sie heruntergelassen war. Am Anfang nervte mich das sehr. Dann habe ich gedacht: Das ist Gottes geschenkte Zeit für meinen hektischen Tag – und genoss die Zeit, einfach mal nichts zu tun und meinen Gedanken nachhängen zu können. Heute bin ich eigentlich ein wenig traurig, dass die Schranke durch einen Tunnel ersetzt wird, damit das Warten ein Ende hat.

Auch in den eigenen vier Wänden lässt es sich gut entspannen: Warum nicht mal wieder das Frühstück im Bett genießen, ohne sich über die Krümel auf dem Laken aufzuregen. Sich endlich mal wieder alte Fotos anschauen, die Urlausfotos einkleben oder die Platten- bzw. CD-Sammlung nach den lange nicht gehörten Songs durchforsten …

Auch ein kurzer Ausflug ins Grüne hat eine wohltuende Wirkung: ein Spaziergang im Wald oder sich irgendwo ins Gras zu legen und die Wolken oder die Sterne zu beobachten. Warum nicht auch mal wieder den Vögeln oder dem Wind lauschen oder an schönen Blumen riechen? Wem das zu romantisch ist, der kann ja den Ameisen oder Bienen bei ihrer unermüdlichen Arbeit zuschauen, um der Unruhe des Alltags einen Moment der Ruhe entgegenzusetzen.

Ruhe kann man überall finden, selbst an einem Platz, auf dem Menschen hektisch durcheinanderlaufen. Wie sonst könnten Großstadtmenschen, aber auch zahlreiche Mütter und Väter, die ständig von einem Gewusel umgeben sind, zumindest einmal am Tag zur Ruhe kommen?

3. Das Kind in sich entdecken

Wenn man sich an die eigene Kinderzeit erinnert, zum Beispiel wie man ein Bild gemalt, etwas gebastelt oder sich zusammen mit anderen Kindern ein Spiel ausgedacht hat, stellt man fest, dass man damals eine ganz andere Wahrnehmung von Zeit hatte.

Als Kind habe ich mich nicht mit Gedanken beschäftigt wie: «Eigentlich müsste ich jetzt noch dies und das erledigen …» Nein! Das Spielen oder Malen ist in diesem Augenblick das Wichtigste. Da kann man auch schon mal die Mutter überhören, wenn sie zum Essen ruft.

Bedeutet zur Ruhe zu kommen nicht auch, mal wieder unbeschwert zu sein? Sich nicht zu erwachsen oder zu cool für die alten Kinderspiele: «Katz und Maus» oder «Herr Fischer, Herr Fischer, wie tief ist das Wasser» zu fühlen?

Der Ruhetag schenkt uns die Erfahrung, dass wir von den Belastungen des Alltags abschalten können. Diese Erfahrung ist nicht nur am Sonntag, sondern auch an den anderen Tagen der Woche wichtig: Wir brauchen die Erfahrung von Stille und Spiel, damit wir uns nicht entfremden, nicht uns selbst gegenüber und nicht den Menschen in unserer Nähe. Gott hat am siebten Tage ausgeruht und sich «erquickt» (2 Mose 31, 17), so steht es geschrieben.

Dabei hat er auch ein wenig Distanz dazu gewonnen, was er die ganze Woche so gemacht hat. Wer sich keine Ruhe gönnt, kann keinen Abstand zu den Dingen gewinnen und wird bald die Erfahrung machen, dass er ausbrennt und kraftlos wird, denn in der Ruhe und in der Langsamkeit liegt die Kraft zum Leben.

Die Bedeutung der Stille hat der Kabarettist Hanns-Dieter Hüsch in einem «Sommerpsalm» humorvoll, aber dennoch mit ernstem Hintergrund in Verse gekleidet:

Unser Herr möge diese Stille segnen
Im Übrigen meine ich
Dass Gott unser Herr
Uns einen großen Sommer schenke
Den Familien einen Korb voll Ruhe
Und viele hoffnungsvolle Blicke auf
Grün und Blau
Wiesen und Wasser und weiße Strände –
Leise Monate
Dass er das Geschrei aus der Welt nimmt
Und Stille verordnet
Dazu gehört dass er
Den Kriegern das Handwerk
Aus den Händen nimmt
Und denen die ohne Arbeit sind

Die Hoffnungslosigkeit
Alle können wir daran mittun
Und daran arbeiten
Dass das Leben langsamer verläuft
Dass die Menschen sich länger
Ansehen können
Um sich zu sagen: Wir lieben euch!
Gott, unser Herr, möge diese Stille segnen.
Möge diese Stille denen überall
In die Ohren blasen,
Die unsere Zeit
Noch schneller machen möchten
Und damit noch kürzer, noch atemloser.
Gott, unser Herr, wir bitten dich: Mach es!
Auf dass unser Herz wieder Luft schnappen kann,
Unser Auge aufhört zu zappeln
Und unser Ohr wieder richtig hört und nicht alles vergisst.
Denen, die uns dies alles austreiben möchten,
Möge Gott, der Herr, einen Blitz ins Gesäß jagen, …
Amen

10. Die Alten
oder: Vater und Mutter ehren

«Ich hab dich so vermisst», sagt mein dreijähriger Sohn, als ich nach einer Geschäftsreise wieder nach Hause komme. Und: «Ich hab dich so lieb!» Ich umarme ihn, und in diesem Moment gibt es nichts Wichtigeres als uns zwei. Doch wer weiß? Vielleicht wird er in einigen Jahren zu seinem Freund Sätze wie diesen sagen: «Mensch, heute Morgen ist mir der Alte aber wieder so was von auf die Nerven gegangen!» Wie denke und rede ich über meine Eltern? Vielleicht so etwas wie: «Ich achte meine Eltern, sie haben viel in ihrem Leben geleistet»? In diesem Satz drücke ich meinen Respekt aus. Erst seit ich selbst Vater von drei Kindern bin, weiß ich, was sie alles ertragen haben. Und doch gibt es zwischen Eltern und Kindern auch Spannungen, wie in jeder tieferen Beziehung. Weil man dem anderen so nahe steht, ist es einem eben nicht egal, was er macht. Das Gebot, die Alten «zu ehren», fordert nicht dazu auf, alles so zu machen, wie sie es sagen. Vielmehr bringt es zum Ausdruck, dass wir uns um die Eltern, die Alten kümmern sollen. Denn mitunter behandeln Kinder ihre Eltern sehr schlecht: Sie beschimpfen, schlagen und verspotten sie, sperren sie weg, berauben oder tyrannisieren sie.

Der verlorene Sohn

Die zwei Brüder hätten unterschiedlicher nicht sein können: Der ältere war eher ruhig, ein häuslicher Typ, der jüngere genau das Gegenteil: Er wollte die Welt entdecken, einfach leben. So forderte er, unsensibel und herzlos, schon zu Lebzeiten seines Vaters sein Erbteil ein. Der Vater gab es ihm trotzdem ohne Murren – er wollte nur das Beste für seine Söhne. Der junge Mann tauschte die Güter in Geld um und zog in die weite Welt hinaus. Er genoss die Freiheit in vollen Zügen, fand Freunde, feierte viel und verprasste so das ganze Erbe. Ohne Geld aber kein tolles Leben, keine Feste, keine Wohnung; die Freunde zogen sich zurück. Am Ende hatte er gar nichts mehr, lebte auf der Straße und litt großen Hunger. Um an Essen zu kommen, fragte er einen Gutsherrn um Arbeit, und dieser schickte ihn aufs Land, um die Schweine zu hüten. Der junge Mann war furchtbar hungrig und wollte in seiner Not etwas von dem Schweinefutter essen, aber nicht einmal das durfte er. Er war völlig verzweifelt. Da fiel ihm ein, dass die Knechte seines Vaters nie zu hungern brauchten, und er entschloss sich, heimzukehren und seinen Vater zu fragen, ob er als einer seiner Tagelöhner arbeiten durfte – denn er schämte sich und meinte, es nicht mehr verdient zu haben, als Sohn behandelt zu werden. Der junge Mann machte sich also auf den Weg, und als er zu Hause ankam, wurde er gleich freudestrahlend von seinem Vater begrüßt. Statt böse auf ihn zu sein, rief er seinen Knechten zu, sie sollten ein Fest für den wiedergekehrten Sohn veranstalten. Der ältere Bruder aber war beleidigt, fühlte sich ungerecht behandelt und von seinem Vater nicht anerkannt. Schließlich war er geblieben, hatte hart gearbeitet – und sein fauler Bruder hatte sich einfach aus dem Staub gemacht! Er gönnte ihm seinen tiefen Fall: «Wer nicht hören will, muss fühlen!» Umso weniger konnte er verstehen, warum sein Vater ihn einfach so wieder bei sich aufnahm und so tat, als wäre nie etwas geschehen. Als der Ältere den Vater darauf ansprach, antwortete der: «Kind, du bist allezeit bei mir, und alles, was mein ist, ist dein. Aber man muss doch jetzt fröhlich sein und sich freuen; denn dieser dein Bruder war tot und ist wieder lebendig geworden und verloren und ist gefunden worden» (Lukas 15, 31.32).

Der Vater steht hier für die Barmherzigkeit Gottes, für seine Fähigkeit zu verzeihen. Der freiheitsliebende Sohn symbolisiert den Sünder: Er hat sich von Gott abgewandt, Vater und Bruder verlassen, Geld verprasst, das ihm noch nicht zustand. Aber er hat eingesehen, dass er Fehler gemacht hat und kehrt reumütig nach Hause zurück. Sein Vater nimmt ihn auf, ohne eine einzige Frage zu stellen – das ist bedingungslose Liebe, die keine Grenzen kennt.

Man kann diese Erzählung vom verlorenen Sohn durch die Brille des Gebotes «Du sollst Vater und Mutter ehren» lesen: Der junge Mann vergisst dieses Gebot, fordert vor dem Ableben seines Vaters schon das Erbteil, um «Spaß» zu haben, lässt seinen Vater einfach zurück. Was ist da wohl in seinem Vater vorgegangen? Hat er sich gefragt, ob er in der Erziehung versagt hat? Wo der Respekt geblieben ist? Was er falsch gemacht hat, dass sein Sohn einfach Geld fordert und dann abhaut?

Obwohl der Vater seinem jüngeren Sohn verzeiht, hat die Geschichte ein offenes Ende: Werden sich Vater und Sohn wieder verstehen? Bleibt der Sohn? Und: Kann auch sein Bruder verzeihen? Kann er die Liebe, die aus den Worten des Vaters spricht, annehmen? Oder passiert vielleicht ein weiteres Drama, weil sein Herz verstockt und auch er die Achtung vor seinem Vater verliert?

Elternmord

Im Herbst 2001 sorgte ein Mordprozess in Düsseldorf für großen Medienrummel. Ein Jahr zuvor war ein Fabrikantenehepaar erstochen aufgefunden worden. Alles deutete damals auf einen Raubmord hin, doch nach drei Tagen Spurensuche fand man im Haus der Ermordeten in einem Blutstropfen einen Fingerabdruck der Tochter. Kurz darauf gestand die junge Frau, die Bluttat mit ihrem Freund begangen zu haben. Sie hatte sich den Ring des Gyges auf den Finger gesteckt und sich – nachdem der Mord aufgedeckt wurde – eine besonders listenreiche Geschichte einfallen lassen, die den Mord rechtfertigen sollte: Sie gab vor, psychisch krank zu sein. Ihrer Anwältin erzählte Daniela K., dass nicht sie den Mord begangen hätte, sondern dass die «wahre Täterin» die «böse Sabrina» sei, die dunkle Seite ihrer Persönlichkeit.

Nun versuchte man mit Sabrina in Kontakt zu treten. Das Ergebnis: Die Frau schrieb Briefe, die sie mit «Sabrina» unterschrieb, in einer völlig anderen Schrift und mit vulgären Ausdrücken, die Daniela K. sonst nicht benutzte. Ihre Anwältin gab die Briefe zu den Gerichtsakten, doch die Staatsanwaltschaft wurde bald stutzig, denn das Geständnis unterschrieb die Angeklagte mit «Daniela», obwohl «Sabrina» die Tat begangen haben will. Die Briefe, die später hinzukamen, waren wieder alle mit «Sabrina» unterschrieben – für die Staatsanwaltschaft ein deutlicher Widerspruch. Zwei Gutachter entlarvten schließlich das Spiel von Daniela K., und das Gericht verurteilte die junge Frau zu einer lebenslangen Haftstrafe wegen zweifachen Mordes. In der Urteilsbegründung hieß es, dass das Motiv für die Tat «Habgier» gewesen sei. Daniela K. wollte das Unternehmen der Eltern nicht weiterführen, gleichzeitig aber nicht auf die vielen Annehmlichkeiten und finanziellen Vorteile verzichten. Das Gericht stellte aber auch noch eine «besondere Schwere der Schuld» fest, denn Daniela K. hatte ihren Freund dazu gebracht, bei den Morden mitzuwirken, indem sie behauptet hatte, dass sie in ihrer Kindheit von den Eltern missbraucht worden sei. Als diese Lüge nicht ausreichte, um den Freund als Komplizen zu gewinnen, drohte sie damit, sich das Leben zu nehmen. Aus Angst, sie könnte ihre Drohung wahr machen, unterstützte der Freund schließlich die Bluttat. Gegen ihn verhängte das Gericht ebenfalls eine lebenslange Freiheitsstrafe. Es ist auch diese

Erfahrung, dass Kinder ihre älter gewordenen Eltern töten können, sei es aus Habgier, aus Wut oder aus dem Gefühl der Überlegenheit heraus. Das ist sicher ein extremes Beispiel, und trotzdem steht es dafür, dass die Beziehung zwischen Eltern und Kindern völlig zerrüttet sein kann. Dass es auch Eltern gibt, die unter ihren Kindern leiden, weil sie ihnen das Leben zur Hölle machen.

«Super-Nanny» und «Erziehungscamp»

In erfolgreichen Serien wird uns täglich im Fernsehen präsentiert, dass Eltern es nicht mehr schaffen, ihre Kinder unter «Kontrolle» zu bekommen und sie deshalb professionelle Hilfe von einer «Super-Nanny» oder einem «Erziehungscamp» in Anspruch nehmen müssen. Auch wenn die gezeigten Fälle immer besonders spektakulär erscheinen, so spiegeln sie doch die Erziehungsrealität in vielen Familien wider.

Thomas, 15 Jahre, kommt nach Hause, wieder einmal hat er die Schule geschwänzt. Er schmeißt die Haustür ins Schloss, legt sich auf die Wohnzimmercouch, macht den Fernseher an und schreit seiner Mutter zu, die in der Küche Mittag für ihn kocht: «Ich will was zu trinken, bring ma her»! Er fragt nicht höflich, nein, er befiehlt seiner Mutter, ihm etwas zu trinken zu bringen.

Die Mutter gehorcht und bringt ihm sofort ein Glas Cola, ja, fragt sogar, ob er noch etwas anderes wünsche – ohne sein unmögliches Verhalten mit einem Wort zu kritisieren! Sie hat Angst vor ihrem Sohn. Es ist schon vorgekommen, dass Thomas seiner Mutter mit der flachen Hand gedroht hat, wenn sie nicht auf seine Wünsche eingegangen ist. Einmal hat sie in seinem Zimmer ein Messer gefunden – sie kann sich lebhaft vorstellen, wie Thomas es zückt und gegen sie richtet. Die Mutter weiß sich nicht anders zu helfen, als sich den Befehlen ihres Sohnes zu fügen. Thomas zollt ihr keinen Respekt. Die Eltern ehren? Wozu? «Mich ehren meine Kumpels, die haben Respekt vor mir, weil ich mich durchsetzen kann! Meine Mutter ist da, um mich zu bedienen, mir Essen und Trinken zu bringen und mir ein Dach über dem Kopf zu geben. Die hat doch Angst vor mir, was soll ich der denn noch Ehre erweisen?!»

Die 16-jährige Katharina berichtet von einem ganz ähnlichen Fall: «Mein älterer Bruder lebte damals noch zu Hause und machte keine Anstalten, auszuziehen. An Tagen, wenn Vati lange arbeiten musste, kam mein Bruder gerne betrunken nach Hause. Ich hatte mich meist schon in mein Zimmer zurückgezogen, um zu schlafen. Mutti las entweder noch oder war in der Wohnstube auf dem Sofa eingenickt. Wenn sie dann etwas «Falsches» zu ihm sagte oder aus seiner Sicht etwas Falsches tat, was fast unvermeidlich war, schrie er sie an und beschimpfte sie mit Wörtern wie «alte Schlampe». Ich ließ mich dann aus Angst vor ihm auf gar keinen Fall in der Stube blicken und versuchte stattdessen, mir mit meinem Kissen die Ohren zuzuhalten, um nichts von dem zu hören, was er meiner Mutter an den Kopf warf. Eines Abends kam Vati früher als erwartet nach Hause und erlebte mit, wie mein Bruder sich aufführte. Mutti hatte ihm natürlich schon oft davon erzählt, aber so recht hatte er es wohl nie glauben wollen. Ich weiß es nicht. Am nächsten Tag zog mein Bruder dann aus. Meine Eltern hatten sich endlich dazu überwinden können, ihn rauszuschmeißen.»

Auch in muslimisch geprägten Familien gibt es diese Tendenz der Respektlosigkeit gegenüber der eigenen Mutter. Im ZDF lief vor nicht allzu langer Zeit eine Serie über die «Rütli-Hauptschule» in Berlin, dort begleiteten ausgebildete Sozialpädagogen und Mediatoren Lehrer, um ihnen Hilfestellung beim Umgang mit den Schülern zu geben. Die Pädagogen besuchten auch die Familien, um mit den Eltern zu

klären, warum ihre Kinder nicht mehr oder nur selten zur Schule
kamen. So besuchten die «Helfer» auch eine türkische Familie, Mutter, Sohn und zwei Töchter. Eigentlich kamen sie, um den ältesten
Sohn zu überzeugen, wieder regelmäßig in die Schule zu gehen – die
Szenen, die sich in dieser Familie abspielten, ließen allerdings das
eigentliche Anliegen in den Hintergrund treten: Sowohl der Sohn als
auch das ältere der beiden Mädchen schrien die Mutter an, belogen
sie und ignorierten ihre Bitten. Die Mutter wusste weder ein noch aus
und erklärte den Pädagogen unter Tränen, wie schlimm die Situation
in ihrer Familie sei.

Dabei findet man auch im Koran das Gebot, die Eltern zu achten:
«Und dein Herr hat bestimmt, [...] dass man die Eltern gut behandeln soll». Das türkische Wort Saygi wird im Deutschen mit Achtung
oder Respekt übersetzt und ist eine der vier ethischen Kategorien,
die der traditionellen türkischen Kultur zugrunde liegen, die isla-
misch geprägt ist. Sie soll die Beziehung der Jüngeren zu den Älteren
beziehungsweise der Kinder zu den Eltern regeln. Der Kulturwissen-
schaftler Werner Schiffauer erklärt, dass Kinder in islamischen Ge-
sellschaften den Eltern Respekt und Achtung schulden. «Diese Forderung gründet sich auf die Tatsache, dass das Kind sein Leben den
Eltern verdankt und von diesen während der ersten Lebensjahre ge-
nährt und gepflegt wird. Diese einseitige und prinzipiell nicht wieder-
gutzumachende Gabe der Eltern begründet auf der Seite des Kindes
die Pflicht der Achtung (saygı)», wobei im Türkischen mit Achtung
weniger ein Gefühl gemeint sei als «eine umfassende Verpflichtung,
die neben Gehorsam und Respekt auch die Verpflichtung der Unterstützung im Alter umfasst und die durch zahlreiche und detaillierte
Handlungsvorschriften ausgedrückt wird». Als Beispiele nennt der
Professor an der Europa-Universität in Frankfurt (Oder) «das Verbot,
in Gegenwart derjenigen, denen man Achtung schuldet, Alkohol zu
trinken, zu rauchen, generell sich gehen zu lassen, ihnen zu wider-

sprechen etc.» Entsprechend sei nie die Rede davon, dass «Achtung empfunden (duymak bzw. hissetmek) werden müsse», sondern immer nur davon, dass sie «gezeigt» (göstermek) werden müsse.

Oftmals klaffen Anspruch und Wirklichkeit sehr weit auseinander. Wenn die Kinder noch klein sind, machen sie viel Freude. Doch mit jedem Jahr, in dem die Pubertät näher rückt, wird der Umgang mit ihnen komplizierter. Die Eltern wissen oft nicht mehr, wo sie Grenzen setzen sollen, und die Kinder fangen an, sich gegen die Eltern zu stellen: Sie wollen die gutgemeinten Ratschläge nicht mehr annehmen, wollen weder nachgeben noch hören, wollen ihre eigenen Erfahrungen machen. Die Eltern müssen unter Umständen mit ansehen, wie ihre Kinder Wege einschlagen, die nicht gut für ihren weiteren Werdegang sind; dass sie sich mit Freunden umgeben, die ihnen nicht gut tun – und können gleichzeitig nur wenig daran ändern. Wie in der Geschichte vom verlorenen Sohn warten Eltern mit Sorge auf ihr Kind, halten jeden Tag Ausschau und hoffen, dass ihm nichts passiert.

Ein aktuelles Beispiel für den «verlorenen Sohn» ist die Serie «Teenager außer Kontrolle». Für diese Serie wurden sechs schwererziehbare Jugendliche, bei ihrem Aufenthalt auf der «Turn-About-Ranch» in Utah mit der Kamera begleitet. Diese Ranch gehört der «Aspen-Education-Group». Sie hat es sich zur Aufgabe gemacht, verhaltensauffälligen Jugendlichen mit einer außergewöhnlichen Erlebnispädagogik-Therapie in der freien Natur zu helfen und ihnen so die Chance auf eine neue Zukunft zu geben. Rund 3000 Jugendliche durchlaufen pro Jahr das Programm; die Erfolgsquote liegt bei 80 %. Die Jugendlichen sind meist zwischen 13 und 18 Jahre alt, haben Familienprobleme und lehnen jegliche Regeln und Autoritäten ab. Sie schwänzen die Schule, sind Ausreißer, Drogenkonsumenten, Diebe oder Alkoholiker. Ihre Eltern wissen nicht mehr, wie sie mit den Kindern umgehen sollen oder finden gar keinen Zugang mehr zu ihnen. Die meisten sind mit der Erziehung völlig überfordert.

Einer dieser «verlorenen Söhne» ist Marvin, 18 Jahre, aus Berlin. Seine Eltern sind geschieden, er lebt bei seiner Mutter. Marvin hing am liebsten mit seiner Gang rum, zog um die Häuser, pöbelte unschuldige Passanten an, trank Unmengen von Alkohol und hatte wegen seiner ständigen Schlägereien immer wieder Stress mit der Polizei. Er brach die Schule ab. Zuletzt bedrohte er im betrunkenen Zustand – 2,8 Promille – seine Mutter mit einer geladenen Schusswaffe.

Ganz freiwillig gingen Marvin und die anderen fünf Jugendlichen nicht nach Amerika in die Wüste. Doch die Turn-about-Ranch war für sie die letzte Chance, ihre Leben in den Griff zu bekommen.

Die Regeln auf der Ranch sind hart, aber fair: Alkohol, Rauchen, Sex und Drogen sind verboten, die Jugendlichen müssen bestimmte Pflichten wahrnehmen, es wird streng auf den Umgangston geachtet, zu fluchen ist ebenso wenig erlaubt wie Schimpfwörter zu benutzen. Letztlich geht es auf der Turn-About-Ranch darum, dass sich die Jugendlichen mit sich und ihrem bisherigen Leben auseinandersetzen und herausfinden, wie sie ihre Zukunft gestalten wollen.

Innerhalb des Therapiekonzepts müssen die Jugendlichen vier verschiedene Phasen durchlaufen, in denen sie bestimmte Ziele erreichen sollen. Jeden Tag gibt es Einzel- und Gruppensitzungen. Die Jugendlichen werden mit der Zeit mehr und mehr in den typischen Alltag der Ranch mit einbezogen, ihnen wird mehr Verantwortung übertragen, um das Selbstwertgefühl zu stärken. Sie können Führungsaufgaben übernehmen, müssen einen Reitkurs belegen, verschiedene Tests bestehen, am Viehtrieb teilnehmen, Zäune reparieren, sich um die Pferde kümmern. So lernen sie Geduld und Verantwortlichkeit. Langsam kommen sie in der Realität des Ranchlebens an und merken, dass sie «Teil von etwas» sind.

In der letzten Phase absolvieren die Jugendlichen ihr «Solo»: Nach der körperlich sehr anstrengenden dritten Phase, die durch Arbeit, Teamwork und Beständigkeit geprägt war, sind sie jetzt auf sich allein gestellt in der Wüste. Zwar werden sie vom Team beobachtet, aber sie haben Zeit, über ihr Leben und ihre neuen Ziele nachzudenken.

Auch die Eltern spielen bei diesem Programm eine Rolle, sie werden mit Briefen, Mails und Telefonaten integriert und dürfen zur «Halbzeit» ihre Kinder besuchen. Ziel des Elternprogramms ist es, Eltern dabei zu helfen, mit ihren schwierigen Kindern zurechtzukommen. Dabei geht es um Themen wie Kommunikation und die Bedeutung von Familienwerten.

Nach insgesamt acht oder zehn Wochen endet das Programm. Die Eltern warten in der Wüste auf ihre Kinder, um sie mit nach Hause zu nehmen.

Im März 2007 zeigte das Magazin Stern TV, was aus den Jugendlichen geworden ist. Auch Marvin war da. Er hatte sich von seiner Gang getrennt, über das Internet eine Freundin gefunden und mit Hilfe eines Diplompsychologen wieder mit der Schule begonnen. Seine Wünsche sind, «den Hauptschulabschluss zu schaffen und dann eine Lehre zu beginnen». Marvin hat Reue gezeigt, sich bei seiner Mutter entschuldigt und geschworen, keine «weitere Scheiße» zu bauen. Zwar hatte er kurz nach seiner Rückkehr zwei Rückfälle, er trank zu viel, doch auch das bekam er wieder in den Griff. Seine Mutter hat ihn wieder bei sich aufgenommen und ihm verziehen. Allerdings hat es auch bei ihr Veränderungen gegeben: Die Projektleiterin Annegret Noble hatte ihr geraten, einen Vertrag mit Marvin abzuschließen, in dem genau erläutert wird, was er darf und was nicht. Dieser Vertrag half ihr, sich besser durchzusetzen. Marvin ist zurückgekehrt in sein neues Leben.

Ein weiteres Mädchen – Vanessa – hat auch den Absprung geschafft, sie konnte sich von ihrem Alkoholproblem lösen. Ebenso wie Marvin möchte sie ihren Abschluss schaffen und später arbeiten gehen. Zurzeit macht sie ein Praktikum auf einem Reiterhof und hat dort auch die Chance auf eine Lehrstelle. Was aus den anderen vier

Jugendlichen geworden ist, wurde nicht erzählt. Nur so viel: Ein junger Mann ist dem Drogensumpf nicht entkommen.

Ehren

Unsere Bevölkerung schrumpft und wird älter. Bis in die sechziger Jahre hinein wurden sehr viele Kinder geboren, die für ihre alten Eltern sorgen können und mit ihren Steuern die Rente der Alten bezahlen; der jetzigen älteren Generation geht es verhältnismäßig gut. In dreißig Jahren wird aber die Mehrheit der Bevölkerung in Deutschland 50 Jahre und älter sein. Diese Tatsache wird von den Wissenschaftlern «demographischer Wandel» genannt: Es werden zu wenige Kinder geboren, die später für die Älteren sorgen können. Gleichzeitig werden die Menschen aufgrund der guten gesundheitlichen Versorgung immer älter: Männer erreichen heute das Durchschnittsalter von 76 Jahren, Frauen sogar 82 Jahre. Deshalb sind bereits heute über zwei Drittel der Älteren weiblich. Als Witwen sind sie, vor allem im Westen Deutschlands, oft von Armut betroffen, weil sie nicht lang genug in einem Beruf gearbeitet haben, um eine eigene Rente zu erhalten.

Das Altwerden ist ambivalent: Zwar wird es von vielen als Zeit der großen Freiheiten idealisiert – man muss sich nichts mehr beweisen, weiß, wo man im Leben steht, muss nicht mehr arbeiten. Frei nach dem Motto: «Man ist so alt, wie man sich fühlt» wird das gefühlte Alter zum Maßstab: Ältere Menschen kleiden und geben sich jugendlicher als die Altengeneration vor ihnen – manchmal kann man kaum mehr unterscheiden, ob es sich um zwei Schwestern oder um Mutter und Tochter handelt, die da gemeinsam durch die Stadt bummeln. Dennoch beschreiben viele Ältere aber auch das Gefühl von Bedeutungslosigkeit, Hilflosigkeit und Gebrechlichkeit.

Das Alter teilt sich in zwei große Phasen ein: Die Zeit nach dem

Beruf, in der die Kinder bereits aus dem Haus sind und man noch
körperlich aktiv ist und sein Leben zusammen mit einem Partner
führt. Oft muss man sich in dieser Phase um seine eignen Eltern
kümmern, die nun pflegebedürftig sind. Die zweite Phase ist die Zeit
nach dem Tod des Ehepartners, in der man selbst als «Hochbetagte»
gepflegt werden muss.

Da viele Frauen und Männer heute auf Kinder verzichten oder
aus gesundheitlichen Gründen kinderlos bleiben, wird es eine große
Gruppe von Älteren geben, die selbst keine Kinder hat. Das Gebot hat
dann nicht nur eine individuelle Bedeutung, sondern auch eine für
die Gesellschaft: Wie werden wir mit den Alten umgehen? Und: Wie
lernen wir wieder, sie zu ehren?

Velma Wallis Buch «Zwei alte Frauen» wurde zum Bestseller. Sie
erzählt darin von zwei gebrechlichen Frauen, die in einem strengen
Winter von ihrem Indianerstamm ausgesetzt werden, weil sie nicht
mehr versorgt werden können. Damit ist ihnen der Kältetod eigentlich sicher. Doch die beiden Frauen überleben mit Hilfe ihrer gesammelten Lebenserfahrung. Und mehr noch: Sie werden später durch
ihre Weisheit den ganzen Stamm retten, der von Frost und Hungersnot bedroht ist.

Was das Buch so spannend macht? Es zeigt, welche Bedeutung
die Lebenserfahrung alter Menschen haben kann – auch wenn sie für
die eigene Familie und den eigenen Stamm als «nutzlos» angesehen
werden.

Die Erzählung wird für uns heute deshalb wichtig, weil häufig
allein auf die Jugend gesetzt wird: Die Journalisten sprechen von
Überalterung und Vergreisung, und die großen Unternehmen meinen, dass ältere Menschen nichts mehr zum wirtschaftlichen Gewinn
beitragen. Das Happy End der Erzählung steht im krassen Widerspruch zu der Einstellung, die heute viele in unserer Gesellschaft haben: dass Alte nur eine Last sind. Die Erzählung verweist allerdings

darauf, dass das Wissen der Alten das Überleben retten kann, wenn die Ressourcen wirklich knapp werden. Sie regt an, die Klischees vom Alter zu korrigieren und den Vertrag zwischen den Generationen neu auszuhandeln. Zu kaum einer Zeit haben Menschen mehr Veränderungen erlebt als heute. Wenn ich Dreizehnjährigen heute erzähle, dass ihre Eltern in ihrer Jugend keinen Computer besaßen und dann gefragt werde «Wie sind die denn dann ins Internet gegangen?», zeigt sich, dass die junge Generation heute vor allem über ein technisiertes und mediales Wissen verfügt.

Wer dagegen heute Mitte siebzig ist, ist in seiner Kindheit weitgehend ohne die Abhängigkeit zur Technik aufgewachsen und hat z. B. die Erfahrung gemacht, wie man auch ohne Zentralheizung durch einen harten Winter kommen kann. Die Bereitschaft der jungen Menschen, von den Alten zu lernen, sich mit den Grundlagen der eigenen Kultur und der Lebensgeschichte und dem Erfahrungsschatz der älteren Generation auseinanderzusetzen ist allerdings sehr gering. Dabei ist das Lebenswissen – das Wissen, das man zum Überleben braucht – ein Wissen, das von Generation zu Generation weitergegeben wird und mit der eigenen Lebensgeschichte verwoben ist. Es ist ein Wissen, das vor allem in Erzählungen aufbewahrt ist. Das Lebenswissen überdauert die Zeiten in Form von Märchen, wunderbaren Geschichten, Gleichnissen und Anekdoten. Lebenswissen, so hat es der Münchner Wissenschaftler und Publizist Michael Schibilsky zusammengefasst, lebt von Spannung und Dramatik, weiß von Lebensgefährdung und Errettung, erzählt von Erniedrigung und später Gerechtigkeit, weiß von Schuld und Vergebung. Und es teilt auch mit, was für junge Menschen noch so weit weg liegt: die Wendepunkt-Erfahrungen; wie es sich anfühlt, langsam oder in Schüben älter zu werden, was es heißt, seine Heimat zu verlieren oder ein Kind zu bekommen, wie man überlebt, wenn man nicht in einer Demokratie, sondern in einem Unrechtsstaat aufwachsen muss, und dass man eine schwere Krankheit durchstehen kann. Zum Lebenswissen gehört auch der Umgang mit den dunklen Seiten der eigenen Biographie. Es beinhaltet immer eine Mischung aus der erlebten Geschichte und der historischen Wirklichkeit, wie man sie in Büchern oder TV-Historienfilmen nachlesen und anschauen kann. Was noch dazugehört: die Begegnung mit beruflichen Nachfolgern, auch mit Nachfolgerinnen oder Nachfolgern in Lebenspartnerschaften, die Auseinandersetzung mit der Berufslaufbahn der Söhne und Töchter. Manchmal auch die Erfahrung, einen anderen Menschen getötet zu haben, zum Beispiel im Krieg. Außerdem der Rückblick auf die eigene Entwicklung zum Mann bzw. zur Frau und die Erfahrung, dass das Leben kein vielfach gelesener Roman ist, dessen Anfang und Ende wir schon kennen, sondern ein Zusammenspiel von Widersprüchen und Unklarheiten, von entscheidenden Chancen, die vorbeizogen oder die man ergriffen hat.

Wer bereit ist, die Alten zu ehren, indem er ihnen zuhört und Fragen stellt, nach ihrer Geschichte und ihren Träumen, dem kann das Lebenswissen älterer Menschen zur Lebensweisheit werden. Er hilft aber auch den Alten, ihr eigenes Leben besser zu verstehen.

Die Alten pflegen

Es gibt viele Möglichkeiten, wie ältere Menschen in der Lebensphase, in der sie pflegebedürftig geworden sind, versorgt und damit «geehrt» werden können. Es gibt alt gewordene Eltern, die von ihren Kindern liebevoll zu Hause gepflegt werden, andere, die in einem Pflegeheim wohnen und sich dafür bewusst entschieden haben, aber auch Senioren, die in einem Altersheim wohnen und sich dorthin abgeschoben fühlen.

Jeden Morgen kommt seine Tochter ins Zimmer, um ihn zu wecken, zu waschen, die Zähne zu putzen, ihn anzuziehen und ihm seine Medikamente zu geben. Danach schiebt sie ihn mit dem Rollstuhl in die Küche, und die ganze Familie frühstückt. Es ist ein sonniger Frühlingssonntag, und so überlegt man, was man unternehmen kann. Natürlich muss es behindertengerecht sein. Die Familie beschließt in den Zoo zu fahren, dort gibt es keine Treppen, und alles ist barrierefrei.

Vor vier Jahren ist seine Frau gestorben, sie waren 48 Jahre verheiratet, haben sich während des Zweiten Weltkrieges kennen- und lieben gelernt. Zuerst haben die beiden in einem kleinen Zimmer gelebt; später dann kam das Haus, die Kinder. Und nun ist sie tot, einfach so ist sie eingeschlafen und nicht wieder aufgewacht. Er hat ihren Tod nie verkraftet und bekam ein halbes Jahr später einen Schlaganfall. Er schaffte es gerade noch, seine Tochter anzurufen, um ihr zu sagen, dass es ihm nicht gutginge. Als er wieder aufwachte, lag er im Krankenhaus und konnte die linke Körperhälfte nicht mehr bewegen.

Seine Tochter und der Schwiegersohn beschlossen schnell, ohne überhaupt über Alternativen nachzudenken, ihn bei sich aufzunehmen. Das hieß auch, das Haus behinderten- bzw. rollstuhlgerecht umzubauen, den Kindern zu erklären, dass sie auf Opa von nun an Rücksicht nehmen sollen, und alles mit der «Pflegeversicherung» zu klären.

Der alte Herr wurde in eine mittlere Pflegestufe eingeordnet und erhält eine staatliche Unterstützung von 410 Euro monatlich. Bei ihm bekommen alles Geld seine «Pflegekräfte», die Tochter und der Schwiegersohn. Die ganze Familie kümmert sich rührend um den Großvater, für sie ist es selbstverständlich, die Grundpflege wie waschen, Zähne putzen und ähnliches zu übernehmen. Die Tochter hat für ihren Vater sogar die Teilzeitstelle als Bürokraft aufgegeben.

Auch wenn in den Medien oft ein anderes Bild gezeichnet wird, rund 80 % der Pflegebedürftigen werden noch immer zu Hause versorgt und 70 % davon wiederum allein von ihren Angehörigen, ohne Hilfe von außen.

Warum machen das die Angehörigen? Um das liebe Geld kann es nicht gehen – was sind denn schon 410 Euro monatlich? Davon kann man keine Umbauten am Haus oder an der Wohnung finanzieren, und auch das Pflegezubehör, wie bestimmte Betten, Windeln und die Medikamente lassen sich nur schwer damit bezahlen. Nein, es muss um etwas anderes gehen. Die Kinder geben ihren Eltern genau das wieder, was ihre Eltern meist 18 Jahre oder auch länger gemacht haben: Sie versorgen sie und ehren sie auf diese Art und Weise.

Betreutes Wohnen

Nicht jeder Bundesbürger hat ein Haus, in das seine Familie einziehen kann, nicht jeder kann – oder will! – in den vier Wänden der eigenen Kinder versorgt werden: «Ich möchte euch nicht auf der Tasche liegen, ihr habt eure Arbeit, sollt und könnt diese nicht für mich aufgeben, und allein wäre ich dann trotzdem, auch wenn ich bei euch einziehe!» So oder so ähnlich klingt ein typischer Satz einer rüstigen alten Dame, die nicht allein sein will, ihren Kindern aber auch nicht zur Last fallen möchte. «Ich schau mich mal nach einem Platz beim betreuten Wohnen um, da gibt es Leute, mit denen ich mich unterhalten kann, und wenn mir was passiert, ist auch noch eine Schwester in der Nähe. Ihr könnt mich so oft besuchen kommen, wie ihr wollt, oder ich kann ja auch zu euch kommen.»

Dass die Frau selbst entschieden hat, was sie möchte, kann ihr keiner verübeln. Zuerst hatten die Kinder sich Vorwürfe gemacht: «Wir können sie doch nicht in ein Altersheim geben, wer weiß, wie

sie dort behandelt wird?!» Im Nachhinein stellten sie aber fest, dass
es besser war, dass die Mutter in ein betreutes Wohnheim gezogen ist.
Sowohl ihr Sohn als auch die Schwiegertochter sind vollzeitbeschäf-
tigt und kommen erst am Abend von der Arbeit wieder nach Hause.
Wirklich viel Zeit hätten sie nicht miteinander verbringen können,
und auch die Wohnung hätte umgebaut werden müssen. Außerdem
ist die Mutter nicht mehr so mobil, im betreuten Wohnheim lebt sie
im Erdgeschoss, bei ihren Kindern wäre es der zweite Stock gewesen.

Auf diese Art und Weise kann man seine Eltern auch ehren: indem
man sie selber entscheiden lässt, wie und wo sie ihre letzten Lebensjahre verbringen möchten, sie nicht bevormundet und ihre Entscheidungen wo möglich akzeptiert und respektiert.

Altersdemenz

In der Zeitschrift NEON schrieb Lenina im März 2007 einen Artikel
über ihre Oma. Leninas Großmutter hatte ein ereignisreiches Leben.
Ihr erster Mann starb im Krieg, auf der Flucht lernte sie ihre zweite
große Liebe kennen und bekam drei Kinder. Sie war eine warmherzi-
ge, genügsame, aber auch strenge Mutter, konnte schlecht nein sagen,
aber das Beste war, sie konnte zuhören. Sie liebte es, bei ihrer Familie
zu sein, mit den Enkeln «Mensch ärgere dich nicht» zu spielen und
den Kindern gute Ratschläge bei Liebesproblemen und Ähnlichem
zu geben. Sie wurde älter und ihre Kinder und Enkel auch, die zogen
weg und begannen ihr eigenes Leben mit neuer Arbeit.

Die Krankheiten ließen nicht lange warten, Leninas Oma bekam
zwei neue Kniegelenke und hatte Probleme mit dem Herzen. Je älter
sie wurde, desto auffälliger wurde es, dass sie viel vergaß: außerdem
erfand sie Geschichten, die gar nicht geschehen waren. Die Diagnose

der Ärzte war für die Familie erschreckend: Altersdemenz. Darunter versteht man den Verfall der geistigen Leistungsfähigkeit, vor allem das Denkvermögen und die Gedächtnisleistung nehmen stark ab. Es fällt den Betroffenen schwer, sich zu orientieren und Dinge zu beurteilen.

Leninas Oma gelang es immer weniger, logische Sätze zu formulieren. Also beriet sich die Familie und beschloss, dass das Beste ein Umzug ins Altersheim wäre. Das war auch nicht weit weg, sodass man sie regelmäßig besuchen konnte. Gesagt, getan.

Oma hatte gute und auch schlechte Tage, manchmal fielen ihr die Namen ihrer Enkel ein, manchmal lebte sie in ihrer eigenen Welt, manchmal konnte sie allein essen, manchmal musste die Schwester sie füttern.

Eines Tages kam dann DER Anruf: Keiner hatte damit gerechnet, es war klar, dass der Tag einmal kommen musste, aber so früh? Lenina schreibt: «Und als Einzige in der Kapelle weiß ich, sie ist nicht an einem Herzinfarkt gestorben. Diese stolze Frau, die den Krieg überlebt hatte und zweimal ihre große Liebe, sie ist an der Einsamkeit gestorben.»

In einem Altenheim wird heute oft nur die Grundsicherung der Pflege gewährleistet. Auf sozialer Ebene ergeht es den Alten schlechter, als wenn sie zu Hause in ihren vertrauten vier Wänden vor dem Fernseher sitzen würden. Oft können sie sich nicht mehr orientieren und müssen mit einem Menschen das Zimmer teilen, der ihnen fremd bleibt. In vielen Heimen fehlt es an Pflegefachpersonal, die Pfleger hetzen von Bewohnerin zu Bewohner bzw. von Patient zu Patientin. Eine volle Kraft und zwei Pflegehilfskräfte müssen häufig mehr als 25 Bewohner betreuen, da bleiben Zuwendung und liebevolle Gesten oftmals auf der Strecke. Das heißt nicht, dass die Pflegekräfte den Alten keinen Respekt zollen und sie nicht achten würden. Sie würden es sogar sehr gerne tun, aber die Zeit fehlt ihnen einfach, da das Wort

«Zuwendung» nicht im «Pflegeschlüssel» enthalten ist. Menschliche Nähe kann den Krankenkassen gegenüber finanziell nicht abgerechnet werden. Daher ist es wichtig, in den Alten- und Pflegeheimen eine Gruppe von Ehrenamtlichen aufzubauen. Das können die Enkel und Kinder von Bewohnern sein, aber auch Menschen, die gern zwei Stunden in der Woche mit Älteren zusammen verbringen wollen. So kann man Zeit für Spaziergänge, Gespräche oder das Vorlesen von Geschichten oder Briefen gewinnen.

Ist ein Elternteil dement oder an Alzheimer erkrankt, bedeutet es für die Kinder oft eine große Entlastung, wenn er auf eine «beschützende Station» kommt. Ich war als junger Pfarrer selbst zwei Jahre lang für ein Altenheim zuständig, das sich auf Menschen spezialisiert hatte, die mit der Diagnose «dement» und «weglaufgefährdet» richterlich eingewiesen worden waren. Wer an Alzheimer erkrankt ist, kann sich selbst nicht mehr versorgen, weil er sich nicht mehr erinnern kann, was er kurz zuvor gemacht hat. Oft weiß er auch nicht mehr seinen Namen und kann die engsten Angehörigen nicht mehr erkennen.

Wenn man auf die Station kam, fiel auf, dass hier sehr viel herumgelaufen wurde, allein oder in Gruppen. Bei meinem ersten Besuch wurde ich gleich an die Hand genommen, und mir wurde sogar die Hand geküsst. Jeder Bewohner und jede Bewohnerin hatte ihr eigenes Temperament, war charmant oder schüchtern, heiter, schlagfertig, gesellig oder verschlossen. Über den Umgang miteinander konnte man nur staunen. Ohne logische Bedeutung flogen die Worte und Sätze durch den Raum. Dennoch kamen Botschaften beim Gegenüber an, ließen ein Lächeln auf den Gesichtern erscheinen oder riefen Ärger und auch Aggression hervor. Andere sprachen mit ihren Händen, weil sie selbst nicht mehr sprechen konnten.

Auch Pflegebedürftige leiden unter dem Gefühl der Wertlosigkeit. Ihre Erkrankung macht sie besonders hilflos und abhängig. Durch ihre Krankheit befinden sie sich in einer anderen Realität, in einem anderen Land. Es ist nicht einfach, in diesem Land zurechtzukommen. Alles ist fremd: die Umgebung, die Geräusche und Stimmen. Vieles haben sie zurücklassen müssen: ihr Gedächtnis, die Vorstellung von Zeit, ihre Kenntnisse von Gegenständen und wie man sie benutzt. Oft sind der Partner, enge Verwandte und Freunde schon verstorben. Es gibt nur wenige Menschen, die noch einzelne Details aus ihrer Kindheit oder Jugend kennen. Doch bleiben diese Lebensphasen besonders tief im Gedächtnis haften.

Demente Senioren machen die Erfahrung, dass ihnen selbst einfachste Aufgaben nicht mehr zugetraut werden. Die Menschen, die sie betreuen, verhalten sich oft «bemutternd» und machen ihnen so die eigene Abhängigkeit noch deutlicher. Sie sehnen sich nach Lob und dem Gefühl, etwas geschafft zu haben.

Und doch besitzen auch sie noch viele Möglichkeiten: Sie sind ihren Gefühlen ganz nah, haben die Fähigkeit, positive Eindrücke wahrzunehmen, zum Beispiel den Duft einer Blume oder den beruhigenden Klang einer Stimme, eine sanfte Berührung, eine vertraute Melodie aus einem alten Film, ein Lächeln und immer wieder kleine Momente des Erinnerns.

Wenn die Menschen in ihrer Nähe genug Gelassenheit, Humor und Kraft besitzen, sich auf ihre «Verrücktheit» einzulassen und sie liebevoll auszuhalten, dann können sie in ihrer Gegenwart Lebensfreude und Momente des Glücks empfinden. Körperliche Berührungen sind sehr wichtig.

Es gibt auch positive Auswirkungen der Demenz-Krankheit: Viele Kranke werden gefühlvoller und zeigen ihre Zuneigung gegenüber den Angehörigen intensiver als früher. Fehler werden schnell vergessen und vergeben. Manche werden fröhlich und sehen zufrieden aus. Man wird von ihnen immer so akzeptiert, wie man gerade ist.

Weil viele Menschen nicht wissen, wie sie mit einem Alzheimerkranken Kontakt aufnehmen können, gibt es in dem Pflegeheim zehn Gebote für den Kontakt mit einem Alzheimererkrankten. Fünf Gebote für den Umgang mit dem Kranken und fünf Gebote für das Gespräch mit dem Kranken.

Sie lauten für den Umgang mit dem Kranken:
- Gehe nah an den Kranken heran;
- Sprich ihn mit seinem Namen an;
- Berühre seinen Körper;
- Stell dich vor ihn auf gleiche Höhe;
- Stelle Blickkontakt her.

Und für das Gespräch mit ihm:
- Sprich langsam, deutlich und ausreichend laut;
- Gebrauche kurze Worte und einfache Sätze;
- Ergänze deine Worte durch Gesten und Berührungen;
- Gebe nur eine Mitteilung auf einmal;
- Benütze bestätigende Aussagen und Haltungen.

Das Gebot spricht vom «ehren». Ehren heißt nicht «verehren». Es geht um die Grundbedürfnisse des Lebens, die «basic needs». Es geht darum, was es heißt, in «Würde» alt zu werden und in «Würde» zu sterben. Denn zu den menschlichen Grundbedürfnissen gehört ja auch die Wertschätzung eines Menschen, die sich in dem Wort «Ehre» ausdrückt. Die Wertschätzung für den eigenen Vater und die eigene Mutter, die einem einmal als Baby den Hintern abgeputzt haben, die einen in den Schlaf gewiegt, einen beruhigt, getröstet, beschützt, gestärkt, gefördert und zum Lachen gebracht haben. Die Generationen sind voneinander abhängig: Ohne meine Eltern würde ich nicht existieren – und im Alter sind sie auf mich angewiesen. Selbst wenn die Eltern uns keine gute Kindheit geboten, uns vielleicht geschlagen oder schlecht behandelt haben, steht es uns nicht zu, ihnen dann, wenn sie schwach geworden sind, alles zurückzuzahlen. Das Gebot verlangt, dass wir unsere Aggressionen im Griff haben. Selbst wenn die Alten anfangen, mich zu bespucken, zu beißen und zu schlagen, weil sie sich selbst vergessen haben, sind sie schwach und haben einen Anspruch auf Schutz. Dann kann es für beide Seiten besser sein, wenn es eine räumliche Trennung gibt. Da ist eine professionelle Umgebung, wo man sein Glas in die Suppe stellen kann und auch mal auf den geschlossenen Klodeckel pinkeln darf, oft besser, als zu Hause eingesperrt zu werden, weil es nicht anders geht. Wie ich mit meinen Eltern umgehe, ist auch entscheidend für mein Leben, sagt das Gebot. Denn am eigenen Verhalten lernen auch die eigenen Kinder, wie sie mit uns einmal umgehen werden, wenn wir alt und schwach geworden sind. Geben die Eltern ein schlechtes Vorbild, brauchen sie nicht von den Kindern zu erwarten, dass sie sie im Alter besser versorgen.

Was ist – wenn wir auf den demographischen Wandel blicken – in unserem Miteinanderleben dringender, als uns immer wieder darüber zu verständigen, was es heißt, «die Alten» zu ehren? Das darin auch diejenigen eingeschlossen sind, die keine eigenen Kinder haben, sollte selbstverständlich sein.

Ring oder Tafeln?
Platon, Tolkien und die Zehn Gebote

Der Lohn der Gerechten (Platon)

… wir haben nun die Gerechtigkeit an und für sich betrachtet
und gefunden, dass sie das Beste sei für die Seele selbst,
und dass diese gerecht handeln müsse,
mag sie nun den Ring des Gyges besitzen oder nicht …

Das Ringgedicht (J. R. R. Tolkien)

Drei Ringe den Elbenkönigen hoch im Licht,
Sieben den Zwergenherrschern in ihren Hallen aus Stein,
Den Sterblichen, ewig dem Tode verfallen, neun,
Einer dem Dunklen Herrn auf dunklem Thron
Im Lande Mordor, wo die Schatten drohn.
Ein Ring, sie zu knechten, sie alle zu finden,
Ins Dunkle zu treiben und ewig zu binden.
Im Lande Mordor, wo die Schatten drohn.

Die Zehn Gebote

Und Gott spricht: «Ich gebe Euch zehn Regeln, damit Ihr Eure Freiheit
bewahrt, die ich Euch geschenkt habe. In den fünf Geboten auf der

linken Tafel geht es um Eure Beziehung zu mir. Die fünf weiteren Gebote ermöglichen Euch ein gutes Leben miteinander.

Die erste Regel lautet: «Du sollst keine anderen Götter haben neben mir». Es gibt viele Götter in Eurem Leben, aber es gibt nur einen, der wirklich Eure Freiheit will. Hängt Ihr Euer Herz an mich – so lehrt Euch das zweite Gebot –, so identifiziert mich nicht mit irgendeinem Etwas, das Ihr kennt. Denn: Macht Euch kein Bild von mir – ich bin doch ganz anders, als Ihr es Euch vorstellen könnt! Das dritte Gebot fordert Euch auf, mit meinem Namen respektvoll umzugehen und ihn nicht für Eure Interessen zu missbrauchen.

Als Ihr unfrei wart, musstet Ihr jeden Tag arbeiten. Ich aber sage Euch: Ihr braucht mindestens einen Tag frei, an dem Ihr Euch erholen könnt, an dem Ihr von allen Zwängen frei seid.

Wenn ich Euch sage: «Ihr sollt Eure Eltern ehren», dann meine ich nicht «alles machen, was die Eltern sagen». Es geht eher darum, wie es ist, wenn Eure Eltern alt geworden sind, sich nicht mehr selbst versorgen können. In diesem Gebot geht es mir um die Würde alter Menschen, für die ihre Kinder Verantwortung tragen.

Überprüft auch die Regeln, die Ihr bereits kennt, unter dem Aspekt der Freiheit. Du sollst einem Menschen das Leben, das ich ihm gegeben habe, nicht nehmen. Du sollst nicht in eine schon bestehende Ehe einbrechen. Du sollst nicht stehlen und nicht falsche Gerüchte über einen anderen Menschen in die Welt setzen. Sei nicht neidisch! Immer mehr und mehr haben wollen ist keine gute Einstellung. Wer seinem Mitmenschen das wegnimmt, was er zum Leben braucht, der gefährdet seine Freiheit, die ich ihm geschenkt habe.

Wenn Ihr meine Regeln befolgt, wird es Euch gutgehen, an dem Ort, den ich Euch zeigen werde – und auch den Menschen um Euch herum.

Dank

Dieses Buch konnte nur entstehen, weil viele Menschen dazu beigetragen haben!

Die Idee hatte Julia Vorrath. Mit sprachlichem Sachverstand hat sie die Entstehung des Textes liebevoll begleitet und lektoriert. Ihrer beharrlichen Geduld ist es zu verdanken, dass das Manuskript – trotz vieler Verpflichtungen – im Juli 2007 abgeschlossen werden konnte.

Ein Dankeschön an Anja Frank, Christian Gehrke, Astrid Haack, Nikolaus Kampermann, Wenke Liedtke, Marie Luise Schmidt, Michael Schubert und Janet Urban für viele Anregungen und engagierte Vorschläge.

Gerit Schwuchow und Thorsten Schwarz haben das Projekt mit Jugendlichen im Unterricht besprochen. Daraus sind beeindruckende Kurztexte entstanden, die in das Buch mit eingeflossen sind.

Meinem Kollegen Prof. Dr. Heinrich Assel, Pfarrer Hauske Wattenberg und dem Journalisten Markus Springer danke ich für wichtige Verbesserungsvorschläge.

Auch mein Bruder Hans-Jörg Rosenstock hat mich bei diesem Buch tatkräftig unterstützt.

Nachweis

Auszug aus Dan Brown auf S. 175: vgl. Dan Brown: Sakrileg. The Da Vinci Code. Bergisch Gladbach 2003, S. 12, 15.

Gedicht von Hanns Dieter Hüsch auf S. 205 f.: Segen für Allewelt (gekürzt), aus: Hanns Dieter Hüsch/Michael Blum: Das kleine Buch zum Segen, S. 34, 2006/9 © tvd-Verlag Düsseldorf, 1998.

Zitat «Gyges» auf S. 9 f.: vgl. Platon: Der Staat: über das Gerechte, 11. Auflage Hamburg 1989, 359 b–360.

Zitat «Der Lohn der Gerechten» auf S. 229: vgl. Plato: Der Staat: über das Gerechte, 11. Auflage Hamburg 1989, S. 411.

Das Ringgedicht auf S. 229: J. R. R. Tolkien: Der Herr der Ringe. Gütersloh 2000, S. 5.

Die Zitate aus der Bibel folgen in der Regel der Lutherübersetzung in der revidierten Fassung von 1985: Die Bibel, Deutsche Bibelgesellschaft, Stuttgart 1985; oder der gemeinsamen Bibelübersetzung Gute Nachricht Bibel, Deutsche Bibelgesellschaft, Stuttgart 2000.

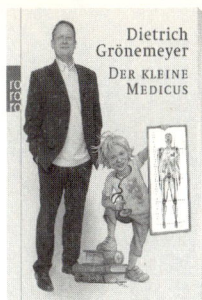

Dietrich Grönemeyer
Der kleine Medicus

Dieses Buch erzählt die Geschichte einer abenteuerlichen Reise durch die phantastische Welt des menschlichen Körpers, ohne dabei die Seele zu vergessen. Kompaktes Wissen, spannend aufbereitet, eine faszinierende Lektüre für Jung und Alt.

rororo 62074

Die fröhliche Wissenschaft
Edutainment für Jung und Alt

Wigald Boning / Barbara Eligmann
clever! Das Wissensbuch

Kann man ein Glas wirklich «zersingen»? Warum ist Gähnen ansteckend? Warum fressen Krokodile Steine? Wigald Boning und Barbara Eligmann klären mit viel Sachverstand und Humor diese und andere Alltagsphänomene.

rororo 62150

clever! Das Wissensbuch 2

Neue spannende und unterhaltsame Experimente zum Nachlesen und Mitraten: Kraulen oder Brustschwimmen – was bringt einen im Weltall schneller voran? Warum explodieren tiefgekühlte Flaschen, kurz nachdem man sie ins Warme geholt hat? Wie entfernt man Kaugummis aus dem Haar? Und vieles mehr.

rororo 62270

Weitere Informationen in der Rowohlt Revue *oder unter* www.rororo.de

S 42/4

Abenteuer Leben bei rororo

«Ich bin Mensch, ich habe gelitten, ich war dabei.»
Walt Whitman

Chris Heath
Feel: Robbie Williams
rororo 61998

Ralph «Sonny» Barger
Hell's Angel
Mein Leben
rororo 61453

Abini Zöllner
Schokoladenkind
Meine Familie
und andere Wunder
rororo 23663

Volker Skierka
Fidel Castro
Eine Biographie
rororo 61386

Carola Stern
Doppelleben
Die bedeutende politische
Publizistin erzählt ihr Leben.
rororo 61364

Jana Hensel
Zonenkinder
rororo 23532

Amon Barth
Breit
Mein Leben als Kiffer
Eine Jugend im Dauerrausch: «Ich
bereue nicht die Erfahrungen, die
ich gemacht habe, sondern dass
ich meine Jugend versäumt und
viele Erfahrungen nicht gemacht
habe.» (Amon Barth)

rororo 62046

Weitere Informationen in der Rowohlt Revue *oder unter* www.rororo.de

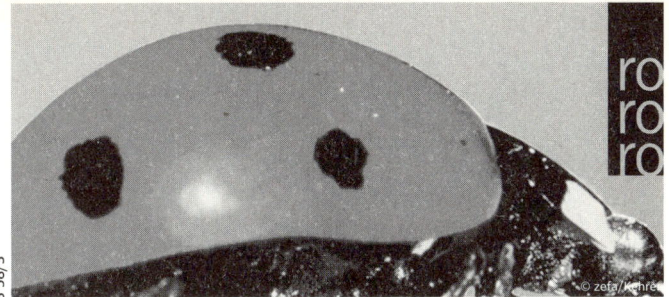